Damaris Kofmehl

Die Höhle

Roman nach einer wahren Geschichte

Damaris Kofmehl

Die Höhle

Roman nach einer wahren Geschichte

SCM

Hänssler

SCM

Stiftung Christliche Medien

SCM Hänssler ist ein Imprint der SCM Verlagsgruppe, die zur Stiftung Christliche Medien gehört, einer gemeinnützigen Stiftung, die sich für die Förderung und Verbreitung christlicher Bücher, Zeitschriften, Filme und Musik einsetzt.

MIX
Papier | Fördert gute Waldnutzung
FSC® C083411

7. Auflage 2023

SCM Hänssler in der SCM Verlagsgruppe GmbH · Max-Eyth-Straße 41 · 71088 Holzgerlingen
Internet: www.scm-haenssler.de · E-Mail: info@scm-haenssler.de

Umschlaggestaltung: Grafikhelden Design Studio, Arne Claussen
Titelbild: Adobe Stock: Höhle: andreiuc88, Kette: Denis Gladkiy
Satz: Breklumer Print-Service, Breklum
Druck und Bindung: CPI books GmbH, Leck
Gedruckt in Deutschland
ISBN 978-3-7751-5650-9
Bestell-Nr. 395.650

Ich widme dieses Buch meinem über alles geliebten Mann
Demetri Betts, der mich ermutigt hat,
diese Geschichte zu schreiben.

Wenn neben dir auch Tausende sterben,
wenn um dich herum Zehntausende fallen,
kann dir doch nichts geschehen.
Psalm 91,7

Inhalt

Vorwort

Ich habe schon viele dramatische Geschichten zu Papier gebracht, Geschichten von Flugzeugentführern, Terroristen, Mördern, Drogendealern und Ganganführern. Aber ein Thema gab es, an das ich mich bisher nie herangewagt habe: den Zweiten Weltkrieg. Ich fand es einfach zu schrecklich, was dort geschehen ist.

Ich bewundere Menschen wie Corrie ten Boom, die unter Lebensgefahr Juden bei sich versteckte. Als ich achtzehn war, wurde der Film über ihr Leben in unserer Gemeinde gezeigt. Ich kann mich immer noch an einzelne Szenen erinnern und auch daran, dass ich bei einer dieser Szenen in Ohnmacht fiel. Dass ich mich also an eine Geschichte aus dem Zweiten Weltkrieg wage, ist mehr als außergewöhnlich. Ich hätte es wohl auch nie getan, wäre ich nicht über eine Geschichte gestolpert, die mich einfach nicht mehr losließ. Sie hat mich gepackt. Vielleicht, weil sie anders ist als jede Geschichte, die ich schon über Juden aus dem Zweiten Weltkrieg gehört habe. Sie handelt von Loyalität, Tapferkeit, Glaube, Hoffnung und Liebe. Sie ist ein Dokument des Triumphes über das Böse, allen Widrigkeiten zum Trotz.

Ort des Geschehens ist die heutige Westukraine. Hier lebten zu Beginn des Krieges neunhunderttausend Juden. Nur fünfzigtausend überlebten die Vernichtungsmaschinerie der Nazis. Zu diesen wenigen zählt eine jüdische Großfamilie, die sich rettete, indem sie sich knapp eineinhalb Jahre lang in einer Höhle, dreißig Meter unter der Erde, versteckte. Nach ihrer Überlieferung ist dieses Buch inspiriert. Aus Gründen des Persönlichkeitsschutzes habe ich nicht nur die Namen der Personen, sondern auch den Ort des Geschehens, manche Erlebnisse der Familie und einige andere Begebenheiten verändert; der vorliegende Roman ist also fiktiv und die von mir im Buch beschriebenen Personen sind erfunden. Ich habe die Geschichte in die damals ostpolnische Stadt Bobrka verlegt und die dramatischen Schicksale der Juden aus jener Stadt gemäß Augenzeugenberichten und historischen Fakten miteinbezogen. Darüber hinaus habe ich die

Anzahl der Menschen, die in die Höhle gingen, sowie die Anzahl der Tage, die sie dort lebten, verändert. Ich habe mir erlaubt, einen der Überlebenden aus der Höhle herauszugreifen und ihn nach meiner Vorstellung die Ereignisse jener dunklen Zeit neu erleben zu lassen. Ich habe ihn Joscha Burker getauft. Dies ist seine Geschichte.

1 Der Fund

August 2015, 70 Jahre nach Ende des Zweiten Weltkrieges, in der Nähe von Bobrka, Westukraine

Wie eine Spinne am Faden hing Natalie in ihrem Sitzgurt über dem dunklen Abgrund. Der Hohlraum, in den sich die junge Höhlenforscherin abseilte, hatte die Form einer überdimensionalen Kuppel. Die Karbidlampe an Natalies Helm beleuchtete die rostroten, mit orangefarbenen und gelben Streifen durchsetzten Höhlenwände. Frei in der Luft schwebend, kam sich die Amerikanerin vor, als würde sie in einen gewaltigen Tempel hinabgleiten. Eine Ehrfurcht erfüllte sie wie beim Betreten einer Kirche. Es war andächtig still. Die Luft war feucht und kühl.

Bis vor drei Jahren hatte niemand von dieser Grotte gewusst. Ein Holzfäller hatte sie rein zufällig in einem Waldstück entdeckt, als er einen Baum gefällt und die umgekippte Wurzel den schmalen Einstiegsschacht freigegeben hatte. Seitdem erkundeten und vermaßen Höhlenforscher die Höhle. Sie hatten sie wegen ihrer vielen labyrinthartigen Gänge »Irrgartenhöhle« getauft.

Natalie hatte einen Bericht darüber in einer Zeitschrift gelesen und kurzerhand beschlossen, in den Semesterferien von den USA in die Ukraine zu reisen, um sich die Höhle selbst anzusehen. Ihr Freund Chris begleitete sie. Auch er war ein leidenschaftlicher Höhlenforscher. Die beiden hatten sich an der Universität in Chicago kennengelernt. Chris studierte Fotografie und arbeitete nebenher als freiberuflicher Fotograf für verschiedene Zeitschriften. Natalie absolvierte ein Architekturstudium und liebte es, verspielte Wohnräume zu entwerfen.

Nachdem sich Natalie ungefähr zwanzig Meter abgeseilt hatte, erreichte sie den Boden und sank mit ihren Bergschuhen in knöcheltiefen Schlamm. »Ich bin unten!«, rief sie nach oben. Ihre Stimme hallte an den Wänden wider. Sie klinkte ihren Sitzgurt aus und sah sich um. Der Raum, in dem sie sich befand, hatte die Größe eines Flugzeughangars.

»Wahnsinn«, murmelte Natalie und stieß einen Jauchzer aus. »Wow!« Sie stützte die Hände in die Seiten ihres Schlazes, eines roten Höhlenoveralls. »Großartig!«

Höhlen hatten schon immer eine Faszination auf die Studentin ausgeübt. Es waren verborgene Welten voller Zauber und Geheimnisse, Welten, die die meisten Menschen nie zu Gesicht bekamen. Sie ruhten in der Tiefe, wild und unberührt, in ewiger Dunkelheit und Stille. Kein Laut und kein Sonnenstrahl drangen je hinab. Es war, als bliebe die Zeit stehen. Die Welt mit all ihrer Hektik und all ihren Problemen verschwand. Alles wurde von der Finsternis verschluckt. Für Natalie war es jedes Mal ein unbeschreibliches Gefühl, in diese Unterwelten abzutauchen. Ob Tropfstein-, Stein-, Eis- oder Gipshöhle, jede Höhle war einzigartig. Jede hatte ihren eigenen Charakter, ihre eigenen Felsformationen, ihre eigene unbeschreibliche Schönheit. Da gab es mächtige Stalaktiten und Stalagmiten, türkisfarbene unterirdische Seen, reißende Flüsse, bizarre Sintergebilde, gigantische Eiszapfen oder ganze Eisflächen, auf denen man Schlittschuh hätte laufen können. In manchen Höhlen konnte man prähistorische Höhlengemälde bewundern oder gewaltige Kristalle, groß wie Tempelsäulen. Einige Höhlen bohrten sich über tausend Meter in die Tiefe, andere breiteten sich wie ein Wurzelgeflecht waagerecht durch die Erde. Die Irrgartenhöhle gehörte zur letzteren Sorte. Sie reichte ungefähr dreißig Meter unter die Erdoberfläche und hatte sich von dort in einem weitverzweigten Gangsystem horizontal durch das Karstgestein gefressen. Es herrschte hier Sommer wie Winter eine konstante Temperatur von zehn Grad.

Nachdem Chris neben Natalie am Fuße der Kuppel gelandet war, ließ der ukrainische Höhlenforscher Andrej die schwere Ausrüstung in die Höhle hinabgleiten und kam dann nach. Andrej war groß und kräftig, ein erfahrener Höhlenforscher mit ungepflegtem Bart und kantigem Gesicht. Alle drei schulterten die wasserdichten PVC-Transportsäcke mit den Seilen, den Essensvorräten für drei Tage, dem Erste-Hilfe-Kasten und Chris' fotografischer Ausrüstung.

Der ukrainische Forscher schritt auf ein Loch in der Felswand zu. Dort befand sich der Durchbruch zum unterirdischen Irrgarten, den sie in den nächsten zweiundsiebzig Stunden erkunden wollten. »Als wir zum ersten Mal hier hinabstiegen, dachten wir, wir wären in einer Sackgasse gelandet, bis wir diesen Eingang freilegten«, sagte Andrej. »Es war ursprünglich nur ein schmaler Riss. Aber beim Hineinleuchten sahen wir, dass sich dahinter ein breiter Gang verbirgt. Also haben wir den Felsen mit einer Sprengladung durchbrochen, um herauszufinden, was sich dahinter verbirgt. Der Aufwand hat sich gelohnt. Wir sind bereits sechzig Kilometer weit vorgedrungen und entdecken ständig neue Gänge.«

»Hast du eine Vermutung, wie groß die Höhle ist?«

»Bisher noch nicht. Aber es wäre durchaus denkbar, dass sie die ›Optimistische Höhle‹ ausstechen könnte.«

»Echt?«, fragte Chris.

Die etwas weiter südlich gelegene »Optimistische Höhle« galt mit zweihundertsechsunddreißig Kilometer Länge als die längste Gipshöhle der Welt.

»Schon verrückt. Die Irrgartenhöhle lag die ganze Zeit direkt unter unseren Füßen«, meinte Andrej und tätschelte die Höhlenwand liebevoll. »Ein verschollenes Reich, Jahrtausende alt und bis vor drei Jahren von keinem menschlichen Wesen je berührt.«

»Eine jungfräuliche Höhle«, murmelte Natalie fasziniert.

»Ja«, sagte Andrej. »Und ich war einer der Ersten, der hineinging. Ich bin mir sicher, so muss sich Neil Armstrong gefühlt haben, als er als erster Mensch den Mond betrat. Wollen wir?«

Natalie und Chris nickten abenteuerlustig. Andrej übernahm die Spitze, Natalie die Mitte und Chris den Schluss. Die ersten zehn Meter kamen sie gut voran. Der Gang war groß genug, dass sie fast aufrecht gehen konnten. Danach verengte er sich wie ein Flaschenhals. Sie mussten sich auf allen vieren vorwärtsbewegen, schließlich sogar kriechen. Die schweren Materialsäcke vor sich herschiebend, robbten sie durch den lehmigen, unebenen Gang. Es war ziemlich anstrengend, aber Natalie liebte körperliche Herausforderungen. Sie war sehr sportlich, groß, schlank, hatte schulterlanges braunes Haar, eine spitze Nase und war genauso ehrgeizig und stur wie ihr Vater, der ein eigenes Architekturbüro besaß.

Natalie dachte an ihre Kommilitoninnen, die jetzt wohl in ihren Bikinis irgendwo an einem Palmenstrand lagen, Cocktails schlürften und sich einen Sonnenbrand holten. Sie hätte um nichts in der Welt mit ihnen getauscht. War das hier nicht um ein Tausendfaches aufregender?

Um fünfzehn Uhr waren sie zu der Höhlenexpedition aufgebrochen, vier Stunden und nur vierhundert Meter später erreichten sie das Basislager. Sie waren abgekämpft und nass geschwitzt. Bei diesen niedrigen Temperaturen wäre eine Unterkühlung ein ernsthaftes Problem gewesen, sobald der Schweiß verdunstete und der Körper sich abkühlte. Doch ihre spezielle Höhlenkleidung schützte sie.

Das Lager befand sich in einem Hohlraum, der die Form eines Diamanten hatte. Hier pflegten die Höhlenforscher zu campieren, bevor sie tiefer in die Höhle eindrangen. Es gab ein Dutzend solcher Biwaks, verteilt über die ganze Höhle, und je mehr Durchgänge entdeckt wurden, desto mehr Lager wurden errichtet. Wenn Forscher über viele Wochen lang unterwegs waren, gab es Hilfsteams, die sich bei den verschiedenen Biwaks aufhielten. Sie sorgten dafür, dass die Essens- und Wasservorräte ständig aufgefüllt wurden und der Kontakt zur Außenwelt nicht abbrach. Für eine dreitägige Expedition war dieser ganze Aufwand nicht nötig. Andrej, Natalie und Chris würden beim Basislager übernachten, am zweiten Tag die nahe Umgebung erkunden, eine weitere Nacht im Lager verbringen und am dritten Tag an die Erdoberfläche zurückkehren.

Sie stellten ihre PVC-Säcke in eine Ecke und ließen sich erschöpft auf die aus Stein und Lehm geformten Sitzbänke nieder. Es gab sogar Regale für Vorräte und Geschirr sowie einen einigermaßen ebenen Tisch.

Beim Abendessen, das aus einem über dem Kerosinkocher erhitzten Chilieintopf bestand, erklärte Andrej den beiden jungen Höhlenforschern den Plan für den kommenden Tag. Er zeichnete mit dem Finger eine grobe Karte in den roten Lehmboden. »Hier ist das Einstiegsloch.« Dann bohrte er seinen Zeigefinger in den weichen Boden. »Hier ist unser Basislager. Das hier ist der Teil, den wir bereits vermessen und kartografiert haben.« Nun zog er einen flachen Kreis durch den Lehm, beginnend beim Basislager. »Ab hier« – er zeichnete eine Linie und einen Pfeil, der vom Lager wegführte – »ist alles noch gänzlich unerforscht. Wenn ihr wollt, können wir morgen in diese Richtung gehen. Wie weit wir kommen und was wir vorfinden, weiß ich natürlich nicht. Aber falls ihr Lust habt ...«

»Natürlich haben wir Lust!«, rief Natalie sofort und stupste ihren Freund an. »Haben wir doch, oder?«

»Solange wir den Weg zurückfinden«, meinte Chris mit vollem Mund.

»Keine Sorge«, antwortete Andrej. »Ich stecke alle paar Meter eine gelbe Markierungsfahne mit Pfeil zum Basislager in den Boden. Wir werden uns schon nicht verirren.«

»Dann bin ich dabei«, sagte Chris schmatzend und schöpfte sich einen zweiten Teller Eintopf.

Am nächsten Morgen weckte Andrej Natalie und Chris beizeiten auf. Natalie warf gähnend einen Blick auf das Leuchtzifferblatt ihrer Armbanduhr. Sechs Uhr in der Früh. Hätten die Zeiger zehn Uhr morgens oder abends angezeigt, sie hätte es ebenfalls geglaubt. In dieser ewigen Finsternis gab es keinen Anhaltspunkt, ob es Tag oder Nacht war. Man verlor nicht nur jegliches Zeitgefühl, sondern auch ein Stück weit den Bezug zur Realität. Es schien keine Vergangenheit und keine Zukunft mehr zu geben, nur das Hier und Jetzt. Alles lief in Zeitlupe ab, als verstreiche die Zeit völlig anders als oben auf der Erde. Manchmal stellte sich Natalie vor, wie sie nach einer Höhlenexpedition beim Betreten der Erdoberfläche im Mittelalter oder fünfhundert Jahre in der Zukunft landete. Und das Komische war: Es hätte sie nicht einmal überrascht, wenn es tatsächlich passiert wäre.

Natalie schälte sich aus ihrem Schlafsack und rekelte sich. Chris, der neben ihr lag, rieb sich verschlafen die Augen. Andrej kochte bereits Kaffee, und der Duft sorgte dafür, dass die beiden schnell aufstanden.

Nach dem Frühstück begaben sie sich auf den Weg ins Unbekannte. Die Irrgartenhöhle machte ihrem Namen alle Ehre. Ohne die Markierungsfähnchen hätten sie sich bald hoffnungslos verirrt. Jeder Gang sah gleich aus. Nach ein paar Abzweigungen war sich Natalie bereits nicht mehr sicher, woher sie gekommen waren, obwohl sie eigentlich einen hervorragenden Orientierungssinn hatte.

Nach einer Stunde Robben, Kriechen, Schieben, Bücken, Klettern und Schwitzen verkündete Andrej plötzlich: »Es ist so weit. Bis hierhin bin ich schon mal gekommen, weiter nicht. Das bedeutet: Ab jetzt ist jeder unserer Schritte der erste Schritt, den je ein Mensch hier unten gemacht hat.«

Natalie wischte sich mit dem Handrücken den Schweiß von der Stirn. »Neil Armstrong lässt grüßen«, keuchte sie. »Da bin ich ja mal gespannt, wie weit wir kommen.«

»Lassen wir uns überraschen«, meinte Andrej. »Ich hoffe, dass es keine Sackgasse ist.«

Sie verschnauften ein paar Minuten und tranken Wasser aus ihren Feldflaschen. Dann überschritten sie die unsichtbare Linie in das schwarze Loch, in das vor ihnen noch nie jemand vorgedrungen war. Ganz langsam arbeiteten sie sich weiter durch die Höhle, mal nach links, mal nach rechts, mal zurück, mal durch Gänge, die wie lang gezogene Weinkeller aussahen, dann durch flache, augenförmige Spalten, dann wieder durch kaminartige Korridore, in denen sie beinahe stecken blieben. Nach einer anstrengenden Kletterpartie wurden sie mit einem beeindruckenden Naturschauspiel belohnt: Sie gelangten in einen Raum, dessen niedriges Gewölbe mit einem riesigen Teppich aus Gipskristallen überzogen war. Die durchsichtigen, braun schimmernden Kristalle standen in allen Richtungen vom Felsen ab. In der Mitte hingen sie einem Kronleuchter gleich von der Decke. Im warmen Licht der Karbidlampen funkelten sie märchenhaft wie ein königlicher Festsaal aus Tausendundeiner Nacht.

Natalie war hin und weg von dem Anblick. Der Gedanke, dass sie die Allerersten waren, die diese verborgene Kristalldecke zu Gesicht bekamen, erfüllte sie mit Demut und Stolz gleichermaßen. »Wunderschön«, flüsterte sie und berührte mit den Fingern ein paar Kristalle. Sie waren klein und spitz wie Zähne; ein Meer aus Tausenden von ineinander verschachtelten, glitzernden Edelsteinen. Natalie konnte sich daran nicht sattsehen, und Chris zückte seine Kamera. Nachdem er die majestätische Höhlendecke aus allen erdenklichen Perspektiven fotografiert hatte, gingen sie weiter.

Gegen zwölf Uhr erreichten sie einen großen Saal mit einer rauen, gezackten Höhlendecke und machten Rast. Andrej erklärte, sie hätten eine Stunde Zeit, um sich auszuruhen. Dann müssten sie umkehren. Natalie wäre gerne noch tiefer in die Höhle vorgedrungen, aber Andrej hielt das für unklug. Sie hatten fünf Stunden bis hierher gebraucht und würden auch wieder fünf Stunden für den Rückweg zum Basislager benötigen. Das war Anstrengung genug für einen Tag. Also machten sie es sich auf verschiedenen Felsbrocken bequem und aßen und tranken, um Kräfte für den Rückweg zu sammeln.

Während Natalie an einem Energieriegel kaute, schlenderte sie durch den Saal und bewunderte die rauen Felsen, ihre Musterung und Struktur. Die Decke war zerklüftet und sah aus, als würden Tausende von messerscharfen Sägeblättern daran haften. Natalie war immer wieder aufs Neue fasziniert, welche wilden Gesteinsformationen sie in der Tiefe der Erde vorfand. Die Natur erschien ihr wie ein Bildhauer. Da konnte ihrer Meinung nach nicht mal Michelangelo mithalten. Zufrieden ließ sie die Entdeckungen des Morgens Revue passieren: eine jungfräuliche Höhle, ein naturgeschaffener Kristallteppich mit Kronleuchter und jetzt diese wuchtige Decke, die kein Innenarchitekt der Welt eindrücklicher hätte gestalten können.

Sie steckte sich das letzte Stück ihres Energieriegels in den Mund, wobei ihr die Plastikhülle aus den Fingern rutschte. Als sie sich bückte, um das Papier aufzuheben, entdeckte sie etwas Merkwürdiges. Direkt vor ihren Füßen lag ein handgroßer, lehmiger, undefinierbarer Gegenstand. Es war kein Stein, auch kein Erdklumpen. Neugierig hob Natalie das seltsame Ding auf und befreite es vom Schlamm. Und dann traf sie beinahe der Schlag: In ihrer Hand lag ... ein *Schuh*!

»Ach du dickes Ei«, entfuhr es Natalie. Einen Schuh in einer jungfräulichen Höhle zu finden, war schon paradox genug. Aber was die Sache noch viel verrückter machte, war die *Art* des Schuhs: Es war nicht etwa ein Turnschuh, Stiefel oder Kletterschuh, es war ein altmodischer *Damen*schuh! Mit *Absatz*! Natalie traute ihren Augen nicht.

»Das gibt's doch überhaupt nicht. Leute, kommt mal her! Das müsst ihr euch ansehen!«

Andrej und Chris kamen zu ihr herüber, und Natalie präsentierte ihnen ihren sensationellen Fund. Der Damenschuh war aus Leder, stark abgenutzt und durch die hohe Luftfeuchtigkeit schwarz und fleckig. Es war definitiv kein neumodisches Modell, eher eines, das die ältere Generation tragen würde, mit einem breiten, drei Zentimeter hohen Absatz. Die drei Forscher betrachteten den Schuh ungläubig.

»Wie kommt denn der hierher?«

»Gute Frage, Chris«, sagte Andrej. »Darf ich mal?«

Natalie reichte ihm den dreckverschmierten Schuh.

»Ausgeschlossen«, sagte Andrej leise und drehte ihn in den Händen. »Das kann nicht sein.«

»Meint ihr, ein Tier hat ihn hergeschleppt?«, fragte Natalie. »Ein Fuchs vielleicht?«

»Hier unten gibt es keine Füchse«, antwortete Andrej. »In dieser Tiefe hausen nicht mal mehr Fledermäuse, höchstens kleine Insekten und Höhlenspinnen. Und die haben den Schuh garantiert nicht hergebracht.«

»Von selbst ist er ja wohl kaum herspaziert«, meinte Natalie. »Jemand war eindeutig schon vor uns hier. Ihr müsst wohl das Entdeckungsdatum der Höhle weit in die Vergangenheit zurückkorrigieren. Sehr weit, wenn ich mir den Schuh so ansehe.«

»Mein Großvater war anscheinend doch nicht so verrückt, wie ich dachte«, murmelte Andrej kopfschüttelnd. »Er behauptete immer, es gebe eine Höhle in der Gegend.«

»Einen zweiten Einstieg also«, bemerkte Chris.

»So was in der Art«, antwortete Andrej. »Aber niemand hat die Höhle je gefunden, also hielt ich sie für ein Hirngespinst meines Großvaters. Dabei ist sie wahrscheinlich nur von einem Erdrutsch zugeschüttet worden und blieb deswegen so lange unentdeckt.«

Chris dachte kurz nach. »Ja, aber selbst wenn dem so ist, wer bitte schön kraxelt mit solchem Schuhwerk in einer Höhle herum? Das ergibt doch nicht den geringsten Sinn.«

»Tut es nicht, da hast du recht. Es sei denn ...« Der Höhlenforscher starrte entgeistert den Schuh an, als wäre ihm soeben etwas eingefallen.

»Es sei denn was?«, fragte Natalie neugierig.

Andrej runzelte die Stirn, wog den Schuh in der Hand und schüttelte den Kopf. »Ach was. Alles nur Gerüchte.«

»Gerüchte? Worüber?«

»Vergesst es«, sagte der Ukrainer ausweichend. »Ich habe nur laut gedacht.« Er drückte Natalie den Damenschuh in die Hand und begab sich zurück zum Essplatz. »Wir sollten langsam aufbrechen, es ist ein weiter Weg zurück ins Basislager.«

Natalie und Chris warfen sich einen vielsagenden Blick zu.

»Was für Gerüchte?«, fragte Chris. »Was weißt du über den Schuh?«

»Gar nichts«, sagte Andrej, während er seine Wasserflasche in den Rucksack stopfte. »Vermutlich ist eh nichts dran. Ich kenne jedenfalls keinen, der es bestätigen könnte.«

»Der was bestätigen könnte?«

»Na, das mit den Juden.«

»Den Juden?« Natalie und Chris verstanden nur Bahnhof. »Was für Juden?«

»Die sich während des Zweiten Weltkrieges hier unten vor den Nazis versteckt haben sollen.«

Die beiden Amerikaner sahen den Höhlenforscher verblüfft an.

»Du meinst, der Schuh könnte einer Jüdin aus dem Zweiten Weltkrieg gehört haben?«, fragte Natalie.

»Wie gesagt, alles nur Gerüchte. Nichts Handfestes.«

»Aber du denkst, es könnte stimmen?«

»Na ja, ein antiker Damenschuh in diesen Tiefen ...« Andrej zog die Kordel an seinem Rucksack zu. »Denkbar wäre es schon irgendwie. Ihr müsst wissen, es lebten hier sehr viele Juden zur Zeit des Krieges. In Bobrka gab es sogar ein Getto. Von hier aus wurden die Juden ins KZ nach Belzec abtransportiert. War ziemlich schlimm in der Gegend.«

»Das habe ich nicht gewusst«, sagte Natalie betroffen und betrachtete den Damenschuh in ihrer Hand auf einmal mit ganz anderen Augen. Eben noch ein gewöhnlicher Gebrauchsgegenstand, war er plötzlich zu einem Relikt aus einem der dunkelsten Kapitel in der

Geschichte der Menschheit geworden. »Denkst du, sie hat den Krieg überlebt? Die Frau, die diesen Schuh getragen hat?«

»Sehr unwahrscheinlich«, sagte Andrej. »Es haben nur ganz wenige überlebt.«

»Du hast gesagt, es hätten mehrere Juden hier unten gelebt. Wie viele denn?«

»Ich weiß es nicht. Ich weiß ja nicht mal, ob die Geschichte überhaupt wahr ist. Mit so was habe ich mich nie beschäftigt, um ehrlich zu sein. Ich bin kein Touristenführer, sondern Höhlenforscher.« Er schulterte seinen Rucksack und gab den Amerikanern mit einer Kopfbewegung zu verstehen, sich ihm anzuschließen. »Können wir dann?«

Natalie warf einen Blick auf ihre Armbanduhr. »Ich würde mich gerne noch etwas umsehen. Vielleicht finden wir noch mehr Gegenstände. Was meinst du, Chris?«

»Bin dabei. Wie viel Zeit kannst du uns geben, Andrej?«

»Eigentlich keine. Es sind fünf Stunden zurück ins Basislager«, meinte Andrej.

Natalie setzte ihren unschuldigsten Blick auf. »Ach bitte, nur ein halbes Stündchen. So eine Gelegenheit darf man sich nicht entgehen lassen.«

Der Höhlenforscher zog den Mund schief, dachte kurz nach und stellte den Rucksack wieder auf den lehmigen Boden zurück. »Na schön. Eine halbe Stunde können wir noch dranhängen.«

»Danke«, sagte Natalie glücklich und wandte sich ihrem Freund zu. »Du solltest den Schuh fotografieren und einen Bericht darüber veröffentlichen. Die Leute werden nicht *fassen*, was wir hier unten gefunden haben!«

Chris rieb sich die Hände. »Dann mal an die Arbeit!«

Während Chris seine fotografische Ausrüstung auspackte, platzierte Natalie den Schuh auf dem lehmigen Boden genau dort, wo sie ihn gefunden hatte. Sie setzte ihn so vorsichtig ab, als wäre er aus zerbrechlichem Porzellan. Die Tragweite dieses Fundes war ihr durchaus bewusst und erfüllte sie mit tiefstem Respekt. Jede Höhle hat ihre Geschichte. Aber auf eine solche zu stoßen, hätte sie nie zu träumen gewagt.

Ihr Freund lichtete den Damenschuh von allen Seiten ab, während Andrej sich noch einmal neben die Rucksäcke setzte und Natalie sich auf die Suche nach weiteren Gegenständen machte. Es dauerte keine zwei Minuten, bis sie fündig wurde: Vor ihr auf dem Boden, halb verschluckt vom Lehm, war etwas Silberglänzendes zu sehen. Natalie grub es aus. »Ein Silberlöffel! Ich habe einen Silberlöffel gefunden!«, rief sie. Ihre Augen glänzten wie beim Auspacken eines Weihnachtsgeschenks. Sie brachte den Löffel zu Chris, damit er ihn fotografieren konnte. Dann suchte sie weiter. Jeden Zentimeter Boden nahm sie unter die Lupe. Mit Erfolg. Zwei Meter neben dem Silberlöffel fand sie einen Emailleteller und gleich daneben einen rostigen Becher. Allem Anschein nach hatte dieser Ort nicht nur als vorübergehender Unterschlupf gedient. Warum sonst hätte die Frau Geschirr mitgenommen? Natalie suchte weiter. Etwas weiter vorne fand sie einige Knöpfe, zerbrochene Keramikgefäße und dann sogar einen Kinderschuh.

»Unglaublich«, staunte Natalie, als sie den kleinen Schuh aufhob. Der Schuhgröße nach zu schätzen, mochte das Kind, das ihn getragen hatte, nicht älter als sieben oder acht Jahre gewesen sein. Die Jüdin war also nicht allein gewesen. Sie hatte sich zusammen mit ihrem Kind hier unten versteckt! Natalie stellte sich eine verängstigte Mutter vor, im Dunkeln am Boden kauernd, ihr weinendes Kind im Arm haltend. Es fröstelte Natalie bei der Vorstellung. Sie hatte genug Filme über den Zweiten Weltkrieg gesehen, um zu wissen, was damals mit den Juden geschehen war. Doch keiner dieser Filme war so realistisch gewesen wie die Gebrauchsgegenstände, die sie nun vor sich hatte. Dies waren keine Requisiten. Es waren *echte* Gegenstände, die *echten* Menschen gehört hatten, die wirklich hier unten gelebt - oder besser gesagt *gehaust* - hatten! Unter Todesangst! »Das ist so was von krass«, murmelte Natalie zu sich selbst, während sie mit dem Kinderschuh zu ihrem Freund hinüberging, der ganz in seine fotografische Arbeit vertieft war.

Andrej hatte sich entschlossen, doch nicht mehr untätig herumzusitzen, und war in einem Seitengang verschwunden, aus dem er plötzlich rief: »Leute, das müsst ihr euch ansehen!«

Chris und Natalie folgten seiner Stimme. Durch einen schmalen Korridor gelangten sie in einen weiteren größeren Raum.

Andrej kniete vor einem Sockel, auf dem zwei große runde Steine wie Käselaibe aufeinanderlagen. »Seht euch das an«, sagte der Ukrainer, und seine bisherige Gleichgültigkeit war einer aufrichtigen Faszination gewichen. »Wisst ihr, was das ist?«

Natalie betrachtete die Steine genauer. Der obere war etwas kleiner als der untere und hatte ein großes Loch in der Mitte und ein etwas kleineres Loch an der Seite. Die Unterseite des oberen und die Oberseite des unteren Steines waren beide ganz flach und rau. Im unteren Stein befand sich eine tiefe Kerbe.

»Ach du meine Güte«, meinte Chris verblüfft. »Ist es das, wofür ich es halte?«

Andrej nickte. »Eine Kornmühle. Seht ihr das Loch in der Mitte? Hier kam das Korn rein. Und dieses kleine Loch war wohl für einen Holzhebel, um den Stein zu drehen. Und hier in dieser Kerbe kam das gemahlene Mehl heraus.«

»Wow«, sagte Natalie. Sie kannte solche Steinmühlen nur aus Museen oder mittelalterlichen Filmen. »Die haben hier unten *Getreide* gemahlen?«

»Es hat ganz den Anschein«, sagte Andrej. »Ich frag mich bloß, wie sie die Steine hergebracht haben. Die müssen über fünfzig oder sechzig Kilogramm wiegen.«

Chris packte den oberen Stein mit beiden Armen und versuchte, ihn hochzustemmen. Ohne Erfolg. Der Mühlstein bewegte sich keinen Millimeter vom Fleck. »Junge, ist der schwer!«

Der Höhlenforscher beugte sich vor und probierte ebenfalls sein Glück. Aber auch er war erfolglos. »Den muss ein Kraftprotz hergeschleppt haben.«

Natalie dachte an den Frauen- und den Kinderschuh. Ihre Mutter-Kind-Theorie musste um mindestens einen sehr kräftigen Mann erweitert werden. Vielleicht war es ja eine ganze Familie, die hier Zuflucht gefunden hatte. »Was denkt ihr, wie lange die hier gelebt haben?« Natalies persönlicher Höhlenrekord betrug zwei Wochen. Danach war sie ziemlich froh gewesen, wieder an die Erdoberfläche zu kommen und Sonne zu tanken. Sie erinnerte sich, dass der längste registrierte Aufenthalt eines Menschen unter der Erde der eines Franzosen namens Michel Siffre war. Er verbrachte sagenhafte zweihundertfünf Tage in einer Höhle. Die Monotonie und Einsamkeit hätten ihn beinahe um den Verstand gebracht, berichtete er danach.

»Man muss schon ziemlich verzweifelt sein, um sich hier niederzulassen«, meinte Chris.

»Und das ohne professionelle Ausrüstung«, sagte Andrej. »Ohne Seile, ohne Schlaze, ohne Stirnlampen und ohne jegliche Höhlenerfahrung. Das ist Wahnsinn.«

»Seht mal hier!«, rief Natalie, die sich ein paar Schritte entfernt hatte. »Ich glaube, das war ihre Kochstelle. Alles ist voller Ruß. Seht doch!«

Sie hatte recht. Da war ein flacher, etwas erhöhter Felsen, und die gesamte Höhlendecke darüber war schwarz. Die drei Höhlenforscher stolperten von einer erstaunlichen Entdeckung zur nächsten.

Selbst Andrej kam nicht umhin einzugestehen, dass es sich gelohnt hatte, zu bleiben. Die halbe Stunde, die er den Amerikanern gewährt hatte, war längst abgelaufen, aber von Umkehren war keine Rede mehr. Das hier war viel zu aufregend, um sich an einen Zeitplan zu halten. Das hier war ein Stück Geschichte, und sie waren die Allerersten, die es zu Gesicht bekamen!

Die drei stießen tiefer in die Höhle vor und fanden noch mehr Gegenstände, Knöpfe, Schalen, verschiedene Schuhe und ein fünfzehn Zentimeter langes und zwei Zentimeter breites Eisenteil, dessen Funktion ihnen nicht ganz klar war. Sie trugen alles zusammen, und Chris fotografierte jedes einzelne Stück.

Als Natalie den großen Raum bei der Kochstelle durchschritt und das warme Licht ihrer Karbidlampe eine bestimmte Stelle an der Decke streifte, verschlug es ihr den Atem. Ihr Blick fiel auf dicke schwarze Striche. Es war nicht die Faserung des Steines. Es waren Buchstaben! Und Zahlen! Jemand hatte tatsächlich mit Kohle Namen und eine Jahreszahl an die Decke geschrieben! Festgehalten für die Ewigkeit, und nicht etwa in kyrillischer Schrift, wie sie hierzulande verwendet wurde, sondern in lateinischer Schrift:

Burker. Heizel. 1943.

Natalie bekam eine Gänsehaut. Da war er, der endgültige Beweis, dass sich hier während des Krieges Juden versteckt hatten. Und sie hatten nicht nur Alltagsgegenstände in der Höhle zurückgelassen, sondern sogar ihre Familiennamen! Was für eine sagenhafte Entdeckung, die sie hier in der Tiefe der Erde gemacht hatten. Und was für eine unglaubliche Tragik, die dahintersteckte. »Chris!«, rief Natalie. »Chris! Komm mal her! Und bring die Kamera mit!«

Augenblicke später war Chris da.

»Sieh nur«, sagte Natalie und deutete an die Decke.

Chris klappte der Mund auf. »O Mann!«, hauchte er ehrfürchtig. »Das ist ... das ist ...«

»Unglaublich, nicht?«

»Ja.« Er fuhr mit den Fingern über die niedrige Decke. »Die haben hier ihre Namen eingraviert. 1943. Die waren tatsächlich während des Krieges hier.«

»Ja. Die zwei Familien Burker und Heizel müssen hier gelebt haben.«

»Krass.«

Für einen Moment standen die beiden nur da und starrten an die Höhlendecke.

Dann hob Chris die Kamera. »Stell dich mal hier hin, Natalie.« Er guckte durch das Suchfenster und wedelte mit der Hand. »Etwas weiter nach rechts und etwas näher zum Felsen. Stopp. Bleib da stehen. Und jetzt drehst du den Kopf und schaust dir die Decke an. Ja, genau so.« Er knipste mehrere Bilder.

»Chris? Natalie? Wir sollten langsam aufbrechen!«, hallte Andrejs Stimme durch die Höhle.

»Wir kommen!«, rief Chris zurück. Er hängte sich den Fotoapparat um und kletterte als Erster zurück.

Natalie suchte nochmals den Boden nach Gegenständen ab, nur um sicherzugehen, dass sie nichts übersehen hatte. Da fiel ihr unter einem Felsvorsprung etwas Glitzerndes ins Auge. Sie ging darauf zu.

»Kommst du, Natalie?«

»Gleich«, sagte sie und kniete sich hin, um das Glitzern näher zu untersuchen. Es sah aus wie ein winziges Klümpchen Gold. Als sie mit den Fingern daran kratzte, stellte sie fest, dass die Oberfläche ganz glatt war und golden glänzte.

»Hast du was gefunden?«, fragte Chris und reckte den Hals.

»Vielleicht«, sagte Natalie. »Warte kurz.« Sie bohrte ihre Finger in den festgestampften Lehm und grub den Gegenstand frei. Es war eine goldene Halskette mit einem Anhänger in Herzform. Irgendetwas stand darauf, aber es war wegen des Lehms unleserlich. Natalie streckte Chris die Kette entgegen. »Schau mal. Ich glaube, die ist aus echtem Gold.« Sie versuchte, den Anhänger vom Lehm zu befreien, spuckte mehrmals drauf und rieb ihn an ihrem Schlaz einigermaßen sauber. Das Symbol, das zum Vorschein kam, waren Ziffern aus dem hebräischen Alphabet. Es hatte Ähnlichkeit mit einem verschnörkelten N und einem Y.

»Sieht aus wie zwei hebräische Buchstaben. Sind das vielleicht Initialen?« Natalie hielt kurz inne und dachte nach. »Meinst du, wir könnten herausfinden, wem die Kette gehört hat?«

»Sie liegt immerhin seit über siebzig Jahren hier«, antwortete Chris. »Wem auch immer die Kette gehört hat, ist sowieso längst tot.«

»Das ist nicht gesagt.«

»Aber sehr wahrscheinlich. Du hast doch gehört, was Andrej über die Juden aus dieser Gegend gesagt hat. Dass praktisch keiner überlebt hat.«

»Ich weiß, was er gesagt hat. Aber was, wenn die Burkers und Heizels überlebt haben? Zumindest ein paar von ihnen? Oder auch nur einer? Vielleicht sogar die Trägerin oder der Träger dieser Kette?« Eine Idee formte sich in Natalies Kopf, die sie nicht mehr losließ. »Stell dir bloß vor, sie wären noch am Leben! Oder wir würden anhand ihres Familiennamens oder dieser Kette ihre Nachkommen ausfindig machen. Sie vielleicht sogar treffen. Und aus erster Hand erfahren, wie es für sie gewesen ist, hier unten zu leben. Wäre das nicht absolut fantastisch?«

»Das wäre großartig, Natalie, keine Frage. Aber ich denke ...«

»Ich denke, wir sollten sie suchen!«, sagte Natalie entschlossen, den

Blick auf die Goldkette in ihrer Hand gerichtet. »Ich denke, die Höhle hat uns ihr Geheimnis anvertraut, damit wir ans Licht bringen, was so viele Jahre im Dunkeln verborgen war. Ich will herausfinden, wer diese jüdischen Höhlenfamilien gewesen sind, Chris. Ich will wissen, was sich vor zweiundsiebzig Jahren hier abgespielt hat!«

»Und wie willst du das anstellen?«

»Keine Ahnung. Wir befragen die Leute in der Gegend, suchen übers Internet, stöbern in Archiven. Es gibt unzählige Möglichkeiten. Was meinst du? Hilfst du mir dabei?«

Chris sah seine Freundin an. Er kannte sie gut genug, um zu wissen, dass es ihr ernst war. An Ehrgeiz und Durchhaltevermögen hatte es ihr noch nie gefehlt. Und wenn sie sich erst einmal etwas in den Kopf gesetzt hatte, konnte sie sowieso niemand mehr davon abbringen.

»Leute, wir müssen jetzt wirklich los!«, ertönte Andrejs Stimme erneut. »Wo bleibt ihr denn so lange?«

»Sind schon unterwegs!«, rief Chris zurück, und an seine Freundin gewandt, sagte er: »Also gut, Natalie. Aber sei nicht enttäuscht, wenn es eine Sackgasse ist.«

»Ich liebe dich, Chris!«, sagte Natalie und gab ihm einen Kuss. Sie spielte mit der Kette in ihrer Hand und warf einen letzten Blick an die Höhlendecke und die Inschrift, die mit Kohle darauf gekritzelt war:

Burker. Heizel. 1943.

»Ich werde euch finden«, murmelte Natalie und umschloss die goldene Halskette mit der linken Faust. Dann drehte sie sich um und eilte ihrem Freund hinterher.

2 Die Suche

Sie traten den Rückweg an. Alle Gebrauchsgegenstände, die sie gefunden hatten, ließen sie da. Es fühlte sich nicht richtig an, etwas davon mitzunehmen. Außerdem hatte Chris ja alles penibel fotografisch festgehalten. Das Einzige, was Natalie einsteckte, war die Goldkette. Sie hatte den Eindruck, als wäre die Kette ein wichtiges Teil in dem Puzzle, das sie sich vorgenommen hatte zusammenzusetzen.

Am Abend kamen Andrej, Natalie und Chris erschöpft und verschwitzt im Basislager an. Während sie eine warme Suppe mit Brot aßen, gab es nur ein Gesprächsthema: die jüdischen Höhlenbewohner. Natalie konnte es kaum erwarten, mit der Suche nach ihnen zu beginnen.

Früh am nächsten Morgen kraxelten Natalie, Chris und der Höhlenforscher zum Ausgang zurück. Gerade mal drei Tage waren sie in der Höhle gewesen. Doch als Natalie aus der ewigen Dunkelheit herauskroch und ihren Körper durch das enge Einstiegsloch an die Erdoberfläche wuchtete, blendete sie das Sonnenlicht so stark, dass sie für einen Moment glaubte, erblinden zu müssen. Nach ein paar Minuten gewöhnten sich ihre Augen wieder an das Licht und sie hörte auf zu blinzeln. *Wahnsinn*, dachte sie, während sie auf das winzige Loch blickte, durch das sie in die Höhle gelangt war. Wer hätte gedacht, dass sie auf einen solch unglaublichen Fund dort unten in der Finsternis stoßen würden. Wer hätte gedacht, dass sie und ihr Freund die Ersten sein würden, die eine Geschichte zutage förderten, von der bislang kein Mensch wusste, dass sie überhaupt existierte. Und hätten sie auch nur ein Mal eine andere Abzweigung in dem verzwickten Tunnelsystem genommen, wäre das Geheimnis dieser Juden unentdeckt und vielleicht für immer verloren geblieben. Aber die Höhle hatte es ihnen offenbart, sie hatte sich ihnen anvertraut, so als wüsste sie, dass dieser kostbare Schatz bei ihnen in guten Händen war.

Die drei gingen zu Andrejs Geländewagen, den er an der nächstgelegenen Landstraße geparkt hatte. Dort zogen sie die roten, lehmverschmierten Höhlenschlaze, die Helme und dreckverklumpten Bergschuhe aus, wickelten die Seile auf und verstauten alles in den gelben PVC-Transportsäcken hinten auf der Ladefläche. Dann wuschen sie sich mit Wasser aus einer Plastikflasche die Hände und den gröbsten Dreck aus dem Gesicht, wechselten die Kleidung und setzten sich ins Auto. Natalie und Chris baten Andrej, sie in das etwa fünf Kilometer entfernte Bobrka zurückzubringen. Dort hatten sich die beiden für die Zeit ihres Aufenthaltes ein Zimmer in einer Pension genommen.

Auf der Fahrt redeten sie über nichts anderes als die Juden, die Höhle und das, was sie gefunden hatten. Plötzlich knallte es laut. Der Pick-up schlenkerte und ratterte auf der steinigen Landstraße. Staub wirbelte auf.

»So ein Mist aber auch«, brummte Andrej und brachte das Auto am rechten Straßenrand zum Stehen, unmittelbar neben einem verlotterten Haus, das einsam in der Pampa stand.

Sie stiegen alle aus, um den Schaden zu begutachten. Der vordere linke Reifen war geplatzt.

»Na toll«, sagte Andrej, und an Chris gewandt fragte er: »Kannst du mir mal helfen?«

Chris nickte, und die beiden Männer gingen hinter das Auto, holten das Ersatzrad und das Werkzeug von der Ladefläche und machten sich an die Arbeit.

Natalie vertrat sich die Beine und begutachtete dabei das Haus, neben dem sie angehalten hatten. Die Farbe blätterte bereits ab, es fehlten ein paar Fensterläden, und der Gartenzaun um das ungepflegte Grundstück herum war ziemlich verrottet. Im Hintergrund hörte sie, wie ihr Freund und Andrej mit dem Ersatzrad beschäftigt waren, als sich auf einmal die Haustür öffnete und ein altes, zittriges Männlein herauskam. Der Alte ging an einem Stock und war bestimmt weit über neunzig Jahre alt, wie Natalie seinem schütteren grauen Haar und seinem schrumpeligen Gesicht nach schätzte. Seine Mundwinkel waren nach unten gezogen wie bei einer Bulldogge. Natalie sah ihm dabei zu, wie er zum rostigen Briefkasten an der Straße wackelte, ihn öffnete, wieder schloss und ohne Post zurücktrottete. Dabei schielte er die ganze Zeit neugierig zu ihnen herüber, bis er schließlich stehen blieb und Natalie auf Ukrainisch ansprach. Natürlich verstand sie kein Wort, zuckte die Achseln und entschuldigte sich mit einem der wenigen Sätze, die sie kannte: »Ne ukrayins'ke, ya amerykanets - ich bin keine Ukrainerin, ich bin Amerikanerin.«

»Ah, amerykanets«, sagte der Greis, kam ein paar Schritte näher und deutete mit seinem Spazierstock die Straße hinauf in die Richtung, aus der sie gekommen waren. »Waren Sie in der Höhle?«, fragte er nun in gebrochenem Englisch.

»Ja, waren wir«, antwortete Natalie.

Der alte Mann wedelte mit der freien Hand in der Luft herum. »Alles Spinner«, sagte er. »Auf einmal kommen sie von überall her und wollen die Höhle sehen. Auf einmal. Dabei ist die Höhle schon vor über siebzig Jahren entdeckt worden. Ich hab's immer gesagt. Aber es interessiert ja keinen, was der alte Dovzhenko zu sagen hat.«

Natalie spitzte die Ohren. »Warum denken Sie, dass die Höhle vor über siebzig Jahren entdeckt worden ist?«

Die kleinen Augen des Greises wurden ganz groß. »Weil ich sie gesehen habe, Kindchen! Habe sie mit meinen eigenen Augen gesehen!«

»Die Höhle?«

Der Alte machte eine flüchtige Handbewegung, als würde er eine Fliege verscheuchen. »Nicht die Höhle«, sagte er und sah Natalie eindringlich an. »Die Juden!«

Natalie war es, als jagte ein Blitz durch ihren Körper. Entgeistert starrte sie den Greis an. »Sie haben die Juden gesehen? Wann?«

»Nach Kriegsende«, sagte der Ukrainer und deutete erneut die Straße hinauf. »Kamen aus dieser Richtung. Waren von Kopf bis Fuß voller Lehm. Die Leute sagten, ich sei verrückt. Aber ich weiß, was ich gesehen habe. Habe immer gewusst, dass es eine Höhle geben muss. Hab's immer gewusst.«

Natalies Herz hüpfte vor Begeisterung. Es stimmte also: In der Höhle hatten sich tatsächlich Juden versteckt! Und einige hatten überlebt und waren hier vorbeigekommen. »Wie viele waren es?«

Die Augen des Alten fixierten Natalie. »Mehr als ein Dutzend.«

»Mehr als ein Dutzend?!« Natalie klappte der Mund auf. Das waren mehr als *zwölf* Menschen! *Zwölf* Juden, die den Holocaust dank dieser Höhle überlebt hatten! Konnte das wirklich sein?

»Sind hier entlanggekommen«, meinte der Mann. »Wusste sofort, dass es Juden sind. Hab's später rumerzählt, hat jedoch keinen interessiert. Also habe ich aufgehört, davon zu reden. Aber ich habe sie gesehen, so wahr ich hier stehe. Mehr als ein Dutzend Juden. Sind hier die Straße runtergekommen. Voller gelber Erde. Ich schwör's beim Grab meiner Mutter.«

Natalie stand noch immer mit offenem Mund da.

Der Alte schmatzte, als kaute er auf etwas herum, wiederholte erneut, dass die Juden lehmverschmiert hier vorbeigekommen seien, und ging dann in Richtung Haus.

»Wissen Sie sonst noch etwas über diese Juden?«, fragte ihn Natalie. »Vielleicht, wo sie danach hingegangen sind? Ob ihre Nachkommen noch in der Gegend leben?«

Der Ukrainer schien ihre Frage nicht gehört zu haben. »Hab's gewusst, hab's immer gewusst, dass es eine Höhle gab«, murmelte er vor sich hin und wackelte dazu mit dem Kopf. »Aber wen interessiert's. Ich hätt mir das nur eingebildet, sagen sie. Dumme Schwätzer. Gar nichts wissen die, einfach gar nichts ...« Damit verschwand er im Innern des Hauses und zog die Tür hinter sich zu.

Noch lange nachdem er weg war, blickte Natalie auf die Haustür und dachte über die unglaublichen Neuigkeiten nach, die der Mann ihr eröffnet hatte. Die Geschichte nahm langsam mehr Gestalt an. Und sie wurde immer erstaunlicher.

Auf der anderen Seite des Autos hantierten Chris und Andrej indessen noch immer an dem Rad herum. Sie hatten von der Begegnung mit dem alten Ukrainer gar nichts mitgekriegt.

»So, fertig!«, rief Chris endlich und tauchte hinter der Kühlerhaube auf, während Andrej das platte Rad zur Ladefläche rollte.

Natalie drehte sich zu ihnen um und sagte: »Ihr werdet nicht glauben, was ich herausgefunden habe.« Eifrig erzählte sie von dem alten Mann und den mehr als zwölf Juden, die offenbar in der Höhle gelebt haben mussten. »Wenn der Alte sie gesehen hat, dann haben andere sie bestimmt auch gesehen. Ich meine, eine derart ungewöhnliche Geschichte muss sich doch herumgesprochen haben. Vielleicht finden wir ja noch mehr Hinweise, vielleicht hat sie sogar jemand gekannt! Was denkst du, Andrej? Wen könnten wir dazu befragen?«

Der Höhlenforscher hievte das Rad auf die Ladefläche. »Fragt, wen ihr wollt. Es wird euch keiner Auskunft geben, selbst wenn sie es könnten.«

»Wieso denn nicht? Der alte Mann hat ja auch mit mir geredet.«

»Weil er vermutlich ein eigensinniger, närrischer Greis ist, der nicht mehr klar denken kann.«

»Du glaubst ihm nicht?«

»Ich glaube, ihr jagt einem Gespenst nach und verschwendet bloß eure Zeit. Nichts für ungut. Ihr könnt ganz Bobrka ausquetschen, wenn ihr wollt, und werdet trotzdem nichts erfahren.«

»Wieso nicht?«

Andrej verschloss die Klappe der Ladefläche, ging zur Beifahrertür und setzte sich ans Steuer. Natalie und Chris kletterten neben ihn auf den doppelten Beifahrersitz. Andrej startete den Motor und fuhr los.

»Wieso denkst du, dass keiner mit uns reden würde?«, fragte Natalie. »Weil wir Ausländer sind?«

»Das hat nichts mit euch zu tun«, antwortete Andrej. »Die Einheimischen sind in der Regel nicht gut auf das Thema Juden und Krieg zu sprechen. Ihr müsst wissen, die Juden wurden nicht nur von den Nazis gehasst, sondern auch von ihren eigenen Nachbarn. Früher lebten Ukrainer, Polen, Juden und Russen friedlich nebeneinander. Dann kam der Krieg und alles änderte sich. Schreckliche Dinge sind hierzulande passiert, über die keiner spricht. Also seid nicht überrascht, wenn ihr auf eisernes Schweigen stoßt.«

Eine Viertelstunde später hielt Andrej vor der Pension in Bobrka, in der Natalie und Chris ein Zimmer gemietet hatten. Es war kein Luxushotel, sondern nur eine billige Absteige. Etwas Besseres hatten Natalie und Chris im Internet nicht finden können. In Bobrka gab es kaum Touristen. Es war ein ziemlich kleines, heruntergekommenes Dorf mit renovierungsbedürftigen Häusern, kaputten Straßen, Ruinen alter Gebäude und einigen wenigen Lebensmittelgeschäften, die schrumpeliges Obst und Backwaren verkauften. Früher, so hieß es, sei Bobrka eine sehr geschäftige Stadt gewesen, voller Farben, Leben und Kultur. Doch davon war nichts mehr übrig.

Andrej verabschiedete sich von den beiden Amerikanern und wünschte ihnen für ihren restlichen Aufenthalt und die Rückreise in die USA alles Gute.

Natalie und Chris gingen auf ihr Zimmer und wollten erst einmal duschen, um all den Dreck von ihrer dreitägigen Höhlentour von sich abzuschrubben. Natalie beschlagnahmte die Dusche als Erste. Sie hatte richtige Erdklumpen im Haar und hartnäckigen Lehm unter ihren Fingernägeln, außerdem ein paar Schürfwunden an den Händen von den rauen Felsen. Aber daran war sie von ihren Höhlentouren gewöhnt. Nachdem sie fertig geduscht, frische Kleider angezogen hatte und sich wieder einigermaßen als Mensch fühlte, überließ sie Chris das Bad. Ganz in Gedanken versunken setzte sie sich im Schneidersitz auf ihr Bett und bestaunte zum wohl hundertsten Mal die Goldkette mit dem Herzamulett. *Was ist deine Geschichte?*, dachte sie bei sich. *Wem hast du gehört?*

Draußen dämmerte es bereits. Chris sang unter der Dusche aus voller Kehle, was er Natalies Ansicht nach besser unterlassen hätte. Als ihr Freund sauber geduscht aus dem Bad kam, beschlossen die beiden, im Restaurant der Pension etwas zu essen. Es war ihr letzter Abend in Bobrka. Am nächsten Tag ging ihr Flug von Lemberg über Kiew und Paris zurück nach Chicago.

Im Restaurant war nicht viel los. Nur ein schlaksiger junger Mann, der eine runde Brille und ein hochgekrempeltes Hemd trug, saß allein an einem Tisch, trank einen Kaffee und hackte geschäftig auf seinem Laptop herum. Natalie und Chris nahmen an einem der vielen freien Tische Platz und studierten die Speisekarte.

»Ich würde die Pelmeni nehmen«, sagte plötzlich der Mann am anderen Tisch in fast akzentfreiem Englisch. »Teigtaschen mit Fleischfüllung. Sehr beliebt und sehr lecker.«

»Danke«, sagte Chris und nickte dem jungen Mann freundlich zu.

»Gern geschehen«, antwortete dieser und vertiefte sich wieder in seine Arbeit.

Eine sympathische, pausbäckige Frau kam angewatschelt. Natalie vermutete, dass sie die Besitzerin der Pension war, denn sie war es auch gewesen, die ihnen bei ihrer Ankunft den Zimmerschlüssel überreicht hatte.

»Ah«, sagte die Bedienung freundlich lächelnd und blieb neben ihrem Tisch stehen, »wieder zurück aus der Irrgartenhöhle. Hat Ihnen die Expedition gefallen?«

Natalie und Chris nickten, und Natalie erzählte gleich aufgeregt: »Haben Sie gewusst, dass während des Zweiten Weltkrieges Juden in der Höhle gelebt haben? Wir haben diverse Gegenstände gefunden, die eindeutig darauf hinweisen. Sogar einen Mühlstein zum Kornmahlen!«

»Tatsächlich?« Die Stimme der Wirtin klang merkwürdig distanziert.

»Unglaublich, nicht wahr? Ein Mann sagte, er habe die Überlebenden nach Kriegsende gesehen, wie sie lehmverschmiert die Straße herunterkamen. Haben Sie je etwas davon gehört?«

»Nein«, sagte die Frau kurz angebunden und zückte Papier und Bleistift. »Was darf ich Ihnen bringen?«

»Eine Cola«, sagte Chris. »Und ich hätte gerne die Pelmeni.«

»Nehme ich auch«, meinte Natalie. »Leben eigentlich heute noch Juden in Bobrka?«

Die Frage schien der Frau sauer aufzustoßen, denn sie warf Natalie einen kalten Blick zu. Ohne noch etwas zu sagen, riss sie den Gästen die Speisekarten aus der Hand und verschwand umgehend durch die Flügeltür in der Küche.

Chris und Natalie sahen sich verdutzt an.

»Entschuldigt, ich habe zufällig mitgehört«, meldete sich da der junge Mann am anderen Tisch wieder zu Wort und nickte in Richtung Flügeltür. »Nehmt es nicht persönlich.«

»Tun wir nicht. Man hat uns vorgewarnt«, sagte Chris. »Bist du von hier?«

»Meine Großeltern sind hier aufgewachsen. Ich komme aus Lemberg. Schreibe gerade meine Dissertation über atomare Leerstellen in Quasikristallen.«

Natalie und Chris sahen ihn an, als käme er vom Mond.

Er winkte ab. »Tut mir leid. Ihr habt natürlich keine Ahnung, wovon ich rede. Ich habe mich noch gar nicht vorgestellt: Ich bin Oleksander.«

»Ich bin Chris, und das ist meine Freundin Natalie.«

»Freut mich sehr«, sagte Oleksander und drehte seinen Stuhl in ihre Richtung. »Also, die Sache mit eurer Höhlenexpedition ist ja hoch spannend. Als ich klein war, haben mir meine Großeltern eine ähnliche Geschichte erzählt. Sie sagten, es gebe Gerüchte darüber, dass sich Juden in einer Höhle versteckt hätten. Und ihr habt offenbar den Beweis dafür gefunden. Da war sogar ein richtiger Mühlstein in der Höhle?«

»Ja!«, rief Natalie und war wieder voll in ihrem Element. »Wir trauten unseren Augen kaum. Es muss eine ganze jüdische Sippe dort unten gelebt haben. Und ihre Familiennamen haben sie mit Kohle an die Höhlendecke gekritzelt. Dazu das Jahr 1943.«

»1943. Das war das Jahr, in dem Bobrka judenfrei wurde. Ihr habt ja bestimmt von dem Getto gehört.« Natalie und Chris nickten, und Oleksander fuhr stirnrunzelnd fort: »Alle Juden aus den umliegenden Dörfern wurden gezwungen, ins Getto nach Bobrka zu kommen, nur um später ins Konzentrationslager nach Belzec gebracht zu werden. Am 13. April 1943 wurde das Getto aufgelöst. Einige Juden wurden ins KZ gebracht, manche in ein Arbeitslager, alle anderen, so um die tausend, wurden erschossen. Bobrka wurde offiziell judenfrei.«

»Das ist ja furchtbar«, murmelte Natalie.

»Ich denke, das erübrigt deine Frage, ob heute noch Juden hier leben. Und erklärt auch, warum die Einheimischen nicht gerne darüber reden.«

»Allerdings«, sagte Chris leise.

Natalie war ziemlich erschlagen von den tragischen Ereignissen, die ihnen Oleksander unverblümt geschildert hatte. Natürlich war ihr die Brutalität des Krieges bewusst gewesen. Sie kannte das ja alles aus dem Geschichtsunterricht – die Nazis, die Judenverfolgung, die Konzentrationslager. Aber an einem Ort zu sein, wo all diese grausamen Dinge tatsächlich passiert waren und wo sie eine echte Geschichte von echten Menschen aus dieser Zeit ausgegraben hatte, machte das Ganze auf einmal sehr lebendig - und sehr persönlich. Und es verstärkte Natalies Wunsch, mehr darüber herauszufinden und die Juden aus der Höhle oder ihre Nachkommen irgendwie aufzuspüren.

Die Wirtin kam mit zwei Colas aus der Küche zurück, knallte sie wortlos auf den Tisch und ging wieder. Mit der Herzlichkeit war es endgültig vorbei.

»Ihr solltet die Geschichte nicht für euch behalten«, meinte Oleksander und rückte seine runde Brille zurecht. »Ihr habt da ein Stück Kriegsgeschichte von historischer Bedeutung entdeckt. Die Leute hier mögen nichts davon wissen wollen. Doch ich bin der Ansicht, die Öffentlichkeit sollte davon erfahren.«

»Denken wir auch«, gab ihm Chris recht. »Ich bin Fotograf und habe jede Menge Bilder in der Höhle gemacht. Vielleicht kann ich das National Geographic dafür gewinnen.«

»Das musst du unbedingt versuchen«, meinte Oleksander. »Ihr solltet auch ein paar Fotos vom ehemaligen Judenviertel machen. Wie lange bleibt ihr noch hier?«

»Unser Flug geht leider schon morgen«, sagte Natalie. »Wir haben ja nicht gewusst, worauf wir stoßen, sonst wären wir auf jeden Fall noch länger geblieben. Ich würde zu gerne wissen, wer diese Juden gewesen sind und was aus ihnen geworden ist.«

»Probier's mal mit Facebook«, schlug Oleksander spontan vor.

»Facebook?!«

»Ja, Facebook. Der beste Weg, Menschen zu finden. Du kennst doch ihre Familiennamen. Vielleicht findest du Kinder oder Enkelkinder der damaligen Höhlenbewohner. Heutzutage ist ja fast jeder bei Facebook.«

»Stimmt«, sagte Natalie und nickte motiviert. »Das ist eine ausgezeichnete Idee! Das mach ich! Ich suche sie auf Facebook!«

Es gab ständig Geschichten von Leuten, die sich über Facebook nach Jahren wiedergefunden hatten. Die Idee war so simpel und so genial. Natalie verstand gar nicht, warum sie nicht selbst darauf gekommen war.

Gleich nach dem Abendessen - und nachdem sie mit Oleksander

die E-Mail-Adressen ausgetauscht hatten - machten die beiden sich an die Arbeit. Die Internetverbindung ließ zwar sehr zu wünschen übrig, aber Natalie wollte nicht warten, bis sie zurück in Chicago sein würde. Sie setzte sich aufs Bett, klappte ihren Laptop auf und loggte sich in ihr Facebook-Profil ein. Chris saß neben ihr. Leider gab es eine ganze Reihe von Personen mit Nachnamen Burker und Heizel, die in der Facebook-Suchleiste zur Auswahl standen. Es war unmöglich zu sagen, ob einer von ihnen mit den Juden aus der Höhle verwandt war. Kurzerhand schickte Natalie an alle dieselbe Nachricht:

Hi. Mein Name ist Natalie. Ich bin eine amerikanische Höhlenforscherin und habe die Irrgartenhöhle bei Bobrka in der Ukraine besucht. Dabei habe ich Gegenstände gefunden, die darauf hinweisen, dass sich hier während des Zweiten Weltkrieges Juden versteckt haben müssen. An einer Höhlenwand standen die Namen Burker und Heizel. Und deswegen meine Frage an Sie: Sind Sie womöglich ein Nachkomme dieser Familien? Ich bin auf der Suche nach Überlebenden und hoffe, Sie können mir irgendwie weiterhelfen. Bitte schreiben Sie zurück, wenn Sie etwas wissen. Mit freundlichen Grüßen, Natalie Richardson.

»Meinst du, es meldet sich jemand?«, fragte Natalie, als sie den Laptop in ihrem Gepäck verstaute.

»Das wird sich zeigen«, meinte Chris. »Ein Versuch war es auf jeden Fall wert.«

Natalie knabberte nervös an ihrer Unterlippe. Sie holte die Kette mit dem Herzanhänger aus ihrer Hosentasche und betrachtete sie. »Und wenn nicht? Vielleicht jagen wir wirklich nur einem Gespenst nach.«

»Komm mal her, Natalie.« Chris zog seine Freundin schmunzelnd zu sich hin und küsste sie. »Wir jagen keinem Gespenst nach. Diese Geschichte ist real. Und wenn es eine Person gibt, der es gelingen kann, diese Menschen nach über siebzig Jahren ausfindig zu machen, dann du, Natalie.« Er strich ihr eine Haarsträhne aus dem Gesicht und küsste sie erneut.

Sie lächelte und schloss die Hand fest um die Goldkette. »Du hast recht. Ich werde sie finden.« Eine neue Entschlossenheit erfasste sie. Sie musste sie einfach finden. Nicht nur, weil sie darauf brannte, ihre Geschichte zu hören. Sie wollte ihnen etwas von ihrer eigenen Geschichte zurückgeben. Und aus einem ihr unerklärlichen Grund wurde sie den Eindruck nicht los, dass die goldene Halskette dabei eine wichtige Rolle spielte.

3 Der Besuch

September 2015, Chicago, USA

Die Semesterferien waren vorbei. Natalie versuchte, sich so gut es ging auf das vierte Studienjahr zu konzentrieren, was ihr alles andere als leichtfiel. Es war nicht das erste Mal, dass sie in den Ferien in Höhlen herumgekrochen war. Aber es war das erste Mal, dass sie gedanklich dort hängen geblieben war. Die Gespräche ihrer Mitstudenten über ihre ach so aufregenden Urlaubsabenteuer kamen Natalie wie ein Witz vor. Alles erschien ihr auf einmal oberflächlich und hohl. Die Vorlesungen plätscherten an ihr vorbei wie ein im Hintergrund laufendes Fernsehprogramm. Ihre Gedanken kreisten ausschließlich um die Juden in der Höhle. Sie versuchte, über Onlinearchive mehr Informationen zu sammeln, was ihr leider nicht gelang. Außerdem las sie jeden Artikel über die Judenverfolgung in der Ukraine während des Zweiten Weltkriegs, den sie in der Universitätsbibliothek finden konnte, um sich ein besseres Bild zu machen. Manchmal wurde es ihr beim Lesen speiübel und sie musste an die frische Luft gehen. Zu grauenvoll waren die Ereignisse jener dunklen Jahre des Krieges.

Wie es wohl den Juden aus der Höhle ergangen ist?, überlegte sie sich oft. *Wie viele sind umgekommen? Wie viele hat die Höhle vor dem Tod bewahrt? Kann es sein, dass ein Überlebender der Irrgartenhöhle heute noch lebt?*

Chris war unterdessen mit dem National Geographic im Gespräch. Die Verantwortlichen zeigten Interesse an der Geschichte, und jetzt feilte er eifrig an einem Text. Natalie freute sich für ihn, auch wenn ihr Fokus weniger auf der Veröffentlichung der Geschichte lag, sondern mehr auf den Personen dahinter. Sie wünschte sich nichts sehnlicher, als mit ihnen in Kontakt zu treten. Aber in den Büchern und Archiven hatte sie nichts Brauchbares entdeckt. Etwas hatte sie zumindest herausgefunden: Das hebräische Symbol auf dem goldenen Herzen waren zwei Buchstaben, der Buchstabe Aleph und der Buchstabe Tzadi. Da jeder hebräische Buchstabe gleichzeitig auch eine Zahl darstellt, ergab sich daraus die Zahl 91. Wofür die Buchstaben oder Zahlen stehen konnten, war Natalie allerdings ein Rätsel. Das Amulett brachte sie also auch nicht weiter. Und auf ihre Facebook-Nachricht hatte sie bisher noch keine Antwort erhalten.

Tage und Wochen verstrichen. Nichts geschah. Womöglich war die Idee mit Facebook doch eine Sackgasse. Es wäre ja auch zu schön gewesen, hätte es geklappt. Natalie hatte die Hoffnung schon fast aufgegeben, als sie eines Abends eine Nachricht in ihrem Facebook-Posteingang vorfand. Sie war von einer gewissen Salome Burker.

Hi Natalie. Tut mir leid, dass ich nicht früher antwortete, aber ich war im Urlaub. Zu Ihrer Anfrage bezüglich der Höhle: Ich bin mir ziemlich sicher, dass mein Großvater mit seiner Familie in dieser Höhle gelebt hat. Meine Mutter hat mir die Geschichte schon hundertmal erzählt. Sie ist unglaublich! Mein Großvater heißt Joscha Burker. Er ist heute neunundachtzig Jahre alt. Wenn Sie mit ihm reden möchten, rufen Sie diese Nummer an: 815 555 4675. Es ist die Nummer der Altersresidenz, in der er lebt. Sagen Sie, seine Enkelin Salome hätte Ihnen die Nummer gegeben. Wenn ich sonst noch etwas für Sie tun kann, lassen Sie es mich wissen. Shalom. Salome Burker.

Natalie war es, als flösse Feuer durch ihre Adern. »O Mann!«, hauchte sie und legte sich die Hand auf den Mund. »O Mann! Wahnsinn!« Ihr Herz begann so schnell zu pochen, als wäre sie dreimal um den Block gejoggt. Sie starrte auf den Bildschirm und konnte nicht glauben, was sie da las. Sie hatte einen Überlebenden gefunden! Sie hatte tatsächlich einen Überlebenden gefunden! Und sie hatte sogar seine Telefonnummer!

Natalie stand auf, tigerte durchs Zimmer, kehrte zum Computer zurück und las die Nachricht wieder und wieder durch. Dann schnappte sie sich ihr Handy und rief ihren Freund an. »Chris, du wirst es nicht für möglich halten! Ich habe einen gefunden! Seine Enkelin hat mir soeben eine Nachricht geschickt.«

»Ich kann dir nicht ganz folgen. Wen hast du gefunden? Wovon redest du?«

»Na, von der Höhle!«, rief Natalie. »Von der Irrgartenhöhle! Ich habe über Facebook einen Überlebenden gefunden! Er heißt Joscha Burker und ist neunundachtzig Jahre alt. Das heißt, er war zur Zeit des Krieges ein Teenager.«

»Wow!«, sagte Chris. »Das ist ... wow! Ich weiß nicht, was ich sagen soll!«

»Ich ehrlich gesagt auch nicht. Es kommt mir selbst noch total unwirklich vor. Ein Überlebender aus der Höhle! Seine Enkelin hat mir sogar seine Telefonnummer gegeben. Was meinst du, soll ich ihn anrufen?«

»Natürlich rufst du ihn an!«

»Aber es ist schon nach einundzwanzig Uhr. Alte Leute gehen doch früh ins Bett, oder?«

»Wenn du bis morgen wartest, platzt du noch vor Neugier. Ruf ihn an! Jetzt gleich!«

»Okay«, sagte Natalie. »Aber ... aber was sag ich ihm denn? Ich weiß gar nicht ...«

Chris lachte. »Jetzt ruf ihn schon an, Natalie! Na los!«

»Okay ... okay, ich mach's. Lieb dich, Chris.«

»Lieb dich auch.«

Natalie legte auf. Sie war ein einziges Nervenbündel. Die ganze Zeit hatte sie davon geträumt, einen Überlebenden zu finden. Und jetzt, wo sie die Möglichkeit hatte, mit einem zu sprechen, traute sie sich nicht. Sie atmete tief durch, fasste sich ein Herz und wählte die Nummer der Altersresidenz, in der Joscha Burker wohnte. Es klingelte. Natalie war nervöser als vor einem Bewerbungsgespräch. Ihre Hände schwitzten.

»Altersresidenz Evergreen, was kann ich für Sie tun?«

»Ja, guten Abend. Ich ... ich würde gerne mit Mr Burker reden.«

»Meinen Sie Mr Joscha Burker?«, fragte die Rezeptionistin.

»Ja! Ja, Mr Joscha Burker. Kann ich ihn sprechen?«

»Einen Moment. Ich verbinde in sein Zimmer.«

Es knackte in der Leitung, dann tutete es. Tuuut ... tuuut ... tuuut ... Mit jedem Tuten klopfte Natalies Herz heftiger. Ihr war so heiß, als schaufelte jemand glühende Kohlen in ihren Körper.

Und dann erklang endlich eine zerbrechliche, alte Männerstimme. »Burker?«

Vor lauter Erregung vergaß Natalie einen Moment zu atmen. »Sind Sie Mr Joscha Burker?«

»Ja, der bin ich. Wer spricht denn da?«

Natalie trat der Schweiß aus allen Poren. »Mein Name ist Natalie Richardson«, sagte sie. »Ich habe Ihre Telefonnummer von Ihrer Enkelin Salome.«

»Oh, Salome. Sind Sie mit ihr befreundet?«

»Nicht direkt. Ich ... ich möchte Ihnen eine Frage stellen, Mr Burker.«

»Ja, bitte?«

Natalie nahm ihren ganzen Mut zusammen. »Ist es richtig, dass Sie sich während des Zweiten Weltkrieges in einer Höhle versteckt haben? In der Nähe von Bobrka?«

Ein paar Sekunden war es vollkommen still am anderen Ende der Leitung. »Allerdings«, antwortete der alte Mann erstaunt. »Woher wissen Sie davon?«

In Natalies Kopf explodierten tausend Feuerfunken. »Weil mein Freund und ich diesen Sommer in der Höhle gewesen sind. Wir haben Ihren Namen an der Höhlenwand gelesen. Burker. 1943.«

Wieder Stille.

»Mr Burker? Sind Sie noch da? Mr Burker?«

Ein leises Schniefen war zu hören. Die Stimme des Alten klang brüchig und ziemlich weit weg, als er leise sagte: »Sie sind dort gewesen. Sie sind tatsächlich dort gewesen ...«

»Ja, vor nicht mal einem Monat«, antwortete Natalie. »Wir haben gedacht, es wäre eine jungfräuliche Höhle. Aber dann haben wir alte Schuhe gefunden und verschiedene Gebrauchsgegenstände. Sogar eine Kornmühle.«

»Die Kornmühle ... Sie haben die Kornmühle gefunden?«

»Ja. Mein Freund hat versucht, den oberen Stein anzuheben. Aber es ging nicht. Viel zu schwer. Darf ich fragen, wie viele mit Ihnen in der Höhle gelebt haben?«

»Wir waren neunundzwanzig Leute.«

»*Neunundzwanzig*?« Das waren ja noch mehr als das gute Dutzend, das der alte Ukrainer zu sehen geglaubt hatte. »Und wie lange lebten Sie dort unten?«

»Sechzehn Monate«, sagte Mr Burker.

»*Sechzehn Monate*?!« Natalie wünschte, sie hätte sich verhört. Sechzehn Monate in einer Höhle? Komplett im Dunkeln? Das stellte sogar den vermeintlichen Weltrekord von Michel Siffre in den Schatten, und zwar nicht um Tage, sondern um *Monate*!

»Wir hatten keine Wahl«, erklärte der Alte einfach. »Wir wollten überleben.«

Natalie kam sich mit ihren dreiundzwanzig Jahren auf einmal lächerlich jung und unerfahren vor. Was wusste sie schon vom Leben? Oder vom Krieg? Ihre Motivation, in Höhlen herumzuklettern, waren Adrenalin und Spaß. Sie konnte sich nicht mal annähernd vorstellen, wie sich jemand aus purer Verzweiflung fast eineinhalb Jahre im Schoß der Erde verkriecht. »Mr Burker«, sagte Natalie schließlich. »Mein Freund ist Fotograf und hat alles, was wir in der Höhle gefunden haben, fotografiert. Ich würde Ihnen die Fotos sehr gerne vorbeibringen, wenn ich darf. Und ich würde außerdem gerne Ihre Geschichte hören, falls das möglich wäre.«

»Meine Geschichte?« Der Neunundachtzigjährige klang erstaunt. »Ich habe meine Geschichte eine Ewigkeit nicht erzählt. Ich weiß nicht, ob Sie sie mir glauben würden.«

»Wieso denn nicht?«

»Sie ist ... zu erstaunlich. Wissen Sie, manchmal kann ich sie selbst kaum glauben.«

»Ich würde sie wirklich sehr gerne hören, Mr Burker.«

»Na gut«, meinte der alte Mann. »Wenn Sie sie unbedingt hören wollen, erzähle ich sie Ihnen. Wann wollen Sie denn vorbeikommen?«

»Oh, ich ... so weit habe ich noch gar nicht gedacht. Wo wohnen Sie denn?«

»In Rockford.«

»Rockford in Illinois?«

»Ja.«

»Ich lebe in Chicago! Rockford ist ja gar nicht so weit entfernt.«

»Prima. Wann darf ich Sie erwarten? Vielleicht morgen Nachmittag?«

»Morgen Nachmittag? Äh ...« Natalie strich in ihrem Kopf kurzerhand die Vorlesungen des nächsten Tages aus ihrer Agenda. Dieses Treffen hatte eindeutig Priorität. »Ja, morgen Nachmittag lässt es sich einrichten. Um wie viel Uhr soll ich da sein?«

»Passt Ihnen fünfzehn Uhr?«

»Fünfzehn Uhr klingt gut.«

»Schön, Miss ...«

»Richardson.«

»Schön, Miss Richardson. Dann sehen wir uns morgen Nachmittag um fünfzehn Uhr. Ich freue mich darauf.«

»Die Freude ist ganz meinerseits, Mr Burker!«

Natalie war total aus dem Häuschen und fühlte sich, als hätte sie gerade per Telefon den Eiffelturm geschenkt bekommen oder einen Flug ins Weltall oder einen Stern auf dem Walk of Fame in Hollywood. Sie konnte das alles noch gar nicht richtig begreifen. Es war unglaublich, aber sie hatte mit einem Überlebenden aus der Irrgartenhöhle gesprochen! Und er lebte nicht etwa tausend Kilometer von ihr entfernt oder gar in einem anderen Land, sondern in Rockford, einem Ort, der in nicht mal zwei Stunden Autofahrt von Chicago zu erreichen war!

Sie rief Chris zurück und erzählte ihm von ihrem Gespräch mit Joscha Burker und seiner spontanen Besuchseinladung. Natalie fragte ihren Freund, ob er mitkommen wolle, aber er konnte sich so kurzfristig nicht freinehmen, auch wenn er liebend gerne dabei gewesen wäre.

Also fuhr Natalie am nächsten Tag allein nach Rockford. Sie hatte im Eiltempo ein Album mit allen Fotos aus der Höhle zusammengestellt, das sie Mr Burker schenken wollte. Natürlich nahm sie auch die Goldkette mit, die sie nochmals auf Hochglanz poliert hatte, damit sie wieder wie neu aussah. Vielleicht wusste Mr Burker ja, wem sie gehört hatte. Oh, sie war ja so was von gespannt auf diese Begegnung!

Kurz vor fünfzehn Uhr erreichte Natalie Rockford. Die Altersresidenz Evergreen befand sich außerhalb der Stadt auf einem weiten Gelände mit saftig grünen Rasenflächen, vielen Bäumen und Parkbänken sowie bunten Blumenbeeten. Es war eindeutig eine Einrichtung, die sich nur die gehobene Klasse leisten konnte. Alles war sehr gepflegt und sah freundlich aus.

Natalie parkte ihr Auto auf dem Besucherparkplatz und folgte dem gepflasterten Pfad zum Haupteingang. Die automatische Glastür öffnete sich, und Natalie betrat die Eingangshalle.

»Kann ich Ihnen behilflich sein?«, wurde sie sogleich von der Rezeptionistin hinter der Theke angesprochen.

»Ja«, sagte die Studentin. »Ich möchte zu Mr Burker.«

»Miss Richardson?«

»Ja.«

Die Dame lächelte. »Mr Burker hat mich informiert, dass Sie kommen. Er empfängt Sie auf seinem Zimmer im dritten Stock. Zimmer 315. Der Fahrstuhl ist gleich um die Ecke.«

»Danke.« Natalie ging zum Aufzug und drückte auf den Knopf.

Als der Fahrstuhl kam und die Tür aufging, sah sich Natalie einem hochgewachsenen alten Herrn mit runder Brille und gezwirntem Schnauzbart gegenüber. Er trug eine makellos weiße Militäruniform mit vielen farbigen Abzeichen auf der Brust. Unverhofft schlug er die Hacken aneinander, blieb stramm wie ein Zinnsoldat im Fahrstuhl stehen und salutierte. »Admiral Mike Miller meldet sich zum Dienst, Sir!«, rief er.

Natalie verkniff sich ein Kichern und wusste gleichzeitig nicht genau, wie sie reagieren sollte. Also nickte sie dem Senior einfach freundlich zu, worauf dieser die Hand von der Stirn nahm und ohne ein weiteres Wort an ihr vorbeimarschierte.

Schrullige Leute gibt es hier, dachte die Studentin und schmunzelte in sich hinein. Sie drückte den Knopf für den dritten Stock, die Tür schloss sich, und der Aufzug setzte sich in Bewegung. In der dritten Etage machte Natalie gleich die nächste ungewöhnliche, allerdings eher tragische Bekanntschaft. Schon als sie den Flur betrat, merkte sie, dass etwas nicht stimmte. Etwa zwanzig Meter den Gang hinunter stand eine Zimmertür offen. Irgendjemand schrie herum, während Krankenschwestern und Krankenpfleger herbeieilten. Natalie näherte sich dem Tumult und stellte fest, dass die Schreie aus dem Zimmer 314 kamen, dem Nachbarzimmer von Mr Burker. Sie blieb stehen und versuchte einen Blick zu erhaschen auf das, was sich darin abspielte. Im Zimmer entdeckte sie eine zierliche, alte Frau mit wirrem weißem Haar. Sie saß im Rollstuhl. Neben ihr stand ein großer Koffer, als wolle sie verreisen. Die Frau schien über irgendetwas sehr verärgert zu sein und schimpfte laut. Zwei Krankenschwestern versuchten, sie zu beruhigen.

»Lassen Sie mich in Ruhe!«, rief die alte Frau. »Er kommt zurück! Er hat es mir versprochen! Er kommt heute noch zurück und holt mich ab! Sie werden schon sehen!«

Eine der Krankenschwestern nahm den Koffer und öffnete ihn. Ein Berg von Kleidern und allerlei Gegenständen quoll heraus. Sogar ein paar Brötchen, Maiskolben und ein Kunststoffkrug mit rotem Tee purzelten aus dem Koffer. Der Tee ergoss sich über den ganzen Boden.

Die Dame im Rollstuhl schrie entsetzt auf und schlug sich die Hände vors Gesicht. »Nein! Was machen Sie da?! Hören Sie sofort auf damit! Sie sollen meinen Koffer nicht anfassen!«

Die zweite Krankenschwester berührte die Frau sanft an der Schulter, worauf diese wild um sich schlug und die Schwester kurzerhand anspuckte.

»Nehmen Sie die Hände von mir! Er kommt zurück! Er kommt ganz bestimmt zurück!«

Natalie beobachtete die Szene erschüttert und wandte sich an eine der Krankenschwestern im Flur. »Was hat sie denn?«

»Sie wartet auf ihren Ehemann. Schon seit Jahren«, antwortete ihr die Schwester. »Und dann packt sie alles, was ihr in die Finger kommt, in den Koffer und wartet darauf, dass er sie abholt. Und wenn er nicht kommt, setzt sie sich ans Fenster und blickt stundenlang weinend in den Garten hinaus. Den Rollstuhl bräuchte sie eigentlich nicht. Aber eines Morgens hat sie sich einfach dazu entschieden, nicht mehr zu gehen. Sie sagte, sie werde erst wieder aufstehen, wenn ihr Mann zurückkomme. Ist nicht leicht für die Familie.«

»Kann ich mir denken«, sagte Natalie.

Die alte Frau im Rollstuhl steigerte sich immer mehr in ihre Aggression hinein wie eine Bärin, der man versucht, die Jungen zu klauen.

»Soll ich mit ihr reden?«, fragte plötzlich eine männliche Stimme schräg hinter Natalie. Sie blickte über ihre Schulter und sah einen alten weißhaarigen Mann auf dem Korridor stehen. Wahrscheinlich hatten die Schreie ihn aus seinem Zimmer gelockt.

Die Schwester, an die er sich gewandt hatte, schüttelte den Kopf. »Das würde nichts bringen. In diesem Zustand hört sie auf niemanden.«

»Sie hat einen schlechten Tag, ich weiß«, seufzte der Senior und blickte voller Mitgefühl in das Zimmer 314.

Unterdessen eilte ein kräftiger Pfleger zu Hilfe und hielt die Frau im Rollstuhl von hinten fest, während eine der Schwestern ihr eine Spritze verabreichte. Die Frau kreischte und kratzte, bis die Medizin endlich wirkte und sich ihr Körper langsam entspannte. Der Pfleger verließ das Zimmer und zog die Tür hinter sich zu mit der Bemerkung: »In ein paar Stunden hat sie sich beruhigt.«

Das Pflegepersonal ging auseinander. Nur der alte Herr und Natalie blieben im Flur zurück. In dem Zimmer war es ganz still geworden.

»Die Ärmste«, sagte Natalie. »Kennen Sie sie?«

Der Senior nickte, während er den Blick immer noch auf die Tür von Zimmer 314 gerichtet hielt.

»Hat sie öfter solche Anfälle?«

»Mindestens einmal pro Woche, manchmal auch häufiger. Aber sie hat auch gute Tage. Sie stickt sehr gerne.«

»Wohnen Sie auch auf dieser Etage?«, fragte Natalie.

»Gleich nebenan.« Er deutete mit dem Kopf auf Zimmer 315.

Natalie sah den alten Herrn überrascht an. »Sie wohnen in Zimmer 315?«

»Das tue ich.«

»Dann sind Sie ... Mr Burker?!«

»Oh ...« Der Alte zog seine weißen Augenbrauen hoch. Der etwas angespannte Ausdruck in seinem Gesicht hellte sich auf. »Miss Richardson?«

»Die bin ich«, antwortete die Studentin.

»Aber natürlich. Es ist ja schon nach drei.« Er ging auf sie zu und schüttelte ihr mit einer leichten Verbeugung die Hand. Der Mann hatte einen erstaunlich kräftigen Händedruck und schien auch sonst sehr rüstig für sein Alter zu sein. »Sehr erfreut, Sie kennenzulernen, Miss Richardson.«

Natalie strahlte und war auf einmal wieder furchtbar nervös, genau wie am vorigen Tag am Telefon - vielleicht sogar noch ein bisschen mehr. »Es ist mir eine Ehre, Mr Burker. Ich habe mich so auf diesen Nachmittag gefreut.«

»Ich war ebenfalls sehr gespannt auf Sie. Man trifft schließlich nicht alle Tage eine Höhlenforscherin. Und dann noch eine so junge und hübsche obendrein.«

»Sie schmeicheln mir.«

»Das ist durchaus beabsichtigt.« Der Mann zwinkerte Natalie verschmitzt zu. »Wollen wir ein paar Schritte gehen? Ich kenne da ein nettes Plätzchen beim Entenweiher. Da können wir uns ungestört unterhalten.«

»Sehr gerne, Mr Burker.«

Sie nahmen den Fahrstuhl in die Eingangshalle und verließen das Gebäude. Auf einem breiten Gehweg spazierten sie an einem Blumenbeet aus weißen und pinkfarbenen Flammenblumen und roten Gladiolen vorbei. Mehrere ältere Leute genossen den warmen Nachmittag im Freien, schlenderten durch den Park oder saßen auf den vielen Bänken.

Neben einem Springbrunnen, der friedlich vor sich hin gurgelte, stand eine ältere, stark geschminkte Dame vor einer Staffelei und malte die Landschaft. »Guten Tag, Mr Burker«, sagte sie zu dem alten Mann gut gelaunt. »Was für ein herrlicher Tag heute, nicht wahr?«

»Ja, ein herrlicher Tag, Mrs Walters«, meinte Joscha Burker.

»Ihre Enkelin?«, fragte die Dame neugierig.

»Ich verweigere die Aussage und berufe mich auf den fünften Verfassungszusatz«, antwortete der Alte theatralisch, worauf die Frau mit dem Pinsel auf ihn zeigte und amüsiert konterte: »Sie Geheimniskrämer. Wenn ich die Zeugen aufrufe, kommt die Wahrheit ja doch ans Licht!«

»Sie war früher Richterin«, sagte Mr Burker zu Natalie im Weitergehen. »Wir liefern uns öfter mal eine Paragrafenschlacht.«

»Verstehe«, sagte Natalie und schmunzelte.

Ihr Blick blieb an dem alten Mann in Militäruniform hängen, den sie im Fahrstuhl getroffen hatte. Jetzt stand er mitten auf der Wiese, salutierte und streckte dann seinen Arm aus, während er in voller Lautstärke brüllte: »Und Feuer!«

»Das ist unser Admiral«, meinte Mr Burker zu Natalie. »Nicht zu überhören.«

»Ich hatte im Aufzug schon das Vergnügen.«

»Er war früher tatsächlich ein hohes Tier bei der Armee. Irgendwie ist er dort hängen geblieben. Schlägt jeden Tag irgendeinen unsichtbaren Feind in die Flucht.«

»Ich muss jetzt Ihren Puls messen.« Eine ältere Dame mit weißem Kittel war von hinten an Mr Burker herangetreten und griff ohne Vorwarnung nach seinem Handgelenk. Natalie war sich nicht ganz im Klaren, ob es sich um eine Ärztin oder eine Krankenschwester handelte. Auf jeden Fall war sie ziemlich alt, ganz schön ruppig und fühlte den Puls mit einem eigenartigen Handgriff. »Eins ... zwei ... drei«, zählte sie und blickte dabei konzentriert auf ihre Armbanduhr. Nachdem sie bis fünfzehn gezählt hatte, ließ sie Mr Burkers Handgelenk wieder los, sah ihn an und sagte mit gleichgültiger Miene: »Tut mir leid. Sie haben nur noch drei Tage zu leben.« Sie ließ den alten Mann stehen und ging einfach weiter.

Natalie klappte der Mund auf vor Entsetzen, doch Mr Burker grinste nur. »Keine Panik, das ist Betty aus dem fünften Stock. Sie fühlt bei jedem den Puls und gibt ihm noch drei Tage zu leben. Manchmal auch vier, wenn sie spendabel ist.«

»Oh ... alles klar.« Natalie lachte erleichtert auf. »Ich habe schon gedacht ...«

»Joscha! Joscha!«, rief da jemand aufgeregt von weiter vorne. Es war ein hagerer Mann mit Glatze, Ziegenbärtchen und einigen zerzausten, vom Kopf abstehenden grauen Haaren. Er saß auf einer Bank und wedelte eifrig mit einem dicken Heft in der Luft herum. Der alte Herr trug Stoffhosen und ein bunt kariertes und bis auf den obersten Knopf zugeknöpftes Hemd mit schwarzer Fliege. Auf seiner Nase saß eine dicke Hornbrille.

Mr Burker ging auf ihn zu. »Das ist Professor Sadowsky«, sagte er zu Natalie. »Pensionierter Physiker, brillanter Schachspieler und leidenschaftlicher Kreuzworträtsellöser. Strapaziert ständig mein Gehirn.«

»Nur, damit es nicht einrostet, Joscha«, meinte Mr Sadowsky mit erhobenem Zeigefinger. »Du weißt ja: Wer rastet, der rostet. Ich hätte da wieder mal ein Rätsel für dich: Rosengewächs mit acht Buchstaben, beginnend mit S, endend mit A.« Er musterte Mr Burker scharfsinnig durch seine Hornbrille. »Wenn du es bis zum Abendessen rausfindest, spendier ich dir einen Kaffee mit Kuchen. Wenn nicht, musst du eine Partie Schach gegen mich spielen. Na, was sagst du, alter Freund?«

»Ich sage: Reservier schon mal ein Stück Apfelkuchen, Carl! Und bitte mit viel Puderzucker!«

Der Professor zog siegesgewiss die Augenbrauen hoch und meinte beflissen: »Wir werden ja sehen, Joscha. Wir werden ja sehen.«

»Sie scheinen sich ja mit allen gut zu verstehen«, sagte Natalie.

»Ja, im Großen und Ganzen sind wir eine ganz muntere Truppe hier. Gute Gesellschaft, gutes Essen, beste Unterhaltung und die Lage der Altersresidenz ist auch nicht zu verachten.«

Sie gingen ein Stück weiter bis zu einer großen Trauerweide mit einer Sitzbank und Blick auf einen Teich mit milchig grünem Wasser. Ein paar Enten standen am Ufer und putzten ihre Flügel.

»Da wären wir. Schön hier, nicht?«, meinte der Alte und atmete die frische Luft ein.

»Ja, wirklich sehr schön.«

»Setzen wir uns doch.«

Sie setzten sich.

Der Wind spielte in den herunterhängenden Ästen der Trauerweide. Sie bogen sich sanft hin und her wie tanzendes Seegras. Es klang, als tuschelten die Blätter miteinander.

»Einundsiebzig Jahre, fünf Monate und elf Tage ist es her, seitdem ich aus der Höhle gekrochen bin«, begann der weißhaarige Mann mit Blick auf den Weiher, »und ich sage Ihnen, es vergeht kein Tag, an dem ich nicht daran zurückdenke. Die Höhle begleitet mich immer. Sie hat mir das Leben gerettet.« Er nickte gedankenversunken.

Natalie wartete einen Moment, dann fragte sie: »Sie sagten, es seien neunundzwanzig Menschen in der Höhle gewesen. Gehörten die alle zu Ihrer Verwandtschaft?«

»Ja. Meine Großmutter, meine Eltern, meine vier Geschwister und ich und meine vier Onkel mit ihren Familien.«

»Haben alle überlebt?«

»Leider nein. Wissen Sie, wir waren Zielscheiben, sowohl für die Nazis als auch für die Ukrainer und Polen. Es ist ein Wunder, dass überhaupt einer überlebt hat. Wir hatten viele Feinde und nur eine Handvoll Freunde. Es war eine dunkle Zeit damals, eine sehr dunkle Zeit.«

Natalie öffnete ihre Tasche und holte das Fotoalbum heraus. Sie überreichte es Mr Burker feierlich. »Hier, ein kleines Geschenk für Sie. Das ist alles, was wir in der Höhle gefunden und fotografiert haben. Vielleicht erkennen Sie ja den einen oder anderen Gegenstand wieder.«

Der alte Mann blätterte das Album durch. Es war ihm anzusehen, dass Erinnerungen in ihm hochkamen. Das waren weit mehr als bloß Fundgegenstände in einem Fotoalbum. Das war ein Stück seines eigenen Lebens, ein Teil von ihm selbst, den er da in Händen hielt. Und das nach zweiundsiebzig Jahren! Er sagte kein Wort, fuhr mit den Fingern über jedes einzelne Foto, schüttelte ab und zu den Kopf und war sichtlich bewegt. »Wissen Sie, was das ist?« Mr Burker deutete auf den fünfzehn Zentimeter langen und zwei Zentimeter breiten verrosteten Eisenstab, den Chris fotografiert hatte.

»Das habe ich mich auch gefragt.«

»Das ist ein Nagel, den mein Bruder Yoel aus einer Eisenbahnschiene gehebelt hat. Es war unser Meißel, unser wichtigstes Werkzeug in der Höhle. Damit haben wir Holz, Leder und Steine bearbeitet.«

Natalie hörte ihm fasziniert zu. Noch vor einem Tag hätte sie nicht zu träumen gewagt, dass ein solches Treffen je stattfinden würde. Und jetzt saß sie hier neben einem neunundachtzigjährigen Juden, der zu jedem Gegenstand eine Geschichte zu erzählen wusste, weil er sie selbst erlebt hatte. Es war ein Gefühl, als hätte sie die einmalige Chance, einen echten Steinzeitmenschen zu seinen eigenen Höhlenzeichnungen zu befragen.

»Wo sind die Gegenstände jetzt?«, fragte der alte Mann. »Haben Sie sie aus der Höhle mitgebracht?«

»Nein«, antwortete Natalie. »Wir haben alles dort gelassen. Das Einzige, was ich mitgenommen habe ...« - sie öffnete ihre Umhängetasche und fischte die Goldkette heraus - »... ist diese Kette hier.«

In dem Moment, als Mr Burker die Kette sah, stockte ihm der Atem. Augenblicklich füllten sich seine Augen mit Tränen. »Das darf doch nicht ...« Er streckte seine Finger nach der Kette aus, und Natalie gab sie ihm. Der alte Mann betrachtete das Schmuckstück, strich liebevoll mit den Fingern darüber wie über einen lange verloren geglaubten Schatz, ein Erinnerungsstück, dessen wahrer Wert nicht mit Gold aufzuwiegen war. Seine Hände zitterten. Seine Lippen bebten. Und dann begann er zu weinen. Darauf war Natalie nicht gefasst gewesen. Die Tränen des Neunundachtzigjährigen tropften auf das goldene Herz in seinen Händen. »Wo haben Sie sie gefunden?«, fragte er mit stockender Stimme.

»Im selben Raum, wo die Inschrift war. Wissen Sie, wem sie gehört hat?«

Bei dieser Frage weinte der alte Herr noch mehr.

Natalie holte ein Taschentuch hervor und reichte es ihm.

»Sie gehörte ...« Er konnte nicht weitersprechen. Zu viele Emotionen schienen in ihm hochzusteigen.

Natalie war etwas unsicher, wie sie reagieren sollte. »Mr Burker, ich kann auch ein anderes Mal wiederkommen, wenn es im Moment zu hart für Sie ist.«

»Nein.« Der Senior schüttelte den Kopf und wischte sich mit dem Taschentuch die Tränen aus den Augen. »Bleiben Sie. Es geht schon.« Er atmete tief durch und versuchte, seine Gefühle wieder unter Kontrolle zu bringen. »Sie müssen entschuldigen, aber ich hätte nicht gedacht, diese Kette jemals wiederzusehen. Ich war so wütend auf mich, als ich sie verloren hatte ...«

»Es ist ... *Ihre*?«

Mr Burker schnäuzte sich die Nase und schniefte. »Sie gehörte meiner Freundin ... Michal.« Er sprach den Namen ganz sanft aus. Seine Augen glänzten traurig. »Wir haben uns ewige Liebe geschworen. Wir wollten die Welt bereisen. Wir schmiedeten große Zukunftspläne.« Er hob die Kette an seinen Mund und küsste zärtlich das Herzamulett mit dem hebräischen Symbol.

»Was ist aus ihr geworden?«, fragte Natalie.

»Sie ist ...« Der alte Mann rang erneut um Fassung. »Nicht mehr da«, piepste er mit tränenerstickter Stimme.

»Das tut mir sehr leid«, sagte Natalie leise und senkte beschämt den Blick. Irgendwie fühlte sie sich schuldig. Es war nicht ihre Absicht gewesen, alte Wunden aufzureißen, erst recht nicht von einer verflossenen Liebe. »Wenn Sie allein sein möchten, verstehe ich das.«

»Nein«, sagte Mr Burker entschieden, fuhr sich mit dem linken Handballen über die Augen und schluckte den Frosch im Hals hinunter. »Sie sind weit gefahren, um sich meine Geschichte anzuhören, Miss Richardson. Und ich werde Ihnen meine Geschichte jetzt erzählen. Nein, ich *muss* Ihnen meine Geschichte erzählen - die Geschichte dieser Kette. Ohne weitere Gefühlsausbrüche, das verspreche ich Ihnen.«

Natalie nickte. »Okay.«

Mr Burker schloss die Hand um die goldene Halskette, schwieg einen Moment, sammelte seine Gedanken und begann dann zu erzählen.

4 Der Krieg

Kurz vor dem Zweiten Weltkrieg in Bobrka, damals Ostpolen
Einige spotteten, Bobrka habe die Größe eines Gähnens. Begann man zu gähnen, wenn man die Stadt betrat, war man bereits schon wieder draußen, bevor man aufgehört hatte zu gähnen. Andere sagten, das Städtchen sei so klein, dass es jede Nacht auf einer Schubkarre ins Rathaus gebracht werden musste, damit es sich nicht erkältete.

Für mich war Bobrka eine Megametropole wie Ninive aus der Antike. Es gab eine Schule, eine orthodoxe und eine katholische Kirche, die Große Synagoge, allerlei Geschäfte, ein Hotel, eine Limonadenfabrik, eine Ziegelei, ein Gerichtsgebäude, eine Post, ein Badehaus und sogar ein Filmhaus. Außerdem gab es einen Weiher, den Rieke, in dem man im Sommer baden und auf dem man im Winter Schlittschuh laufen konnte. Jeden Dienstag war Markttag. Da füllte sich das Städtchen mit so vielen Menschen, Tieren, Wagen und Verkaufsständen, dass man kaum noch vorankam.

Die Landschaft um Bobrka herum war geprägt von sanften Hügeln und weiten Kiefernwäldern. Im Sommer leuchtete alles in den schönsten Farben, im Winter lagen Hügel und Täler unter einer tiefen Schneeschicht begraben.

Da das Städtchen nahe der polnisch-ukrainischen Grenze lag, lebten sowohl Polen als auch Ukrainer dort. Über ein Drittel der Stadtbevölkerung war jüdisch. Die Juden hatten sich schon vor Hunderten von Jahren in Bobrka niedergelassen und lebten seit Generationen friedlich mit ihren polnischen und ukrainischen Nachbarn zusammen. Das änderte sich nach dem Ersten Weltkrieg schlagartig. Antisemitismus machte sich in Europa breit und wuchs gerade in Polen stetig an. Bobrka gehörte seit 1918 zu Ostpolen. Vor dem Krieg hatte es zu Österreich gehört, dann vorübergehend zur Ukraine, dann nach heftigen Kämpfen zu Polen und später zu Russland, und schließlich hatte Polen es wieder zurückerobert. Für die Juden waren all diese Entwicklungen nicht von Vorteil. Sie waren der nicht jüdischen Bevölkerung mehr und mehr ein Dorn im Auge. Jüdische Ladenbesitzer wurden auf einmal mit derart hohen Steuern belegt, dass ihnen nichts anderes übrig blieb, als alles zu verkaufen, um die Steuern bezahlen zu können. Die junge Generation wurde von den Universitäten ausgeschlossen und fand keine guten Arbeitsplätze mehr. »Juden, geht nach Palästina!«, hieß es überall. Viele Juden wanderten aus. In Polen schien es für sie keine Zukunft mehr zu geben. Und die Lage spitzte sich immer weiter zu.

Im November 1938, als im gesamten Deutschen Reich über tausend Synagogen angezündet, dreißigtausend Juden in Konzentrationslager inhaftiert wurden und die Diskriminierung der Juden in systematische Verfolgung mündete, war ich gerade mal zwölf Jahre alt. Ich hatte drei Brüder und eine Schwester: Susanne war die jüngste von uns Geschwistern. Sie war neun. Dann kamen mein Zwillingsbruder David und ich mit zwölf Jahren. Meine anderen beiden Brüder waren ein gutes Stück älter. Yoel war neunzehn und Silas, der älteste von uns, dreiundzwanzig. Silas war verheiratet und wohnte mit seiner Familie am anderen Stadtende von Bobrka in einem kleinen Haus am Fluss Boberke.

Unsere Familie lebte auf einem großen Landgut am Stadtrand von Bobrka. Wir hatten Pferde, Kühe, Schafe und Hühner, dazu viele Felder, Weiden und sogar ein Stückchen Wald.

Mein Vater, Tomas Burker, war nicht nur Landwirt, sondern er handelte auch erfolgreich mit Pferden und Wagen, mit Ochsen, Kühen und Leder. Meine Mutter, Mirjam Burker, kümmerte sich um Haus und Hof und war nebenbei als Schneiderin tätig. Sie war eine äußerst tatkräftige und intelligente Frau, die überall für ihre Tüchtigkeit gelobt wurde. Die Geschäfte liefen gut, und unserer Familie fehlte es an nichts.

Von klein auf besuchte ich zusammen mit den ukrainischen und polnischen Kindern die Schule in Bobrka und lernte dort Polnisch und Ukrainisch. Am Nachmittag und frühen Abend besuchte ich die jüdische Schule, die sogenannte »Cheder«, wo wir von einem Rabbi im Tanach[1] und im Talmud[2] unterrichtet wurden und Hebräisch lernten. Meine Freunde waren ausschließlich Juden. Ich kannte zwar eine Menge nicht jüdischer Kinder von der Schule. Aber außerhalb der Schule hatte ich nichts mit ihnen zu tun.

Ich war ein sehr unternehmungslustiger Junge, spielte gerne Fußball, übernachtete mit Freunden in selbst gebauten Hütten im Wald und briet Kartoffeln im Lagerfeuer. Mein Zwillingsbruder war auch immer mit von der Partie. Wir beide waren unzertrennlich. Und wir glichen uns wie ein Ei dem andern und wurden natürlich ständig verwechselt, selbst von unseren Eltern. Bis David eines Tages von einem Baum stürzte und sich dabei eine Narbe auf dem rechten Wangenknochen zuzog. Seither waren wir leichter auseinanderzuhalten.

Meine Kindheit war unbeschwert und glücklich, mein Zuhause herzlich und offen für alle, die Hilfe brauchten. Mein Vater schickte niemanden, der an unsere Tür klopfte, mit leeren Händen davon. Er hatte ein großes Herz und ertrug es nicht, wenn jemand Not litt. Jede Woche ließ er Kartoffeln unter den Armen verteilen. Und am Sabbat war es nicht unüblich, dass Gäste mit am Tisch saßen, denen es finanziell nicht so gut ging wie uns.

Mein Vater war tief religiös. Jeden Freitag, also am Tag vor dem Sabbat, wurde das Haus auf Hochglanz poliert. Mutter backte Barches, ein zopfartig geflochtenes Sabbatbrot. Vater kaufte Fisch und Fleisch ein. Nach getaner Arbeit wuschen wir uns alle und zogen uns festlich an. Mutter deckte zusammen mit meiner Schwester den Tisch. Susanne brachte die Sabbatkerzen, breitete ein weißes Tischtuch über dem Esstisch aus und stellte das Sabbatbrot, einen Weinbecher und ein Salznäpfchen vor Vaters Platz am Tischende. Meine Mutter trug die Speisen für die erste Sabbatmahlzeit auf, Gemüse, Suppe, Fisch, Kartoffeln und Fleisch. Sobald die Dämmerung anbrach, entzündete sie die Sabbatkerzen.

1 Der Tanach ist die hebräische Bibel, die die Thora (die fünf Bücher Mose), die Newi'im (Bücher der Propheten) und die Ketuwim (Psalmen und Weisheitsgeschichten) umfasst.

2 Der Talmud ist eine nachbiblische, jüdische Sammlung von Religionsgesetzen, neben der hebräischen Bibel das Hauptwerk des Judentums.

Die ganze Familie versammelte sich um den reich gedeckten Tisch. Mein Vater legte uns Kindern die Hände auf und segnete uns. Im Stehen stimmte er das Lied »Schalom Alechem« an, hob den Weinbecher, sprach den Segensspruch, trank einen Schluck Wein und reichte den Becher herum, vom Ältesten bis zum Jüngsten. Danach schnitt er das Sabbatbrot an, brach es in Stücke und bestreute es mit Salz. Wir setzten uns und begannen zu essen. Zwischen den einzelnen Gängen sangen wir alte hebräische Sabbatlieder, und im Anschluss gab es in einer ungezwungenen Atmosphäre und bei Kerzenlicht Kaffee und Kuchen.

Am Samstag, dem eigentlichen Sabbat, besuchten wir den Morgengottesdienst in der Synagoge. Anschließend aßen wir die zweite Sabbatmahlzeit, gingen spazieren und ruhten dann bis zur dritten und letzten Sabbatmahlzeit am frühen Abend. Es wurden Lieder gesungen, und meine Mutter raunte in der Dämmerung Gebete. Zum Ende des Sabbats zündete sie erneut Kerzen an. Sie wartete damit so lange, bis sie mindestens drei Sterne am Himmel sah.

Das wöchentliche Feiern des Sabbats war ein fester Bestandteil in unserem Alltag. Auch wenn ich am Sabbat lieber mit meinen Freunden gespielt hätte, anstatt die meiste Zeit mit Nichtstun totzuschlagen, respektierte ich die Traditionen. Vor allem beeindruckte mich die Hingabe und Leidenschaft, mit denen mein Vater die Zeremonien leitete. Es war jedes Mal so, als legte er alles Irdische ab, als kletterte er höher und höher, bis er die Unendlichkeit berührte. Wenn er betete, leierte er die Worte nicht einfach herunter. Nein, er sprach sie jedes einzelne Mal mit einer Ernsthaftigkeit und Liebe aus, als kniete er direkt vor dem Thron seines Schöpfers. Nie fühlte ich mich verbundener mit Gott, als wenn mein Vater betete. Sein Glaube war ehrlich, einfach und wunderschön.

Ich liebte meine Familie über alles. Und es gab noch jemanden, den ich aufrichtig und von ganzem Herzen liebte: Michal Fischer, ein jüdisches Mädchen. Ich hatte sie zum ersten Mal gesehen, als sie mit ihrer Mutter auf unseren Hof gekommen war, um Milch und Eier für ihr Lebensmittelgeschäft einzukaufen. Ich war damals gerade mal sieben Jahre alt gewesen und Michal sechs. Vielleicht lag es an ihrem Lächeln, vielleicht an ihren feinen dunkelbraunen Locken, ihrer Stupsnase oder an den smaragdgrünen Augen mit den kleinen goldenen Sprenkeln, jedenfalls fand ich, dass sie das bezauberndste Wesen war, das es überhaupt auf Erden gab. Und als unsere Mütter bei ihrem dritten Besuch gerade mit Milchabfüllen beschäftigt waren, nahm ich all meinen Mut zusammen, ging auf Michal zu und verkündete ihr: »Wenn wir groß sind, will ich dich heiraten!«

Michal hatte gekichert, mir prompt einen flüchtigen Kuss auf die Wange gegeben und war davongerannt. Ich war mit rotem Kopf und pochendem Herzen zurückgeblieben und so verliebt gewesen, wie ein Siebenjähriger es nur sein kann.

In der Zwischenzeit waren fünf Jahre vergangen, und Michal und ich waren beste Freunde geworden. Mal besuchte ich sie im Judenviertel und half ihr und ihrer Mutter im Lebensmittelgeschäft, stand hinter der Theke, füllte Regale auf oder machte mit ihr zusammen eine Auslieferung. Mal kam Michal zu mir auf den Hof und wir gingen zusammen schwimmen oder turnten in den großen Scheunen herum. Im Winter bauten wir Schneemänner oder saßen mit einer heißen Tasse Milch bei Michal im Wohnzimmer und hörten Radio. Michals Familie war eine der wenigen in Bobrka, die eins hatte. Im Sommer kaufte ich Michal Bonbons, und sie pflückte mir Blumensträuße.

Doch die Idylle, kindliche Liebe und Sorglosigkeit, die ich bisher genossen hatte, waren im Dezember 1938 dabei, für immer zerstört zu werden. Schon eine ganze Weile lang bemerkte ich eine zunehmende Besorgnis auf den Gesichtern meiner Eltern. Ich war nicht blind und auch nicht dumm. Ich wusste, dass Hitler eine Bedrohung darstellte und womöglich ein Krieg ausbrechen würde. Nur konnte ich nicht abschätzen, wie schlimm die Lage wirklich war.

Als ich eines Nachts nicht einschlafen konnte und mich in die Küche stehlen wollte, um etwas zu trinken, sah ich, dass im Wohnzimmer noch Licht brannte. Ich hörte die Stimmen meiner Eltern und schlich mich näher, um zu lauschen.

»Wir sollten es tun«, sagte Vater. »Amerika ist ein freies Land. Und wir haben gute Chancen. Wir verkaufen den Hof und bezahlen damit die tausend Dollar für die Reise und die geforderte Anzahlung von tausend Dollar für eine Farm. Den Rest behalten wir als Startkapital. Ich bin sicher, es würde den Kindern in Amerika gefallen.«

Mich fröstelte. Meine Eltern planten, nach Amerika auszuwandern? War es wirklich so gefährlich geworden in Bobrka? Hier war doch mein Zuhause. Hier war ich aufgewachsen. Und vor allem: Hier lebte Michal! Ich wollte nicht in ein fremdes Land ziehen und alles zurücklassen, was mir etwas bedeutete. Aber ich kannte meinen Vater. Er würde niemals vorschlagen, von hier wegzuziehen, wenn er nicht fürchtete, es würde tatsächlich Krieg geben. Und bei der Vorstellung von Panzern, Soldaten und fliegenden Bomben drehte sich mir der Magen um.

»Ich weiß nicht, Tomas«, sagte meine Mutter. »Wenn wir das tun, gibt es kein Zurück mehr.«

»Mirjam, ich lese die Zeitung. Hitlers Truppen sind bereits in Österreich und im Sudetengebiet. Es ist nur eine Frage der Zeit, bevor der Krieg ausbricht. Wir sitzen hier auf einem Pulverfass. Und das weißt du. Wir müssen *jetzt* handeln. *Jetzt*, verstehst du? Morgen kann es bereits zu spät sein. Gott allein weiß, was dann aus uns wird.«

Meine Mutter seufzte schwer. »Also gut. Stellen wir am Montag den Antrag. Morgen reden wir mit den Kindern.«

Ich schlich mich auf Zehenspitzen zurück in mein Zimmer, das ich mit David teilte. Ich dachte daran, ihn aufzuwecken, ließ es dann aber bleiben und legte mich in mein Bett zurück. In meinem Kopf surrten tausend Gedanken wie ein Fliegenschwarm herum und hinderten mich am Schlafen. Als ich endlich einschlief, träumte ich von Hitler, brennenden Synagogen und explodierenden Bomben und wie meine Familie und ich vergeblich versuchten, uns in Sicherheit zu bringen.

Schweißgebadet wachte ich am Sonntagmorgen auf. Beim Frühstück weihten die Eltern uns Kinder in ihre Pläne ein. Eine bedrückende Stille legte sich über den Raum. Keiner sagte ein Wort. Keinem fiel es leicht, sich mit der Idee anzufreunden, für immer von hier wegzugehen.

»Wann brechen wir auf?«, fragte Yoel schließlich.

»Das kommt drauf an«, erklärte Vater. »Es gibt eine Reihe von Bedingungen, die wir erfüllen müssen, um überhaupt auf die Warteliste gesetzt zu werden. Und selbst wenn wir auf diese Liste kommen, ist das noch keine Garantie, für die Einwanderung in die USA bewilligt zu werden. Das hängt alles von vielen Faktoren ab, die wir nicht beeinflussen können. Aber eure Mutter und ich sind zuversichtlich.«

»Und wenn es nicht klappt?«, fragte David. »Denkst du, Hitler wird Polen angreifen, Vater?«

Vater verzog keine Miene. »Ich denke, das wird er. Und wenn er es tut, möchte ich nicht hier sein«, sagte er ernst.

Mir war der Appetit vergangen. Diese ganzen Entwicklungen beunruhigten mich sehr.

Am Nachmittag hatte ich mich mit ein paar Freunden zum Eishockeyspielen auf dem Rieke verabredet. Überall lag Schnee und der Rieke war wie üblich zugefroren. Michal war auch da und übte mit ein paar Freundinnen Pirouetten und Rückwärtsfahren. Nach zwei Stunden spürte ich vor Kälte meine Zehen und Finger nicht mehr. Meine Freunde sagten, sie müssten nach Hause gehen.

»Ich bleib noch ein bisschen«, meinte ich und fuhr hinüber zu Michal, die gerade lachend auf ihrem Hintern gelandet war. »So wird das aber nichts mit deiner Eislaufkarriere.« Ich streckte ihr die Hand entgegen und half ihr hoch.

»Ja, wohl eher nicht«, sagte Michal und kicherte. »Aber schneller als du bin ich allemal!«

»Bist du nicht.«

»Bin ich doch.«

»Bist du nicht.«

»Wetten? Wer als Erster die Weide am Ufer berührt, hat gewonnen!« Sie nahm Anlauf und lief los.

Ich nahm unverzüglich die Verfolgung auf. Kopf an Kopf jagten wir über die Eisfläche. Ich erreichte die Weide allerdings einen Tick schneller als sie.

»Na schön«, sagte sie keuchend. »Du hast gewonnen. Aber das nächste Mal gewinne ich.«

»Vielleicht gibt es kein nächstes Mal«, platzte es aus mir heraus.

»Du hast Angst, ich könnte dich schlagen, was?«

»Nein. Wir ziehen wahrscheinlich nach Amerika.« Ich musste es ihr einfach sagen.

Sie schob ihre Pelzmütze zurecht und sah mich verwirrt an. »Nach Amerika? Wann?«

»Bald, fürchte ich. Mein Vater sagt, es wird Krieg geben.«

Das unbeschwerte Lächeln auf Michals Gesicht war verschwunden. Wir waren wohl Kinder, aber wir machten uns nichts vor. »Ich habe Hitler im Radio gehört«, sagte sie ernst. »Er hat eine Rede gehalten und die ganze Zeit furchtbar laut geschrien. Ich habe kein Wort verstanden. Aber meine Eltern verstehen Deutsch, und ich habe die Panik in ihren Gesichtern gesehen.« Sie sah mich an. »Ich will nicht, dass du gehst, Joscha.«

»Das will ich auch nicht«, sagte ich leise. »Aber meine Eltern sagen, wir müssen weg, bevor der Krieg ausbricht.«

Michal biss sich auf die Unterlippe. Traurig fragte sie: »Heißt das, wir sehen uns nie wieder?«

»Natürlich sehen wir uns wieder«, antwortete ich, wenn auch nicht sehr überzeugend. »Vielleicht kannst du mich mal besuchen kommen. Und wir können uns Briefe schreiben.«

»Das sagst du doch nur, um mich zu trösten.«

»Nein. Ich schreibe dir jede Woche, ganz bestimmt.«

»Versprochen?«

»Großes Ehrenwort.«

Der Winter ging vorbei, und der Frühling kam. Im Mai 1939, kurz nach meinem dreizehnten Geburtstag, erhielten wir die Zusage, dass wir uns für die Immigration in die Vereinigten Staaten qualifiziert hatten. Die Ausstellung der Reisegenehmigung dauerte mit einiger Verzögerung bis Juni. Mein Vater suchte einen Käufer für unseren Hof und buchte Tickets auf einem Ozeandampfer. Das Schiff würde am 10. September in See stechen. Wir packten unser ganzes Hab und Gut zusammen und meine Eltern trafen letzte Vorbereitungen. Ein reicher Mann aus Lemberg interessierte sich für das Landgut. Die Verkaufsverträge wurden aufgesetzt und warteten nur noch darauf, unterzeichnet zu werden. Jetzt stand unserer Ausreise nichts mehr im Wege.

Der 30. August war ein schwüler Sommertag, an dem ich mich nach der Schule mit Michal auf dem Hof verabredete. Mir blieben nur noch wenige Tage in Bobrka, und ich wollte noch so viel Zeit wie möglich mit Michal verbringen, bevor wir endgültig abreisten. Wir waren beide sehr traurig darüber, dass ich gehen musste, hatten wir doch fast unsere gesamte Kindheit zusammen verbracht. Wir waren beste Freunde, nein, allerbeste Freunde, und wir wollten uns nicht voneinander trennen. Das Leben war einfach nicht fair. Ich nahm Michal mit in den Pferdestall zur Box von Oscar, einem schwarzen Hengst mit zottiger Mähne. Er war ein prächtiges ukrainisches Reitpferd, auch Ukrainer genannt, mit ausdrucksvollem, großem Kopf, kräftigem Rumpf und breitem Rücken, ein elegantes und kraftvolles Pferd, sehr leistungsfähig, ausdauernd und freundlich. Ukrainer gelten als die schönsten Reitpferde Russlands. Als mein Vater den Rappen vor zwei Jahren gekauft hatte, war es für mich Liebe auf den ersten Blick gewesen. An meinem zwölften Geburtstag hatte Vater Oscar eine große Schleife um den Hals gehängt und ihn zu meinem Pferd erklärt. Seither verbrachte ich viel Zeit mit ihm, striegelte ihn, kratzte seine Hufe aus, mistete seinen Stall aus und ritt mit ihm durch die Wälder. Oscar war ein ganz besonderes Pferd. Ihn zurückzulassen, wenn wir nach Amerika gingen, fiel mir besonders schwer.

Ich sattelte den Rappen, führte ihn aus dem Stall, schwang mich in den Sattel und zog Michal zu mir hoch. »Halt dich an mir fest«, sagte ich und ergriff die Zügel.

Sie schlang die Arme um meinen Bauch. »Wo reiten wir hin?«

»Hast du Lust zu schwimmen?«

»Immer!«

»Na, dann gehen wir schwimmen. Aber nicht im Rieke.«

»Wo denn sonst?«

»Verrat ich dir nicht. Wart's ab.« Ich schnalzte mit der Zunge und lenkte Oscar über den Hof. Seine Hufe klapperten auf den Pflastersteinen, und wir ritten durch das gebogene Eingangstor. Von hier führte die Straße in die Stadt hinunter. Doch wir scherten nach links aus.

»Halt dich gut fest, ja?« Ich drückte dem Rappen die Fersen in die Flanken. Er fiel in leichten Galopp. Es gab für mich nichts Schöneres, als auf meinem Oscar über die Felder zu reiten. Und Michals um meine Hüften geschlungene Arme zu spüren, machte den Ausritt noch schöner. Wir galoppierten über ein freies Feld und hinein in den Wald. Nach etwa zwanzig Minuten erreichten wir einen kleinen See. Ich zügelte Oscar.

»Ich wusste gar nicht, dass es hier einen See gibt«, sagte Michal staunend.

»Wissen die wenigsten«, meinte ich und tätschelte den Hals des Hengstes. »Oscar und ich sind hier schon oft geschwommen, nicht wahr, Oscar?«

»Du bist mit dem Pferd hier geschwommen?«

»Klar.« Ich half Michal beim Absteigen und sprang selbst von Oscar. »Lust auf einen kleinen Wettlauf?«

Michal grinste. »Wohin?«

»In den See!«, rief ich und schlüpfte eilig aus meinen Schuhen. »Wer zuerst im Wasser ist, hat gewonnen!«

»Diesmal bin ich schneller!«, sagte Michal und bückte sich rasch, um sich ihrer Sandalen zu entledigen.

Ich zog mich bis auf meine Unterhosen aus, Michal bis auf ihre Unterhosen und ihr Unterleibchen, dann liefen wir um die Wette zum Ufer hinunter, balancierten über die Steine ins flache Wasser und machten fast gleichzeitig einen Kopfsprung.

Als ich wieder auftauchte, spritzte Michal mir Wasser ins Gesicht und rief lachend: »Gewonnen!«

»Gar nicht wahr! *Ich* habe gewonnen!«, sagte ich und spritzte Wasser zurück. »Ich war schneller drin!«

»Lügner!«

Wir planschten zusammen im See, während Oscar am Ufer graste. Als wir in der Mitte des Sees angekommen waren und auf der Stelle im Wasser traten, fiel mir eine goldene Kette mit herzförmigem Anhänger auf, die Michal um den Hals trug. »Eine hübsche Kette, die du da trägst.«

»Mein Vater hat sie mir zu meiner Bat-Mizwa[3] geschenkt«, antwortete Michal und griff nach dem goldenen Herzen.

»Warum trägt es die Zahl 91?«, fragte ich.

»Sie steht für den Psalm 91«, erklärte sie mir. »Mein Vater sagte, ganz egal, was die Zukunft bringen werde, ganz egal, ob es Krieg gebe, Gott werde seine Hand über uns halten, wie er es uns in Psalm 91 versprochen hat. Und diese Kette solle mich immer daran erinnern.«

»Ein sehr schönes Geschenk.«

»Finde ich auch.«

Wir schwammen ans Ufer zurück, setzten uns nebeneinander ins Gras und ließen uns von der Sonne trocknen.

»Wann fahrt ihr?«, fragte Michal nach einer Weile.

»Das Schiff läuft in elf Tagen aus«, sagte ich. Ich wollte nicht darüber reden und auch nicht daran erinnert werden, dass ich gehen musste - weg von meiner Heimat, weg von dem Mädchen, das mir so viel bedeutete. Ich sah Michal von der Seite an. Ihr nasses, gekraustes Haar hing ihr tropfend ins Gesicht. Die Sonne schien sie in einem Winkel an, der die goldenen Punkte in ihren Augen zum Leuchten brachte. Sie war wunderschön. Ich erinnerte mich daran, wie wir uns vor sechs Jahren kennengelernt hatten. Damals waren wir nur zwei verspielte Kinder gewesen. Jetzt waren wir Teenager, und die kindlichen Gefühle hatten sich in etwas Stärkeres verwandelt. Zumindest bei mir. Ich hatte mich in letzter Zeit des Öfteren dabei ertappt, wie ich Michal heimlich anstarrte. Auch jetzt spürte ich wieder dieses Kribbeln im Bauch. Und da rutschte es mir einfach heraus. »Willst du meine Freundin sein?«

Michal drehte sich überrascht zu mir um. »Ich dachte, das wäre ich schon.«

»Ich meine so richtig«, sagte ich verlegen und berührte wie zufällig ihren kleinen Finger. »Ganz offiziell, meine ich.«

»Aber du ziehst doch fort.«

---

3 Jüdisches Fest, das gefeiert wird, wenn Mädchen mit zwölf Jahren die religiöse Mündigkeit erreichen.

»Schon, aber ... ich kann Geld zusammensparen, damit du mich besuchen kommen kannst. Und ich schreib dir. Jeden Tag, wenn du das möchtest. Also, was sagst du? Willst du meine Freundin sein?«

Sie sah mich an und strahlte. »Ja, das will ich!«

Ich beugte mich zu ihr, während mein Puls in die Höhe kletterte und mir immer heißer wurde. Dann nahm ich all meinen Mut zusammen und küsste Michal mitten auf den Mund. Ich hatte noch nie ein Mädchen geküsst. Unsere Lippen berührten sich kaum. Ich lief rot an und lächelte etwas unbeholfen. Auch Michals Wangen wurden ganz rosa vor Verlegenheit. Und dann blieben wir einfach nebeneinander in der Sonne sitzen, die kleinen Finger ineinander verhakt, und blickten auf den See hinaus.

Zwei Tage später, am 1. September 1939, marschierte Hitler ohne vorangehende Kriegserklärung in Polen ein. Den Tag würde ich nie vergessen. Ich hörte die Sirenen aufheulen. Mein Vater nagelte zusammen mit David, Yoel und mir Bretter vor die Fenster. Dann verschanzten wir uns alle im Keller. Wir hörten die Flugzeuge über Bobrka hinwegdonnern und den Aufprall von Bomben. Im Laufe der nächsten Wochen wurde Polen zwischen Deutschland und Russland aufgeteilt, und Bobrka wurde russisch. Der Zweite Weltkrieg hatte begonnen und machte unsere Reisepläne schlagartig zunichte. An eine Ausreise war nicht mehr zu denken. Wir saßen fest.

5 Das Pogrom

Ende Juni 1941, fast zwei Jahre nach Kriegsbeginn
Das Leben unter russischer Herrschaft war so weit ganz erträglich. Jüdische Flüchtlinge kamen aus Polen nach Bobrka, sodass die Zahl der jüdischen Bevölkerung auf ungefähr zweitausend Personen anstieg. Unsere Familie lebte weiterhin auf unserem Gutshof. Die Verkaufspapiere waren noch nicht unterzeichnet worden, also gehörte der Hof noch uns. Mein Vater nahm seine Geschäfte wieder auf. Yoel arbeitete in der Ziegelfabrik. Susanne, David und ich gingen weiter in Bobrka zur Schule und mussten jetzt neben Polnisch und Ukrainisch auch noch Russisch und Deutsch lernen.

Zwei Jahre lang hatte Bobrka zu Russland gehört, bis im Juni 1941 Hitler seinen Pakt mit Stalin brach und plante, den Rest von Polen und Russland einzunehmen. Am 22. Juni 1941, eineinhalb Monate nach meinem fünfzehnten Geburtstag, marschierten die deutschen Truppen in Ostpolen und in der Ukraine ein. Die Russen, die sich in Bobrka niedergelassen hatten, verließen fluchtartig die Stadt. Es war die sprichwörtliche Ruhe vor dem Sturm. Wieder verriegelten alle ihre Häuser. Jeder wusste, dass es sich nur noch um Tage handeln konnte, bevor die Deutschen Bobrka besetzten. Die jüdischen Flüchtlinge aus dem Westen berichteten von furchtbaren Massenmorden. Es hieß, wenn die Deutschen ein polnisches Dorf einnahmen, würden sie alle jüdischen Männer zusammentreiben und einfach erschießen. Unter den Juden in Bobrka brach Panik aus.

»Ihr müsst fliehen oder ihr seid des Todes!«, sagte meine Mutter zu Vater, meinen Brüdern und mir. »Versteckt euch im Wald und bleibt dort, bis die Gefahr vorüber ist. Macht euch um Susanne und mich keine Sorgen. Wenn die Gerüchte stimmen, dann haben sie es nur auf die Männer abgesehen. Also geht!«

»Was ist mit Silas?«, fragte ich. »Weiß er davon?«

»Ich sag's ihm«, bot sich Yoel an. »Geht ihr schon vor. Wir treffen euch im Wald.«

»Kommt zu der Stelle, wo wir im letzten Herbst Bäume gefällt haben«, sagte Vater.

Yoel nickte. »Ist gut.«

Mutter packte uns ein paar Lebensmittel und Wolldecken ein, und mein Vater, David und ich flohen in den Wald. Yoel lief ans andere Ende der Stadt, um Silas zu warnen. Er kam allerdings ohne ihn zu der vereinbarten Stelle. Silas wolle auf keinen Fall Frau und Kinder allein lassen, so berichtete Yoel uns. Er habe ihn nicht überzeugen können. Mir war ganz und gar nicht wohl dabei. Ich hatte Angst um meine Familie. Ich hatte Angst, dass die Nazis uns aufspüren würden. Ich hatte Angst vor einem Bombenangriff. Und ich hatte Angst um Michal.

Über eine Woche hockten wir im Wald und warteten ab. Wir unterließen es, Feuer zu machen, damit der Rauch uns nicht verriet. Nach Einbruch der Dunkelheit schlich sich Yoel jeden Abend nach Hause, um die Lage zu prüfen und etwas zu essen zu holen. Am 30. Juni kam er mit der Nachricht in den Wald zurück, die Deutschen seien eingetroffen und hätten sowohl das dreißig Kilometer entfernte Lemberg, die umliegenden Ortschaften als auch Bobrka in ihrer Gewalt. Nun war es also so weit. Das, wovor ich mich Tag und Nacht gefürchtet hatte, war eingetroffen: Die Nazis waren da. Die Konsequenzen für mich und meine Familie wollte ich mir gar nicht erst ausmalen.

»Gab es Tote?«, fragte David.

»In Lemberg ja. Die Sowjets haben offenbar Tausende von politischen Gefangenen getötet, bevor sie das Weite suchten.«

»Und bei uns?«

»Soweit ich informiert bin, verlief die Übernahme ohne Gewalt«, sagte Yoel. »Der Mann, der jetzt das Sagen hat, ist ein SS-Offizier namens Schöffer. Sein Handlanger ist ein gewisser Gronnik, ein Rotschopf, hat man mir gesagt. Ich habe gehört, die beiden hätten sich in Moshes Restaurant einquartiert. Mehr weiß ich nicht.«

»Und was machen wir jetzt?«, fragte ich und blickte Hilfe suchend zu meinem Vater. Doch dieser saß nur mit gerunzelter Stirn da und antwortete nicht.

»Wir bleiben erst mal hier. In ein paar Tagen können wir die Lage besser einschätzen.« Yoel wusste stets, was zu tun war, und auch dieses Mal übernahm er scheinbar gern das Kommando.

»Wie geht es Mutter?«, erkundigte sich David. »Und Susanne?«

»Sie kommen so weit klar«, sagte Yoel. »Mutter hat mir Brot und Käse für uns mitgegeben.« Er schnallte seinen Rucksack ab und holte beides heraus. Dann brach er Stücke ab und reichte sie uns.

Schweigend aßen wir. Anschließend versuchten wir etwas zu schlafen, während stets einer von uns Wache hielt. Ich lag dicht neben David in meine Decke gerollt auf dem nackten Waldboden. Doch ich fand keinen Schlaf, und das lag nicht so sehr an den pieksenden Ästen und den Ameisen und Käfern, die mir übers Gesicht krabbelten, sondern viel mehr an meinen Gedanken. Die Juden aus dem Westen hatten so einiges erzählt, und selbst wenn nur die Hälfte davon wahr wäre, dann wäre es immer noch so grauenvoll, dass meine makaberste Fantasie nicht ausreichte, um es mir vorzustellen. Das Einzige, was mich tröstete, war, dass ich nicht allein war. Ich hatte meine Familie. Und meine Familie hielt zusammen, ganz egal, was da kommen würde. Wir waren füreinander da. So war es schon immer gewesen, und so würde es auch immer sein.

Wenn ich es mir recht überlegte, so hatte ich wirklich großes Glück: Meine Eltern waren die besten Eltern, die ich mir wünschen konnte. Sie hätten alles getan, um unsere Familie zu schützen und zusammenzuhalten. Das gab mir Sicherheit in dieser unsicheren Zeit.

Auch mit meinen Geschwistern war ich sehr zufrieden. Silas, mein ältester Bruder, war elf Jahre älter als ich, sanftmütig, einfühlsam und mit einem großen Herzen genau wie mein Vater. Er war verheiratet mit Cecilia und hatte einen kleinen sechsjährigen Sohn namens Israel und ein vier Jahre altes Töchterchen namens Mila.

Yoel, der zweitälteste, hatte einen scharfen Verstand und war einer, der immer eine Lösung parat hatte und immer wusste, was zu tun war. Er übernahm automatisch die Führung, wenn keiner sonst es tat. Yoel war ehrlich, pflichtbewusst, mutig und furchtlos. Ich bewunderte ihn für seine Tapferkeit. Solange er in meiner Nähe war, brauchte ich nichts und niemanden zu fürchten. Helden wie auf der Leinwand gab es wohl nicht viele im richtigen Leben. Doch Yoel war definitiv einer davon.

Meine Schwester Susanne, in der Zwischenzeit zwölf Jahre alt, war ein aufgewecktes junges Mädchen, das genau wusste, was es wollte. Sie war mit vier Brüdern aufgewachsen und das merkte man. Sie hing lieber mit Jungs herum als mit Mädchen, hatte kein Problem damit, zuzuschlagen, wenn es sein musste, und konnte manchmal ganz schön stur sein.

David, mein Zwillingsbruder, war sehr begabt im Umgang mit Holz, schnitzte gerne und war äußerst kreativ. Zu meiner Bar-Mizwa[4], die genau zwei Jahre her war, hatte er mir eine selbst gemachte Holzkugel geschenkt, die sich aus zehn unterschiedlichen Einzelteilen zusammensetzte. Wie man die einzelnen Teile ineinander verhaken und zusammenschieben musste, damit sie eine Kugel bildeten, war sehr komplex. Die geladenen Gäste brauchten Stunden, bis endlich einer das dreidimensionale Puzzle knackte. David und ich waren viel mehr als Brüder. Wir waren beste Freunde.

Ich selbst war eher der Verspielte und Verträumte in der Familie. Leider war ich nicht so keck wie Susanne, hatte keine handwerkliche Begabung wie David und erst recht keinen Löwenmut wie Yoel. Ich liebte es, draußen zu sein, zu angeln oder Kartoffeln über einem Lagerfeuer zu braten. Über meine Berufswahl machte ich mir kaum Gedanken. Ich wollte Erfinder werden, Pferdedompteur oder Schiffskapitän. Nur etwas durfte in meiner Zukunft auf keinen Fall fehlen und das war Michal. Alles andere war nebensächlich. In dieser Nacht dachte ich viel über Michal und mich, aber auch über meine Familie nach und fragte mich ernsthaft, ob es überhaupt eine Zukunft für uns gab. Wie schlimm würde es in Bobrka werden? Hatten wir als Juden eigentlich eine Chance, den Krieg zu überleben?

Geschlagene zehn Tage harrten mein Vater, meine Brüder und ich bereits im Wald aus. Zwei Tage war es her, seit die Deutschen sich in Bobrka breitgemacht hatten. Die Befürchtung, die Nazis würden alle

4 Jüdisches Fest, das gefeiert wird, wenn Jungen mit dreizehn Jahren die religiöse Mündigkeit erreichen.

jüdischen Männer erschießen, hatte sich Gott sei Dank nicht bewahrheitet. Trotzdem traute ihnen mein Vater nicht und hielt es für besser, noch nicht nach Hause zurückzukehren.

Diese Einschätzung änderte sich schlagartig, als Yoel in der Nacht auf den 2. Juli sehr schlechte Neuigkeiten von seiner Erkundungstour mitbrachte. »Etwas Schlimmes ist im Gange«, berichtete er keuchend. Er war den ganzen Weg gerannt. »Ich habe euch doch erzählt, dass die Russen vor ihrer Flucht aus Lemberg mehrere Tausend Gefangene ermordet haben. Jetzt macht die Gestapo die Juden dafür verantwortlich und hetzt das ganze Volk gegen uns auf. Überall gibt es gewaltsame Ausschreitungen gegen die Juden. Ukrainische Nationalisten sind auch daran beteiligt. Ihr wisst, was das bedeutet.«

Das wussten wir allerdings. Ukrainische Nationalisten waren feurige Ukrainer, die sich zu Milizen zusammengeschlossen hatten und den Traum einer Großukraine verfolgten. Polen, Russen und Juden standen diesem Traum im Weg, und so hatten sie sich kurzerhand mit den Deutschen verbündet und unterstützten die Wehrmacht mit ihren freiwilligen Kämpfern gegen die Sowjetunion.

»Es kann sich nur noch um Stunden handeln, bevor sie Bobrka erreichen«, sagte Yoel.

»O nein«, flüsterte Vater bestürzt. »Wir müssen eure Mutter und Susanne in Sicherheit bringen!«

»Ich habe schon mit ihnen geredet. Mutter denkt, es sei das Sicherste, zu Hause zu bleiben und alles abzuriegeln. Vermutlich hat sie recht. Drinnen ist es unter diesen Umständen weniger gefährlich als draußen auf der Straße.«

»Das ist doch Wahnsinn!«, sagte mein Vater. »Was ist mit Silas und seiner Familie?«

»Weiß ich nicht. Aber wir sollten so schnell wie möglich nach Hause gehen, Nazis hin oder her. Die größte Gefahr geht im Moment von den Ukrainern aus. Wir können Mutter und Susanne unmöglich allein lassen.«

»Du hast recht«, antwortete mein Vater. »Ich komme mit dir. David und Joscha, ich möchte, dass ihr hier im Wald bleibt und euch gut versteckt.«

»Ich bleibe ganz sicher nicht hier, wenn Mutter und Susanne in Gefahr sind!«, sagte David entschlossen.

»Ich auch nicht«, sagte ich.

Yoel und mein Vater wechselten einen kurzen Blick, dann willigte mein Vater ein. »Also gut. Gehen wir gemeinsam. Gott möge uns beistehen!«

Wir packten die Decken unter den Arm und brachen unverzüglich auf. Es war drei Uhr in der Früh, als wir quer durch den Wald rannten. Eine halbe Stunde später erreichten wir das offene Feld, von dem aus wir hinunter nach Bobrka blicken konnten. Das Städtchen lag vor uns in einer flachen Talsohle. Kein Licht brannte. Alles war ruhig. Nur ein paar vereinzelte Hunde bellten in der Ferne. Es war eine trügerische Stille. Die Gefahr hing wie ein Damoklesschwert über dem Tal. Dort unten in der Dunkelheit hatten sich die Nazis breitgemacht. Es fühlte sich an, als wäre das kleine Städtchen geschändet worden. Und in wenigen Stunden würde es gleich nochmals geschändet, wenn es stimmte, was Yoel sagte. Wie viele Ukrainer waren wohl an dem Pogrom[5] beteiligt? Wie viele waren in genau diesem Moment unterwegs nach Bobrka? Was würde geschehen, wenn sie hier eintrafen?

Mit jedem Schritt, den wir uns Bobrka näherten, rutschte mein Herz tiefer in die Hose. Vielleicht hätte ich mich doch lieber im Wald in irgendeinem Loch verkriechen sollen, bis alles vorüber war. Andererseits hätte mich die Sorge um meine Familie dort umgebracht. Und wer sagte, dass die Ukrainer nicht auch den Wald nach Juden absuchten? Wie ich es drehte und wendete, es gab kein Entkommen. Die einzige Hoffnung war, dass die Welle der Gewalt sich legte, bevor sie Bobrka überhaupt erreichte.

Zu Hause angekommen, fanden wir Mutter und Susanne mit Brettern, Hammer und Nägeln bewaffnet bei der Eingangstür. Alle Fenster und Türen hatten wir bereits vor dem Einmarsch der Deutschen am 22. Juni fest zugenagelt. Aber angesichts der neuen Bedrohung

5 Pogrom: Gewaltsame Ausschreitungen gegen eine ethnische oder religiöse Bevölkerungsgruppe, speziell gegen Juden; häufig einhergehend mit Plünderungen, Vergewaltigungen und Massenmorden.

konnten ein paar zusätzliche Bretter und Nägel nicht schaden. Gemeinsam überprüften wir, ob alles dicht war, und verschlossen das große Tor zum gepflasterten Innenhof. Dann bezog jeder von uns drei Brüdern sowie mein Vater einen Wachposten, um die Straße zur Stadt und die Felder um den Hof herum im Auge zu behalten. Mutter und Susanne blieben im Wohnzimmer. Keiner verließ das Gut. Keiner tat ein Auge zu.

Ich kletterte auf die alte Eiche hinter dem Haus, von wo aus ich freie Sicht über die Hofmauer hinunter in die Stadt hatte. Noch war es stockdunkel. Aber schon bald würde die Dämmerung heraufziehen und die Sonne aufgehen.

Meine Augen brannten vor Müdigkeit. Ich hatte seit Tagen nicht mehr richtig geschlafen. Der Waldboden war zu hart gewesen, und die sich überstürzenden Ereignisse der vergangenen Tage waren zu Furcht einflößend, um zur Ruhe zu kommen. Auch jetzt war nicht an Schlafen zu denken. Jeden Moment konnte der Mob am Horizont auftauchen und der Angriff losgehen.

Den ganzen Morgen hockte ich rittlings auf einem Ast und hielt Ausschau. Das Warten war zermürbend. Die Sonne kletterte höher und höher und die Temperatur ebenfalls. Es war ein heißer Sommertag. Ich hatte Durst. Mein Magen knurrte. Aber ich wagte es nicht, meinen Posten zu verlassen.

Eigentlich hätte ich an diesem Mittwoch ganz woanders sein sollen, als auf einem Baum zu sitzen und auf eine Horde hasserfüllter Ukrainer zu warten. Ursprünglich hätte ich heute eine Russischprüfung schreiben sollen. Mein Russischlehrer hatte sie schon vor Wochen angekündigt. Aber dann waren die Deutschen in Ostpolen und der Ukraine einmarschiert und die Schule war erst einmal gestrichen. Der Krieg hatte alles verändert. Ich wusste, dass die unbeschwerten Tage meiner Jugendzeit, als ich im Rieke schwimmen war, mit Oscar durch die Wälder ritt oder mit meinen Freunden oder Michal um die Häuser zog, endgültig vorbei waren. Die Schule war für mich immer nur ein notwendiges Übel gewesen, und vor der Russischprüfung hatte mir gegraut, da ich nie besonders gut in Russisch war. Doch tausendmal lieber hätte ich jetzt mit Lampenfieber diese schwierige Russischprüfung geschrieben, als auf den Sturm zu warten, der am Horizont aufzog und unaufhaltsam auf Bobrka zusteuerte.

Und dann, am frühen Nachmittag, war es so weit. Ich hörte eine gewaltige Menschenmasse, die an eine herandonnernde Büffelherde erinnerte. Es klang, als wäre mit einem Mal die ganze Stadt auf den Beinen. Noch konnte ich nichts sehen, aber ich hörte, wie Scheiben eingeschlagen wurden und Menschen schrien.

Nach ein paar Minuten kam David über den Hof gelaufen. »Hey Joscha! Hörst du das auch?«, rief er zu mir in die Eiche hoch. »Kannst du von da oben was erkennen?«

»Nein!«, rief ich zu meinem Bruder zurück. »Ich habe keine Ahnung, was da passiert! Ich sehe rein gar nichts! Warte! Warte, ich sehe doch was! O nein, das darf nicht wahr sein!«

»Was denn?«

Eine eisige Kälte fuhr mir den Rücken herunter. Ich hatte mich innerlich auf so einiges gefasst gemacht, aber darauf ganz bestimmt nicht: Ein ganzes Heer von Menschen pflügte wie eine Riesenschlange durch die Straßen. Es waren nicht Dutzende, sondern *Hunderte* von Ukrainern! Ich sah sie zwischen zwei Häuserblocks auftauchen, nicht allzu weit von unserem Hof entfernt. Einige von ihnen waren mit Knüppeln und Eisenstangen bewaffnet. Sie brüllten, warfen Steine und fielen über jeden Juden her, der ihnen in die Finger kam. Ich sah, wie sie mit Äxten auf verrammelte Türen einschlugen und mit geplünderten Sachen aus den Häusern kamen. Es herrschte eine Atmosphäre des Terrors und des puren Wahnsinns. So etwas hatte ich in meinem Leben noch nicht gesehen. Ein Gefängnisaufstand hätte nicht brutaler sein können. »O nein«, flüsterte ich. »Nein!«

»Was ist da los? Was siehst du?«, rief David von unten.

In diesem Moment kamen Yoel und mein Vater hinter dem Stall hervorgeschossen.

Yoel hatte eine Heugabel und eine Sense in den Händen. Er warf David die Sense zu. »Rein ins Haus!«, befahl er. »Los!« Er blickte nach oben. »Joscha, komm sofort runter!«

Während ich vom Baum kletterte, verschwanden David und mein Vater durch die Hintertür im Haus. Diese Tür hatten wir nicht mit

Brettern verbarrikadiert wie den Hauseingang. Einen Moment lang fragte ich mich, ob es nicht sinnvoller gewesen wäre, einfach fortzulaufen, weg von der aufgepeitschten Meute. Aber dann wieder dachte ich, dass die hohe Mauer um unser Grundstück und das Haus selbst uns doch mehr Sicherheit bieten konnten als offene Wiesen und Straßen. Und wenn wir Glück hatten, würde der Menschenstrom vielleicht sogar eine andere Richtung einschlagen und wie ein reißender Fluss an uns vorbeiziehen.

Ich hatte den untersten Ast erreicht und sprang auf den Boden.

Yoel zog mich hoch. »Schnell! Rein!«

Wir eilten ins Haus und Yoel verschloss hastig die Hintertür. Im Wohnzimmer trafen wir uns mit den anderen. Sie standen dicht beieinander in einer Ecke des Raumes. Da alle Fenster vernagelt waren, war es komplett dunkel. Doch wir unterließen es, ein Licht anzuzünden. Es war besser, man würde denken, es wäre niemand zu Hause.

»Was ist da draußen los?«, fragte Susanne ängstlich.

»Das absolute Chaos«, sagte Yoel. »Sie schlagen alles kurz und klein. Es müssen über hundert sein.« Offensichtlich hatte er von seinem Wachposten aus ebenfalls gesehen, was sich auf den Straßen abspielte.

Der Lärm draußen stieg an. Näher und näher kam der Pöbel. Lauter und lauter wurde er. Ich presste mich an die Kommode hinter mir und hatte das Gefühl, als könnte ich nicht mehr atmen.

Wer waren nur all diese Leute? Waren sie den ganzen Weg aus Lemberg gekommen? Oder stammten sie aus den umliegenden Ortschaften und hatten sich gezielt gegen die Juden aus Bobrka zusammengerottet? Wahrscheinlich traf beides zu, überlegte ich. Vermutlich war die Gruppe im Schneeballsystem immer größer geworden, je mehr Dörfer sie passierten. Sie waren bestimmt überall auf ihrer Strecke auf Gleichgesinnte getroffen, die sich ihnen anschlossen, weil sie noch ein paar offene Rechnungen mit Juden zu begleichen hatten oder sich einfach vom Hass auf die Juden anstecken ließen. Die Nazis waren clever gewesen, den Juden die Morde in Lemberg in die Schuhe zu schieben. Sie wussten um die unterschwellige Judenfeindlichkeit im Land, hatten sich diese zunutze gemacht und das Volk in eine gezielte Waffe verwandelt. Warum die Einheimischen uns nicht mochten, hatte ich nie wirklich verstanden. Einmal, und das war noch vor dem Krieg gewesen, hatte jemand an der Schule ein Propagandaheft herumgezeigt. Da waren hässliche Zeichnungen drin gewesen von Juden mit riesigen Nasen und Bärten. Ein paar hatten ausgesehen wie Teufel. Und darunter stand: »Kauft nicht bei Juden!«, »Die Juden sind unser Unglück«, »Juden sind hier nicht erwünscht« und ähnliche Sprüche. Antisemitismus war tief in der Bevölkerung verwurzelt, und jetzt hatte ein kleiner Funke ausgereicht, um das Pulverfass zum Explodieren zu bringen.

»Wir müssen weg hier«, sagte meine Mutter plötzlich. »Wir sind hier nicht mehr sicher.«

»Wo sollen wir denn hin?«, fragte Susanne.

»Wir laufen rüber zu den Lutschkos«, meinte Mutter. »Das ist am nächsten.«

Die Lutschkos waren unsere ukrainischen Nachbarn. Marija Lutschko kaufte jeden Tag frische Milch und Eier bei uns. Ansonsten hatten wir nicht viel miteinander zu tun. Man grüßte sich, wenn man sich auf der Straße traf, und redete übers Wetter. Mehr nicht.

Dumpfe, polternde Geräusche, vermischt mit hektischen Stimmen, drangen zu uns ins Haus. Es hörte sich an, als wäre das Volk unmittelbar vor dem Hof angelangt.

Ich hörte knarzendes Holz und wusste, was das bedeutete. »Das Tor!«, hauchte ich. »Die versuchen, das Tor aufzubrechen!«

»Es wird nicht lange standhalten«, meinte mein Vater. »Eure Mutter hat recht. Wir müssen von hier verschwinden. Und zwar schleunigst!«

Susanne entfuhr ein Schrei. Jemand hatte eines der Bretter vor den Fenstern weggerissen. Ein heller Lichtstrahl fiel in das verdunkelte Wohnzimmer, und die schwarzen Umrisse einer Gestalt hoben sich gegen das grelle Licht ab. Sie waren da! Sie waren direkt vor unserem Haus! Und sie verschafften sich langsam, aber sicher gewaltsam Zugang! Vermutlich waren sie einfach über die Mauer geklettert, weil das Tor nicht nachgab. Weitere Bretter wurden weggerissen. Glas klirrte. Wir stürzten aus dem Wohnzimmer in den Flur.

Ich sah, wie jemand die Eingangstür mit einem Beil bearbeitete.

Gleichzeitig platzten die ersten Ukrainer zu den Fenstern ins Wohnzimmer herein. Einem Heer hungriger Heuschrecken gleich fraßen sie sich durch den Raum, durchwühlten Schubladen und Schränke, rissen Vorhänge und Bilder herunter und krallten sich alles, was sie in die Finger bekamen. Dann hörte ich, wie das Tor krachend aufschlug.

»Lauft!«, schrie meine Mutter. »Um Gottes willen lauft!«

Mit weit aufgerissenen Augen starrte ich auf die Haustür, die nur noch in Fetzen in ihren Angeln hing. Dahinter sah ich, wie die aufgehetzte Menge den Hof überflutete. Jemand trat mit dem Stiefel die Überreste von dem, was einmal die Haustür gewesen war, ein und die Leute stürmten das Haus.

»Joscha!« David packte mich von hinten am Arm. »Was stehst du noch rum? Weg hier! Komm!« Mein Zwillingsbruder riss mich mit sich durch den Flur zur Hintertür.

Wie in Trance stolperte ich hinter ihm her. Kaum draußen angekommen versperrte uns eine Horde Ukrainer den Weg. Einer von ihnen hatte ein Messer in der Hand, ein anderer einen Holzpflock.

Bevor sie jedoch zum Angriff übergehen konnten, schwang David die Sense durch die Luft, als mähte er Gras, und die Männer wichen zurück. »Lauf!«, rief er mir zu. »Lauf!« Erneut zog er mit der Sense einen imaginären Halbkreis um sich herum und konnte sich so die Leute vom Leib halten. »Lauf!«

Ich lief los, so schnell mich meine Beine tragen konnten. Meine Eltern, Susanne und Yoel hatten einen Vorsprung von ungefähr zwanzig Metern. Eine mit Stöcken bewaffnete Männergruppe ging von der Seite auf sie los. Mutter wurde von einer Latte am Kopf getroffen, stolperte und fiel zu Boden.

Yoel stach sofort mit der Heugabel zu und erwischte einen der Angreifer am Oberschenkel. »Haut ab, ihr Schweine!«, schrie er. »Lasst uns in Ruhe!« Er stach wild auf jeden ein, der versuchte, sich ihnen zu nähern.

David holte mich ein. Gemeinsam rasten wir über den Hof, während mein Vater meiner Mutter wieder auf die Beine half. Blut rann aus einer Platzwunde an ihrer Stirn.

»Mutter!«, rief ich, als wir sie erreicht hatten. »Alles in Ordnung?«

»Mir fehlt nichts«, sagte sie tapfer. »Weiter! Weiter!«

Yoel war immer noch damit beschäftigt, die Familie mit der Heugabel gegen eine Gruppe Ukrainer zu verteidigen. »Haut ab, ihr verfluchtes Pack!«, schrie er zornig.

Die Meute war hartnäckiger als ein blutgieriges Wolfsrudel. Erst als David zur Verstärkung kam und das scharfe Sensenblatt drohend durch die Luft sausen ließ, zogen sich die Leute zurück und uns gelang die Flucht. Wir eilten durch den Gemüsegarten auf die Wiese und einen kleinen Abhang hinunter auf die Straße, an der die Lutschkos wohnten. Das Wüten der Massen war auch hier noch gut zu hören, aber die Straße war menschenleer. Hier wohnten keine Juden und das wusste der Mob offenbar sehr genau. Wir versammelten uns keuchend vor dem Haus der Nachbarn.

Mutter polterte energisch an die Tür. »Frau Lutschko! Bitte machen Sie auf! Ich bin's, Frau Burker! Frau Lutschko! Bitte!«

Es dauerte eine ganze Weile, bis endlich ein Kopf im Türspalt erschien. Es war Marija Lutschko. Die Ukrainerin hatte raue Gesichtszüge und trug ein schwarzes Kopftuch. Sie machte keinen sehr erfreuten Eindruck. »Was wollen Sie?«, fragte sie genervt und musterte uns kritisch von Kopf bis Fuß.

»Bitte lassen Sie uns rein«, sagte meine Mutter. »Sie wissen bestimmt, was los ist. Bitte ...« Sie machte eine Pause, um Luft zu holen. Mutter war ziemlich erschöpft und stützte sich mit der Hand gegen die Fassade. Die Wunde an ihrer Schläfe hörte nicht auf zu bluten. »Es wäre nur für ein paar Stunden, nur bis die Leute aus Bobrka verschwunden sind. Bitte, Frau Lutschko. Wir wissen nicht, wo wir sonst hin sollen.«

Die Ukrainerin verzog keine Miene. Die lebensbedrohliche Lage, in der wir uns befanden, kümmerte sie nicht im Geringsten. Es schien sie viel eher zu ärgern, dass wir sie da mit hineinzogen. »Tut mir leid, ich kann das nicht ohne meinen Mann entscheiden, und der ist nicht zu Hause. Kommen Sie heute Abend nochmals vorbei«, sagte sie und wollte die Tür eben wieder schließen, als Mutter ihren Fuß dazwischenstellte.

»Sie bekommen dafür einen Monat lang Milch und Eier umsonst«, meinte Mutter. »Aber bitte lassen Sie uns nicht hier draußen stehen. Ich flehe Sie an!«

Das Angebot weckte Frau Lutschkos Interesse. Ihre dunklen Augen funkelten. »*Zwei* Monate. Und ich habe da ein paar Blusen und Hosen zum Flicken.«

»Einverstanden«, antwortete Mutter. »Danke, Frau Lutschko. Tausend Dank!«

Marija Lutschko öffnete die Tür und ließ uns eintreten.

»Wir bleiben auch nicht lange. Und wir werden Ihnen nicht zur Last fallen. Versprochen.«

Die Nachbarin führte uns wortlos ins Wohnzimmer und deutete mit einer flüchtigen Handbewegung auf zwei Sofas, auf denen sie uns gestattete, Platz zu nehmen.

Ein buckliges Großmütterchen, das weiße Haar zu einem feinen Zöpfchen entlang der Stirn geflochten, saß in einem Polsterstuhl, eine Decke über den Beinen, und strickte. Sie sah kurz auf und widmete sich dann wieder ihrer Strickarbeit.

Frau Lutschko ging in die Küche und überließ uns uns selbst.

Als sie fort war, brach Susanne in Tränen aus. Mein Vater nahm sie in die Arme und tröstete sie. Sie schluchzte heftig.

»Mutter, du blutest«, sagte David fürsorglich. »Soll ich Frau Lutschko um Verbandsmaterial bitten?«

»Nicht nötig«, antwortete meine Mutter. »Es geht schon.« Sie holte ein Taschentuch aus ihrer Rocktasche und hielt es sich an den Kopf.

Yoel ging zum Fenster, schob den Vorhang etwas zurück und beobachtete die Straße. Ich saß schweigend neben Vater und Susanne auf dem längeren Sofa, kreideweiß im Gesicht. Ich zitterte. Die Panik saß mir noch in allen Gliedern. Ich wollte einfach nicht wahrhaben, was hier gerade geschah. Dass die Nazis unsere Feinde waren, hatte ich gewusst. Aber die Menschen, mit denen wir seit Jahren in diesem Land lebten? Die Menschen, denen wir jeden Tag auf der Straße begegneten? Warum nur hassten sie uns so sehr? Was hatten wir ihnen getan?

Nach etwa einer Viertelstunde wurden die hektischen Stimmen draußen leiser. Die Meute hatte wohl alles geplündert, was es zu plündern gab, und war weitergezogen. Wir blieben dennoch bis zur Abenddämmerung bei unseren Nachbarn im Wohnzimmer. Frau Lutschko bot uns weder etwas zu essen noch etwas zu trinken an und fragte uns auch nicht nach unserem Wohlbefinden. Wir waren nicht willkommen in ihrem Haus und das ließ sie uns deutlich spüren.

Als ihr Mann von der Arbeit kam, stritten sich die beiden in der Küche über die ungebetenen Gäste. Schließlich kam Herr Lutschko ins Wohnzimmer und forderte uns auf zu gehen. Mutter versuchte einen weiteren Deal auszuhandeln, damit wir wenigstens eine Nacht bleiben konnten. Es war ihrer Meinung nach einfach noch zu gefährlich, nach Hause zurückzukehren. Doch der Nachbar hatte kein Verständnis dafür und setzte uns vor die Tür.

Wir schlichen uns auf den Hof zurück. Yoel ging vor, um herauszufinden, ob die Luft rein war. Es war keiner mehr da. Meine Mutter säuberte ihre Wunde am Kopf und schickte Yoel, David und mich in die Scheune, um Stroh zu holen. Susanne sollte aus dem Haus Decken organisieren. Dann brachten wir alles in den Kartoffelkeller und richteten uns für die Nacht ein. Wir verriegelten die Tür, und mein Vater und Yoel übernahmen je eine Nachtwache.

Gott sei Dank blieb alles ruhig. Wir überstanden die Nacht ohne weitere böse Überraschungen. Doch die Angst blieb. Die Ukrainer, die Leute, mit denen wir das Land und das Leben teilten, hatten uns nicht nur unseres Besitzes beraubt, sondern der Geborgenheit unseres eigenen Zuhauses. Und ich hatte das ungute Gefühl, dass dies erst der Anfang war.

6 Der Feind in der Stadt

September 2015, Chicago, USA

»Wie furchtbar«, murmelte Natalie betroffen. Sie hatte so mit Mr Burker mitgefiebert, als wäre sie selbst dabei gewesen. Trotz der warmen Luft waren ihre Finger kalt. Sie hatte den alten Mann während des Erzählens kein einziges Mal unterbrochen. Die Geschichte des Pogroms vom 2. Juli 1941 hatte sie zutiefst erschüttert. Wie konnten Menschen nur so etwas tun? »Was war mit Ihrem Bruder Silas und seiner Familie? Und mit Michal?«, fragte sie den Neunundachtzigjährigen. »Wurden sie bei dem Angriff verletzt?«

»Das wussten wir zu dem Zeitpunkt noch nicht«, antwortete Mr Burker. »Mein Bruder lebte, wie ich Ihnen erzählte, auf der anderen Seite der Stadt. Wir hatten kein Telefon und keine Möglichkeit, ihn zu kontaktieren, außer persönlich vorbeizugehen. Auch um Michal machte ich mir große Sorgen. Seit dem Einmarsch der Deutschen hatte ich sie nicht mehr gesehen. Ich hatte mich ja mit meinem Vater und meinen Brüdern im Wald versteckt.«

»Haben Sie oft an sie gedacht?«

»Die ganze Zeit. Es war furchtbar, nicht zu wissen, wie es ihr ging. Das Haus ihrer Eltern lag mitten im Judenviertel, genau dort, wo die Ukrainer am meisten gewütet hatten, im Auge des Sturms sozusagen. Ich nahm mir fest vor, sobald es irgendwie möglich war, zu ihr zu gehen. Ich hatte ja nicht die leiseste Ahnung, was mich erwartete.«

»Wieso? Was ist passiert?«

Der Senior sah die Studentin an. Sein Gesicht war ernst. Die Erinnerung an jenes Erlebnis schien ihm auch heute noch durch Mark und Bein zu gehen. Er atmete tief durch, dann erzählte er weiter.

***

Juli 1941, Bobrka

Am Tag nach dem Pogrom begutachteten wir erst einmal die Schäden. Der Hof sah aus, als wäre ein Tornado darüber hinweggefegt. Das Tor musste repariert werden sowie die Eingangstür zum Wohnhaus und sämtliche Fenster im Erdgeschoss. Wenigstens fehlten keine Pferde, Kühe und Schafe, nur ein paar Hühner. Dafür war der halbe Haushalt geplündert. Alles, was nicht niet- und nagelfest war, hatten die Diebe mitgehen lassen, sogar die Teppiche und eine uralte Wanduhr, ein Erbstück, das nicht mit Geld aufzuwiegen war. Tische und Stühle waren umgeworfen, Vasen und Geschirr lagen zersprungen auf dem Boden. Es herrschte ein heilloses Durcheinander. Mit Wut und Trauer im Bauch machten wir uns ans Aufräumen.

Nach dem Mittagessen bat meine Mutter David und mich, nach Silas und seiner Familie zu sehen. Ich wollte die Gelegenheit nutzen, um auf dem Weg dorthin noch kurz bei Michal vorbeizuschauen. Wir sattelten die Pferde und ritten die schäbige Straße hinunter in die Stadt, vorbei am Gerichtsgebäude, in dem sich gleichzeitig das Gefängnis befand, entlang der Friedhofsmauer bis zur Holzbrücke, die über den Bach führte, der in den Rieke hineinfloss und später in den Boberke-Fluss. Kurz vor der Brücke zügelten wir unsere Pferde.

Eine Handvoll ukrainischer Kinder versperrte uns den Weg und rief im Sprechchor: »Judenschweine, wir machen euch Beine! Judenschweine, wir machen euch Beine!« Sie hoben Steine vom Boden auf und warfen sie in unsere Richtung.

Mein Bruder und ich sahen einander an und jeder wusste, was der andere dachte. Kurz entschlossen drückten wir den Pferden die Fersen in die Flanken und galoppierten geradewegs auf die Gruppe zu. Es hagelte Steine. Die Kinder schrien ihre judenfeindliche Parole noch lauter und noch schneller, doch wir ließen uns nicht beeindrucken. In gestrecktem Galopp sprengten wir mitten durch die Kinder hindurch, die gerade noch rechtzeitig zur Seite springen konnten, um nicht von den Pferdehufen getroffen zu werden. Sie fluchten und spuckten hinter uns her. Ihre rassistischen Rufe waren noch zu hören, als wir die Brücke längst hinter uns gelassen hatten.

»Einfach ignorieren«, sagte David. »Es sind Kinder. Die wissen nicht, was sie da sagen.«

»Das wissen sie sehr wohl«, antwortete ich. »Die hassen uns, einfach nur, weil wir Juden sind. Wir haben ihnen nichts zuleide getan, und sie beschimpfen uns und bewerfen uns mit Steinen. Und womit attackieren sie uns morgen?«

»Vergiss sie einfach«, sagte David nur.

Das fiel mir schwer. Ich hatte die Aggression in ihren Augen gesehen und fragte mich ernsthaft, ob wir überhaupt noch irgendwo Freunde hatten oder ob sich bereits die gesamte Bevölkerung gegen uns verschworen hatte.

Nachdem wir den jüdischen Friedhof passiert hatten, erreichten wir die ersten jüdischen Häuser mit eingeschlagenen Scheiben und eingetretenen Türen. Eine beklemmende Stimmung lag über der Stadt. Es war gespenstisch still. Mein Bruder und ich bogen nach rechts in die Judenstraße ein, ritten vorbei an der Großen Synagoge, über den Marktplatz, hinein in die Innenstadt mit all den jüdischen Geschäften und der Wasserpumpe im Zentrum. Der gesamte jüdische Stadtteil war wie ausgestorben. Nur vereinzelt standen Menschen wie betäubt zwischen den Scherben ihres Lebens. Alles war verwüstet. Töpfe, Ziegel, Bretter, Haushaltsgegenstände und sogar einzelne Schuhe lagen mitten auf der Straße, so als hätte sie jemand mitgenommen und dann doch wieder weggeworfen. An einigen Stellen bemerkte ich dunkelrote Flecken auf der Straße. Es sah aus wie eingetrocknetes Blut. Ich konnte mir leider nur allzu gut vorstellen, was sich hier abgespielt hatte.

»Bleib nicht zu lange bei Michal«, sagte David, als wir uns an der Kreuzung trennten.

»Ich will nur wissen, ob es ihr gut geht«, meinte ich. »Dann komme ich gleich nach.«

»Gut. Sei vorsichtig.«

»Du auch.«

Wir trennten uns. David ritt weiter zu Silas, und ich lenkte Oscar in die Seitengasse, in der Michal wohnte. Vor Fischers Lebensmittelladen sprang ich vom Pferd. Die Ladentür hing zersplittert und schief in ihren Angeln. Mir schwante Übles. Und genauso war es auch: Sämtliche Regale waren leer geräumt, der Boden übersät mit verschütteter Milch, Eiern und zertrampeltem Gemüse und Früchten. Die Wohnung der Fischers lag direkt über dem Laden. Ich dachte nicht zweimal nach, sondern eilte durchs Geschäft und stieg die steile Treppe ins Obergeschoss hoch. Die Wohnungstür stand offen. »Michal?!«

Ich hörte klappernde Geräusche aus der Küche. Das war ein gutes Zeichen. Wahrscheinlich räumten Michal und ihre Mutter gerade das hinterlassene Chaos auf. »Michal?! Bist du das? Ich bin's, Joscha!« Ich ging durch den Flur, platzte in freudiger Erwartung zur Küche herein - und blieb im selben Moment wie angewurzelt stehen. Vor mir stand weder Michal noch ihre Mutter, sondern ein deutscher Offizier mit schwarzen Stiefeln und grauer Uniform. Und er hatte rotes Haar!

Gronnik!, schoss es mir durch den Kopf. Das musste einer der beiden SS-Offiziere sein, die laut Yoel das Kommando über Bobrka innehatten! Am liebsten wäre ich in Grund und Boden versunken. Der Mann vor mir war um die dreißig Jahre alt, ein Hüne, mindestens einen Meter achtzig groß und kräftig gebaut, mit breitem Gesicht, Stiernacken und großen Händen. Seine Nase sah aus, als wäre sie mehrmals gebrochen worden. Vom linken Ohr quer über die Wange bis hinunter zum Kinn hatte er eine lange Narbe. Seine Augen waren blassgrün und schimmerten wässrig, und er trug eine typische Hitler-Jugend-Frisur, seitlich kurz rasiert, oben etwas länger mit Seitenscheitel.

Er war gerade dabei, das Silberbesteck aus der Küchentischschublade zu klauen. Jäh hielt er inne und glotzte mich feindselig an. »Wer bist *du* denn?« Seine Stimme klang rau. Und hart.

»Ich ... ich ...«

»Wohnst du hier?«

»Nein, ich ...«

»Was hast du dann hier verloren, hm? Du bist ein Jude, habe ich recht?« Gronnik ließ das Besteck auf den Küchentisch fallen und trat auf mich zu.

Ich wich einen Schritt zurück.

»Du bist ein dreckiger kleiner Jude, habe ich recht?« Er musterte mich abfällig. »Was tust du hier? Wolltest du was klauen? Hm? Antworte gefälligst!«

Ich zuckte zusammen und schwieg. Gronnik stieß mir die flache

Hand gegen die Brust und schubste mich in den Flur hinaus. Dabei prallte ich ungewollt mit einem zweiten Uniformierten zusammen, der gerade mit Fischers Radiogerät aus dem Wohnzimmer kam. Wir beide kamen ins Taumeln. Und ehe ich mich wieder auffangen konnte, rammte mir Gronnik derart grob seinen Stiefel in den Bauch, dass ich mit dem Rücken gegen die Flurwand klatschte wie eine aufgespießte Fliege. Ein Bild löste sich von der Wand, fiel zu Boden und zersprang in tausend Scherben.

Zitternd, mit angewinkelten Beinen, blieb ich an der Wand stehen, während ich mich mit den Armen abstützte, um nicht hinzufallen. Kalte Schweißperlen traten mir auf die Stirn. Ich wollte davonlaufen, doch meine Beine gehorchten mir nicht.

Gronnik versperrte mir den Fluchtweg zur Treppe, und auf der anderen Seite stand der Mann mit dem geklauten Radio. Er war um zwei Köpfe kleiner als Gronnik und sehr schlank. Doch seine stolze Körperhaltung und die Aura von Macht und Autorität, die ihn umgab, verrieten, dass er der ranghöhere Offizier sein musste. Und dafür kam nur einer infrage: Schöffer.

Mich fröstelte bei dieser Erkenntnis. Ich war mitten in die Höhle des Löwen hineingetappt. Jetzt war ich meinen Feinden schutzlos ausgeliefert. Schöffer schien um die fünfundvierzig zu sein, hatte grau meliertes, steif zurückgekämmtes Haar und ein auffallend kantiges Kinn. Hinter einer kleinen runden Brille funkelten zwei stechend blaue Augen. Am Kragenspiegel seiner Uniform befanden sich links zwei querliegende Blitze, die berühmt-berüchtigten SS-Zeichen, und rechts drei Quadrate mit weißen Streifen.

Mein Blick huschte auf die Waffe, die er an seinem Gurtholster trug. *Ich bin so gut wie tot,* dachte ich verzweifelt.

Nazis brauchten keinen Grund, um Juden zu töten, das wusste ich und hatte ich oft genug gehört. Dass ich mit Schöffer zusammengeprallt war, wenn auch unbeabsichtigt, war Provokation genug, um mir dafür eine Kugel zu verpassen. Jeden Moment würde der Nazi mich hinrichten. Gleich würde er seine Waffe ziehen und mich erschießen. Einfach, weil er es konnte. Einen Atemzug, vielleicht noch zwei würde er mich am Leben lassen. Dann wäre es um mich geschehen.

»Bitte ...«, stammelte ich mit aschfahlem Gesicht und schlotternden Knien. »Ich wollte Sie nicht anrempeln. Es tut mir leid. Bitte lassen Sie mich gehen.«

Schöffer reichte Gronnik ohne Hektik das Radiogerät, trat ganz nahe an mich heran und durchbohrte mich mit einem Blick, der mir das Blut in den Adern gefrieren ließ. Da lag eine Bosheit in diesen kleinen blauen Augen, als verbärge sich der Leibhaftige dahinter. Dieser Mann würde nicht mal mit der Wimper zucken, wenn er mich tötete. Ich konnte den nahenden Tod beinahe schmecken. Ich hoffte nur, dass es schnell gehen würde.

Schöffers Gesicht war dem meinen jetzt so nahe, dass ich seinen Atem spüren konnte. Der SS-Offizier betrachtete mich wie einen dem Tode geweihten Hasen, der sich in einer Schlinge verfangen hatte. »Hast du Angst vor mir?«, fragte er mich. Seine Stimme klang leise und durchtrieben. Ich nickte, worauf sich Schöffers Mundwinkel zu einem flüchtigen Lächeln verzogen. »Das solltest du auch.«

Ich wagte nicht mehr zu atmen und wartete auf das Unabwendbare.

Schöffer fixierte mich mit einem Blick so kalt wie Eis. »Verfluchte jüdische Bestie«, schnarrte er. Dann spuckte er mich an und gab Gronnik ein Zeichen mit dem Kinn, worauf dieser mich am Arm packte und durch den Flur in Richtung Treppe schleuderte.

»Das nächste Mal, wenn ich dich sehe, erschieß ich dich!«, rief Gronnik hinter mir her.

Ich stolperte, fing mich wieder und floh aus der Wohnung wie ein aufgescheuchtes Tier. Dann rannte ich die Treppe hinunter auf die Straße hinaus, sprang mit einem Satz auf mein Pferd und galoppierte davon. Die Spucke wischte ich mir mit einer Handbewegung aus dem Gesicht, doch die Worte, die Gronnik und vor allem Schöffer zu mir gesagt hatten, waren tiefer in mich eingedrungen als jede Kugel. Nie zuvor hatte ich mich so minderwertig und so verachtet gefühlt und gleichzeitig derartige Todesängste ausgestanden wie gerade eben. Es war ein Wunder, dass ich mit dem Leben davongekommen war, denn diese Männer waren zu allem fähig, daran gab es nicht den geringsten Zweifel.

Die Tränen liefen mir übers Gesicht, während ich auf Oscar durch

Bobrka preschte. Mein ganzer Körper bebte. Ich weinte laut und war völlig aufgelöst. Als ich fünf Minuten später das Haus meines Bruders erreichte und er die Tür öffnete, fiel ich ihm einfach um den Hals und weinte bitterlich.

»Joscha, was ist denn los?«

Ich klammerte mich an meinen großen Bruder wie an einen Rettungsanker. Seine Frau Cecilia erschien hinter ihm, zusammen mit David. Sie sahen mich besorgt an.

»Joscha? Ist etwas mit Michal?«

Ich konnte nicht sprechen. Auf einmal fühlte ich mich furchtbar schwach und zerbrechlich. Die Ereignisse der vergangenen zwei Wochen stürzten wie eine Lawine über mir zusammen. Der Einmarsch der Deutschen, das Ausharren im Wald, die brutalen Ausschreitungen vom Vortag, die einschüchternde Begegnung mit Schöffer und Gronnik, die Schreckenssekunden, als ich glaubte, erschossen zu werden - das alles war einfach zu viel auf einmal.

»Komm erst mal rein«, sagte Silas. Er führte mich ins Wohnzimmer und schickte Israel und Mila zum Spielen nach oben, während er sich mit mir aufs Sofa setzte. David und Cecilia nahmen uns gegenüber Platz.

Nur am Rande nahm ich wahr, dass das Wohnzimmer intakt und aufgeräumt war. Mehrere Minuten lang hielt ich Silas fest umschlungen, krallte mich an ihn und weinte mich an seiner Schulter aus, unfähig, über das zu reden, was geschehen war.

»Was ist denn passiert?«, fragte nun Cecilia.

»Schöffer und Gronnik«, stammelte ich schließlich unter heftigen Schluchzern. »Ich ... habe sie gesehen ... in Michals Wohnung.«

»Was tun die denn in Michals Wohnung?«, wollte David wissen.

»Plündern«, erklärte ich. »Ich habe sie dabei gestört und da haben sie ...« Wieder konnte ich nicht weitersprechen und musste weinen.

»Da haben sie was?«, fragte David.

»Ich hatte solche Angst.« Meine Mundwinkel zogen ständig nach unten. »Gronnik hat mich mit seinen Stiefeln getreten, und Schöffer ... ich dachte ... ich dachte, er würde mich töten.«

»O Joscha!«, sagte Silas und drückte mich fest an sich.

»Und ich weiß noch nicht einmal, wie es Michal geht. Sie war nicht da. Ich ... ich weiß nicht, wo sie ist. Vielleicht ist ihr etwas zugestoßen!«

»Jetzt mach dir mal keine Sorgen«, meinte Cecilia. »Bestimmt ist sie mit ihrer Familie irgendwo untergekommen. Sie werden wie alle anderen abwarten, bis die Lage sich beruhigt hat.«

Ich nickte. Vermutlich hatte sie recht. Sie musste einfach recht haben. Ich löste mich aus den Armen meines Bruders und wischte mir die Tränen aus den Augen. Meine Hände zitterten noch immer ein wenig. »Und bei euch?«

»Gott hat uns beschützt«, sagte Silas. »Würde unser Haus im Judenviertel stehen, wären wir nicht verschont geblieben. Doch hier am Stadtrand ist die Meute nicht vorbeigekommen.«

»Da bin ich froh. Bei uns sieht es anders aus.«

»Ich weiß. David hat es mir erzählt. Aber ihr seid unversehrt. Alles andere ist nebensächlich.«

Mein Bruder und ich blieben noch eine Stunde bei Silas und Cecilia. Dann ritten wir nach Hause zurück.

Beim Abendessen waren wir alle sehr schweigsam. Keiner hatte Appetit. Yoel hatte in Erfahrung gebracht, dass bei dem Pogrom in Bobrka mehrere Dutzend unserer Landsleute ums Leben gekommen waren, unter anderem auch Schuster Yosef, ein guter Freund der Familie. Ich musste an das Blut denken, das ich auf der Straße gesehen hatte.

Susanne stellte schließlich die Frage, die alle beschäftigte. »Denkt ihr, es ist vorbei?«

»Darauf würde ich mich nicht verlassen«, sagte Yoel. »Wer weiß schon, was als Nächstes kommt.«

»Wem können wir überhaupt noch trauen?«, überlegte David. »Ich meine, selbst die Lutschkos wollten uns so schnell wie möglich wieder loswerden. Unsere eigenen Nachbarn! Wir sind mit ihrem Sohn zur Schule gegangen!«

»Der Krieg verändert Menschen«, sagte Yoel und blickte düster vor sich hin. »Menschen werden zu Tieren, um ihre eigene Haut zu retten. Wir müssen auf alles gefasst sein.«

Mein Vater warf einen liebevollen, wenn auch bedrückten Blick in die Runde. »Egal, was kommt, wir stehen das durch. Als Familie. Gemeinsam. Der Herr wird für uns streiten. Erinnert euch an Mose, wie er mit dem Volk Israel am Ufer des Roten Meeres stand, das unüberwindbare Meer vor ihm, das Heer des Pharao im Nacken. Sie saßen in der Falle. Es gab keinen Ausweg. Doch Gott, der Herr, hat das Meer für sie geteilt. Er wird auch für uns einen Ausweg schaffen, wo es keinen gibt.« Seine Augen leuchteten voller Zuversicht.

Diese innere Stärke meines Vaters hatte ich schon immer bewundert. Ich wünschte, ich hätte so glauben können wie er und wäre so stark gewesen wie er. Aber das war ich nicht. Ganz und gar nicht. Ich hatte Angst. Angst vor der Nacht und Angst vor dem Tag danach, Angst vor der Gegenwart und Angst vor der Zukunft. Und vor allem hatte ich furchtbare Angst davor, was unter der Herrschaft von Schöffer und Gronnik mit uns geschehen würde. Wenn diese SS-Offiziere die Stadt kontrollierten, war kein Jude mehr seines Lebens sicher. Immer und immer wieder hörte ich Schöffers Worte in meinem Kopf: *Hast du Angst vor mir? Das solltest du auch.*

Am nächsten Morgen half ich David beim Reparieren des Tores. Ich hatte noch immer nichts von Michal gehört, und die Ungewissheit machte mich krank vor Sorge. Aber es gab keine Möglichkeit, herauszufinden, ob es ihr gut ging oder nicht. Es blieb mir nur das Warten und Hoffen.

Kurz vor Mittag hörten David und ich ein lautes Scheppern, als schlüge jemand mit einer Kelle gegen einen Kochtopf, gefolgt von einer lauten Stimme. Es war die »Judenstimme«, der Mann, der in der Stadt durch sämtliche Gassen ging und wichtige Neuigkeiten verbreitete, wenn es welche gab. Wir legten unser Werkzeug weg und lauschten.

»Alle Juden haben unverzüglich auf dem Marktplatz zu erscheinen!«, rief die Judenstimme. »Befehl des SS-Hauptsturmführers Schöffer!« Es schepperte und der Mann schrie: »Alle Juden haben unverzüglich auf dem Marktplatz zu erscheinen! Befehl des SS-Hauptsturmführers Schöffer!«

Unwillkürlich erinnerte ich mich daran, was die Juden aus dem Westen erzählt hatten und weswegen wir in die Wälder geflohen waren. War es jetzt so weit? Würden die Nazis jetzt einfach alle umbringen? Ich blickte zu meinem Bruder, der genau dasselbe zu denken schien.

Ohne ein Wort zu wechseln, liefen wir ins Haus. Vater und Yoel verleimten gerade einen kaputten Stuhl neu, Mutter und Susanne schälten in der Küche Kartoffeln fürs Mittagessen.

»Habt ihr das gehört?«, rief David aufgeregt. »Wir sollen auf den Marktplatz gehen! Jetzt gleich!«

»Wir gehen da nicht hin«, sagte Mutter entschieden, während sie aus der Küche geeilt kam. »Wer weiß, was die mit uns vorhaben. Ich traue den Nazis nicht. Verstecken wir uns im Kartoffelkeller! Los!«

»Und wenn sie uns finden?«, fragte ich. »Und dafür ... töten?«

»Wir gehen da nicht hin, sag ich! Auf keinen Fall! Kommt jetzt!« Mutter ließ sich auf keine Diskussion ein. Sie marschierte voraus und wir folgten ihr durch den Flur zur Hintertür hinaus und auf den Hof. Doch weiter kamen wir nicht.

Eine Gruppe deutscher Soldaten stand bereits im Tor, die Gewehre im Anschlag. Offenbar hatten sie damit gerechnet, dass die Juden der Aufforderung nicht freiwillig nachkämen, und waren ausgeschwärmt, um uns einzusammeln.

»Zum Marktplatz geht's da lang!«, bellte einer von ihnen und deutete mit seinem Gewehrkolben in Richtung Straße. »Los! Beeilung!«

Wir hatten keine Wahl. Die Soldaten machten den Weg frei und schubsten uns mit ihren Gewehren zum Tor hinaus. Widerwillig ließen wir es zu wie Schafe, die zur Schlachtbank geführt werden.

»Bleibt zusammen«, flüsterte meine Mutter.

Ich hatte ein ganz mulmiges Gefühl bei der Sache. Wenn Schöffer eine Versammlung anordnete, so konnte das nichts Gutes bedeuten. Alles in mir sträubte sich dagegen, weiterzugehen. Was, wenn wir unserer eigenen Hinrichtung entgegengingen?

Je näher wir der Innenstadt kamen, desto größer wurde die Menschenmenge. Als wären wir nichts weiter als Vieh, wurden wir auf dem Marktplatz zusammengetrieben. Es mussten über zweitausend Juden sein, die sich auf Schöffers Befehl hin hier eingefunden hatten: Kinder, Jugendliche und Erwachsene. Die Sorge und Panik stand jedem Einzelnen ins Gesicht geschrieben. In der Mitte des Platzes war eine Holzbühne mit Mikrofonanlage aufgebaut worden. Dicht gedrängt und von Soldaten in Schach gehalten, standen wir, die jüdische Bevölkerung Bobrkas, davor und warteten mit Bangen auf das, was kommen würde.

Ein Soldat trat ans Mikrofon. »Ich übergebe das Wort SS-Hauptsturmführer Schöffer und SS-Obersturmführer Gronnik!« Er trat zurück und blieb stramm im Hintergrund stehen, während Schöffer und Gronnik, die neuen Herrscher der Stadt, majestätisch die Treppe zur Bühne hinaufstiegen.

Mich schauerte bei ihrem Anblick. Unser Zusammentreffen am Tag zuvor hatte mich das Fürchten gelehrt. Ich war froh, dass sie mich aus dieser Distanz und bei den vielen Leuten nicht zu sehen vermochten.

Schöffer trat ans Mikrofon und informierte das jüdische Volk darüber, dass die Gestapo von jetzt an die Stadt regierte und ab sofort für alle Juden neue Gesetze galten. Er überließ Gronnik das Mikrofon, der diese neuen Gesetze laut vorlas.

»Es ist den Juden unter Todesstrafe verboten, die Stadt zu verlassen!«, hallte seine Stimme über den Marktplatz. »Wer ohne offizielle Genehmigung auch nur einen Fuß vor Bobrka setzt, wird erschossen! Wer dabei erwischt wird, etwas Unerlaubtes zu tun, wird erschossen! Beginnend mit dem heutigen Tage wird eine Ausgangssperre für Juden verhängt. Sie beginnt um einundzwanzig Uhr und endet um fünf Uhr in der Früh. Wer sich nach einundzwanzig Uhr oder vor fünf Uhr draußen auf der Straße aufhält, wird erschossen!« Gronnik sah von seinem Papier hoch und blickte über die Menschenmasse auf dem Marktplatz.

Alle waren verstummt. Keiner wagte, sich von der Stelle zu rühren. Auch ich nicht. Zu schockierend war das, was man uns verkündete. Erschossen! Für jeden Fehler wurde man einfach erschossen!

»Jüdischen Kindern ist es nicht mehr erlaubt, die Schule zu besuchen«, las Gronnik weiter. »Juden ist es nicht mehr erlaubt, mit Nichtjuden Geschäfte zu machen. Des Weiteren haben alle Juden eine weiße Armbinde mit einem blauen Davidsstern am rechten Ärmel ihrer Kleidung zu tragen. Wer auf der Straße ohne diese Armbinde erwischt wird, wird erschossen! Zur Aufrechterhaltung der Ordnung wurde ein Judenrat ins Leben gerufen sowie eine Judenpolizei. Diese ist der ukrainischen Polizei unterstellt, die ihrerseits der Gestapo unterstellt ist. Ihren Anweisungen ist Folge zu leisten. Wer dies nicht tut, wird erschossen!«

Mir war ganz schwindlig von all den Gesetzen und Verboten. Erschossen ... erschossen ... erschossen. Immer wieder erklang das Wort verzerrt über die Lautsprecher. Jedes Mal zuckte ich zusammen, wenn Gronnik es in den Mund nahm. Jedes Mal wurde ich ein Stückchen kleiner. Wir waren zum Abschuss freigegeben. Ein falscher Schritt, ein falsches Wort, eine falsche Bewegung, und wir würden es mit unserem Leben bezahlen.

Als Nächstes las Gronnik die sogenannten »Nürnberger Rassengesetze« vor. Danach verließen er und sein Vorgesetzter die Bühne, und wir Juden mussten uns zu vorbereiteten Tischen begeben, um unseren Davidsstern abzuholen. Meine Familie reihte sich in eine der Warteschlangen ein und wartete geduldig, bis wir an der Reihe waren.

»Joscha!«, hörte ich plötzlich eine mir vertraute Mädchenstimme. »Joscha!«

Mein Herz machte einen Sprung vor Freude. »Michal!« Ich schaute mich nach allen Seiten um. Und da sah ich sie. Sie drängte sich zwischen den Leuten zu mir durch. Ich ließ meine Familie stehen und ging ihr entgegen. »Michal!«

»Joscha!«

Wir trafen uns auf halbem Weg und fielen uns in die Arme. Meine Augen wurden ganz feucht vor Erleichterung, meine Freundin wohlbehalten wiederzusehen. »Michal! Ich bin schier gestorben vor Angst um dich!«

»Ich auch«, sagte Michal. Sie hatte ebenfalls Tränen in den Augen. »Geht's dir gut?«

Ich lächelte. »Jetzt schon. Wo bist du gewesen? Ich war gestern bei euch, aber ihr wart nicht da.« Ich unterließ es, ihr von den Nazis zu erzählen.

»Wir haben uns bei Nachbarn versteckt. Wir sind erst heute früh nach Hause gekommen. Oh, ich bin so froh, dich zu sehen!«

»Bin ich auch«, sagte ich und drückte sie an mich, so fest ich konnte. »Bin ich auch.«

Für einen Augenblick, einen kurzen Augenblick nur, fühlte es sich so an, als wäre die Welt wieder in Ordnung, als wäre alles so wie früher, als wären wir nicht zwei dem Tod Geweihte, sondern zwei Verliebte, die nichts und niemand voneinander trennen konnte. Doch die Realität holte uns nur allzu schnell wieder ein. Michals Mutter rief sie, und Michal musste gehen.

»Ich komme vorbei, sobald ich kann«, sagte sie. Wir küssten uns, ließen uns schweren Herzens los, und Michal verschwand im Gewühl.

Ich bahnte mir einen Weg zu meiner Familie zurück. Kurz darauf nahm ich die weiße Armbinde mit dem blauen Davidsstern entgegen und band sie mir um den Arm, so wie die zweitausend Juden um mich herum es auch taten.

Bobrka war zu einem tödlichen Gefängnis geworden.

***

Von diesem verhängnisvollen Tage an war nichts mehr, wie es einmal war. Todesfurcht regierte in Bobrka. Man konnte sie fühlen, auf der Straße, in den Häusern, überall. Innerhalb weniger Tage war es den Nazis gelungen, die Juden systematisch zu brechen. Sie nahmen uns alles, unseren Besitz, unsere Selbstachtung und jegliche Möglichkeit, uns zu schützen oder gar zu wehren.

Als Nächstes ordneten die Nazis an, dass keine Juden mehr in den Dörfern leben durften. Alle mussten in die Städte ziehen. Soldaten gingen von Tür zu Tür, gaben den Menschen eine halbe Stunde Zeit, das Nötigste einzupacken, und dann mussten sie ihre Häuser und Dörfer umgehend verlassen. Hunderte von Juden wurden umgesiedelt. Das Judenviertel in Bobrka platzte bald aus allen Nähten. Die Menschen wurden einfach auf die verfügbaren Räume aufgeteilt, egal, wer bereits darin wohnte. Da unser Hof am Stadtrand war, bekamen wir keine zusätzlichen Mitbewohner. Die Fischers, Michals Familie, hatten weniger Glück. Ihr Lebensmittelladen wurde kurzerhand in einen Wohnraum umfunktioniert, in den man zehn Juden hineinpferchte. Die Wohnung im ersten Stock teilten sie sich jetzt mit zwei anderen Familien, der eines Gerbers und der eines Goldschmiedes namens Garponker. Die Flut an neuen Juden brach nicht ab. Bald waren die Häuser so vollgestopft mit Leuten, dass Neuankömmlinge auf der Straße schlafen mussten, weil keiner mehr bereit war, den engen Raum mit noch mehr Menschen zu teilen.

Und es kam noch schlimmer. Keine Woche war seit der Versammlung auf dem Marktplatz vergangen, als der Judenrat vierzig jüdische Jungen aussuchte, um sie in sogenannte Arbeitslager zu bringen. Es hieß, sie würden dort nur für ein paar Wochen arbeiten und danach zurückkehren. Das war natürlich gelogen. Anfang September kehrte eine Handvoll Jugendlicher zurück, nur noch Haut und Knochen.

»Man hat sie gezwungen, Steine zu schleppen, Gräben auszuheben und Befestigungsanlagen, Straßen und Eisenbahnlinien zu bauen«, wusste Yoel beim Abendessen zu berichten. Durch seine vielen Beziehungen war er stets gut informiert und hielt uns auf dem Laufenden. »Die meisten der Jungen sind vor Erschöpfung oder Hunger gestorben. Ich habe gehört, die Judenpolizei wird demnächst weitere dreißig fürs Arbeitslager einsammeln. Die Nazis brauchen Nachschub.«

»O nein«, murmelte Susanne.

»Ich verstehe einfach nicht, warum die Judenpolizei für die Nazis arbeitet«, meinte ich. »Sie sind doch Juden wie wir! Wie können sie ihr eigenes Volk verraten?«

»Um nicht dasselbe Schicksal zu erleiden wie wir«, erklärte Mutter. »Ganz einfach, um am Leben zu bleiben.«

»Ich habe noch mehr erfahren«, fuhr Yoel mit ernster Miene fort. »In Bobrka soll ein geschlossenes Getto errichtet werden, von der Judenstraße bis zum Haus von Mordechai Meser, eingezäunt und mit ukrainischen Polizisten als Wachposten.«

»Was?«, rief ich entsetzt. »Aber das ist ja die halbe Stadt!«

»Ich weiß«, sagte Yoel.

»Wann soll das geschehen?«, fragte Mutter.

»Sie haben bereits mit der Umzäunung begonnen«, antwortete

Yoel. »Lange wird es nicht mehr dauern, bis der gesamte jüdische Stadtteil abgeriegelt ist.«

»Und was heißt das für uns?«, fragte Susanne besorgt, obwohl sie die Antwort bereits erahnte. »Werden die uns zwingen, dahin zu ziehen?«

Yoel sah sie traurig an. »Vermutlich ja. Die wollen uns alle auf einem Haufen haben, um uns besser kontrollieren zu können.«

»Und was machen wir jetzt?«, fragte David.

Wir blickten einander ratlos an. Ein geschlossenes Getto. Und wir zusammen mit all den anderen Juden darin eingepfercht, hilflos der Willkür der Nazis ausgesetzt. Gab es denn gar nichts, was wir tun konnten, um dies zu verhindern?

Vater hatte bisher geschwiegen und nur mit ernster Miene vor sich hingestarrt. Jetzt ergriff er das Wort. »Wir bauen Bunker!« Wir blickten zu ihm hin. Er saß am Tischende und knetete seine Fäuste. »Wir gehen da nicht hin. Das wird ein Schlachthaus, nichts anderes. Wenn wir uns in der Erde eingraben müssen, damit die Nazis uns nicht finden, dann tun wir das eben. Wir werden alles tun, was nötig ist, um zu überleben. Aber eines tun wir ganz sicher nicht: Wir gehen *nicht* ins Getto. Niemals, hört ihr mich?!« Seine Stimme war entschlossen, sein Blick feurig. Ich erkannte ihn kaum wieder. Er sah Yoel, David und mich der Reihe nach an. »Jungs, baut uns so viele Verstecke wie möglich, im Haus, in den Ställen, in der Scheune. Je eher ihr beginnt, desto besser. Wir dürfen keine Zeit verlieren.«

Meine Brüder und ich nickten, aßen unser Putengulasch auf und machten uns unverzüglich ans Werk.

In den nächsten Tagen und Nächten arbeiteten wir fast rund um die Uhr. Das erste und größte Versteck, das wir bauten, war in der Scheune. Die Dachbalken hatten jeweils einen Abstand von zwei Metern. Wir legten ein paar Latten über die hintersten Balken und verschlossen den Raum vorne mit alten Brettern. Durch das Stroh, das wir auf einem erhöhten Boden lagerten, sah es so aus, als würde die Scheune dort enden. Der Einstieg war eine Falltür, versteckt hinter den Heuballen. Wir schleppten Decken, Kissen, Kleider und Essen in die Dachkammer, um im Notfall alles zu haben, was wir brauchten.

Der zweite Bunker war im Kartoffelkeller. Wir zogen mit Steinen, die genauso aussahen wie die Steine in der Mauer, eine zweite Wand ein, die nun aussah wie die Rückwand. Davor lagerten wir Äpfel und Kartoffeln. Der Raum dahinter war zwei Meter lang, drei Meter breit und zwei Meter hoch. Der Kartoffelkeller befand sich genau unter der Küche, und der Einstieg war ein Loch unter dem Holzherd. Das war Davids Idee gewesen. Wir sägten den Boden des Herdes heraus und schraubten zwei Leisten an die Herdwand, sodass man den Boden zum Feuermachen einfach wieder drauflegen konnte. Wollte man sich im Kartoffelbunker verstecken, hob man die schweren Kochplatten vom Herd, nahm den Herdboden heraus und ließ sich durch den Herd in den Bunker hinabgleiten. Allerdings musste jemand draußen bleiben, um den Herdboden zurückzulegen, etwas Asche draufzustreuen und die Kochplatten wieder einzusetzen.

Den dritten Bunker bauten wir unter der Vorratskammer. Wir hoben mit Spaten und Schaufeln ein Loch aus, das drei mal drei Meter breit und etwas über zwei Meter tief war. Dann zogen wir den Boden mit schweren Brettern wieder ein, damit es nicht hohl klang, wenn man darüberlief. Der Einstieg erfolgte durch die Mehltruhe. In dieser Truhe gab es drei Fächer für verschiedene Mehlsorten. Ein Fach leerten wir und sägten wie beim Herd den Boden heraus. Dann schnitt David ein Brett als Falltür zu, mit einem Seilstück auf beiden Seiten, damit man die Tür rasch öffnen und hinter sich wieder zuziehen konnte. Das Fach füllten wir mit leeren Mehlsäcken und Werkzeug auf.

Der vierte Bunker befand sich unter einer der Pferdeboxen und der fünfte und letzte hinter einer Doppelwand im Schlafzimmer von Susanne und Yoel. Um die Luftzufuhr zu gewährleisten, versahen wir die engsten Bunker mit dünnen Rohren, die nach draußen führten. Wenn die Luft zu stickig wurde, konnte man abwechselnd dadurch atmen wie durch einen Taucherschnorchel. Wir hatten allerdings Bedenken, ob man im Winter nicht den Nebel unseres Atems sehen würde, der uns verraten könnte. Aber das Risiko mussten wir eingehen.

Meine Brüder und ich schliefen von jetzt an nur noch im Versteck in der Scheune. Für uns Jungs war es am gefährlichsten, denn die Judenpolizei hatte es vor allem auf junge Burschen abgesehen. Fast jede zweite Woche durchkämmte sie im Auftrag des Judenrates die Stadt, um den Bedarf an Zwangsarbeitern für die Deutschen zu decken. Jedes Mal, wenn ein Nazi oder ein jüdischer oder ukrainischer Polizist auch nur in die Nähe unseres Hauses kam, eilten meine Brüder und ich zum nächstgelegenen Bunker und versteckten uns, bis die Gefahr vorüber war.

Am 6. September 1941 wurde das Getto in Bobrka offiziell eröffnet. Ukrainische Polizisten machten Kontrollgänge, und keiner kam mehr rein oder raus, außer denjenigen, die tagsüber außerhalb des abgesperrten Bezirks arbeiteten und dafür eine Genehmigung bekamen. Männer und Frauen wurden Fabriken und Betrieben zugeteilt, wo sie ohne Bezahlung oder für einen Hungerlohn schuften mussten. Silas, seine Frau Cecilia und ihre beiden Kinder Israel und Mila waren zu uns auf den Hof geflüchtet, gerade noch rechtzeitig, bevor sie ihre Wohnung nicht mehr hätten verlassen können. Vereinzelt erlaubten die Nazis zwar einigen jüdischen Ärzten und Zahnärzten, weiterhin in ihren Häusern und Dörfern außerhalb des Gettos zu wohnen, ganz einfach, weil sie sie brauchten. Aber das war die Ausnahme.

Nichtsdestotrotz hatte mein Vater einen Weg gefunden, um uns vor dem Getto zu bewahren. Schöffer und Gronnik hatten die Überwachung der Stadt und des Gefängnisses der ukrainischen Polizei überlassen. Und die ukrainische Polizei war bestechlich. Vater hatte einiges an Zlotys[6], Goldschmuck und anderen Wertsachen in einem Geheimfach unter einer Diele im Schlafzimmer versteckt. Solange er die Polizei entsprechend mit Geld, Whisky oder einem guten Paar Schuhe bezahlte, sah sie großzügig über unseren unerlaubten Aufenthaltsort hinweg. Die Gestapo machte zwar immer mal wieder Razzien, aber bisher hatten sie unsere Bunker nicht gefunden. Und ich hoffte sehnlichst, dass das so bleiben würde.

6 Polnische Währung

7 Das Getto

1942

Ein Jahr lang versteckte sich unsere Familie nun schon erfolgreich vor den Nazis, und das, obwohl die Gestapo täglich mit abgerichteten Hunden die Wälder, Felder und Häuser - auch von Nichtjuden - durchkämmte, um alle Juden aufzuspüren, die sich dort verkrochen hatten. Sie drehten jeden Stein um, stocherten in jedem Heuhaufen herum, gingen jedem Hinweis nach. Die Soldaten waren sehr gründlich bei ihrer Suche, und sie kehrten immer wieder an dieselben Orte zurück und durchsuchten sie aufs Neue. Ihr mörderisches Fangnetz war so kleinmaschig, dass es praktisch unmöglich war, ungesehen zwischen den Maschen hindurchzuschlüpfen. Immer wieder gab es Juden, die aus dem Getto flohen in der Hoffnung, irgendwo außerhalb einen Unterschlupf zu finden - in den Wäldern oder bei Bauern, denen sie ein Vermögen dafür anboten, sie zu verstecken. Einige halfen ihnen tatsächlich, und das, obwohl sie sich damit selbst in Todesgefahr brachten. Doch die meisten Ukrainer waren den Juden feindlich gesinnt. Immer wieder hörte man davon, wie Ukrainer Juden ans Messer lieferten. Einige waren sogar so dreist, ihnen alles Geld abzuknöpfen, das sie hatten, um sie an einem Ort zu verstecken, den sie anschließend der Gestapo verrieten. Die Soldaten kamen, gaben den Ukrainern dafür eine Belohnung und erschossen die Juden. So kassierten die Verräter gleich zweimal ab.

Marija Lutschko und ihr Mann wären definitiv auch zu so einer Tat fähig gewesen, daran hatte ich keinen Zweifel. Hätten sie Wind davon bekommen, dass unsere Familie noch immer auf dem Hof lebte und nicht im Getto wie alle anderen Juden, hätten sie garantiert Meldung gemacht. Die ukrainische Polizei konnte man wohl bestechen, die Lutschkos nicht. Daher hielt Mutter uns strikt an, niemals tagsüber die Bunker zu verlassen, unter gar keinen Umständen. Die meiste Zeit verbrachten wir gemeinsam im Bunker unter dem Scheunendach, da er am größten und komfortabelsten war. Es war eng, aber immerhin hatten wir frische Luft und Licht. Und wenn wir ein paar Schindeln im Dach lösten, konnten wir den Hof und die Straße nach Bobrka überblicken. Für meinen siebenjährigen Neffen Israel und ganz besonders für die fünfjährige Mila waren das Nichtstun und Stillsitzen am schwersten. Sie wollten sich bewegen, wollten spielen und lachen. Doch all dies durften sie nicht tun oder sie hätten uns alle verraten. Und so klein sie auch waren, sie verstanden den Ernst der Lage durchaus, hockten den ganzen Tag eingeklemmt zwischen den Erwachsenen da und gaben keinen Mucks von sich.

Mutter hielt stets vom Ausguck im Scheunendach Ausschau. Sie hatte gute Sicht zum Nachbarhaus und wusste, wann die Lutschkos zu Bett gingen. Erst dann erlaubte sie uns, das Versteck zu verlassen, um im Schutz der Dunkelheit etwas zu kochen, uns zu waschen oder unseren geheimen Gemüsegarten hinterm Haus zu pflegen. Wir hatten Gott sei Dank auch noch etwas an Getreidevorräten. Außerdem schlichen sich meine älteren Brüder des Nachts zu Bauern und tauschten Kleider oder Goldschmuck gegen Lebensmittel ein. Tiere zum Schlachten oder Verkaufen hatten wir keine mehr. Die waren längst alle in den Besitz der Nazis übergegangen. Nur Oscar und ein paar magere Hühner waren uns geblieben.

Im Verlauf des Jahres wurde es immer enger in den Bunkern, da mehr und mehr Verwandte bei uns Zuflucht suchten. Fast unsere gesamte Verwandtschaft lebte in und um Bobrka, einige im Judenviertel, andere am Stadtrand wie wir oder in den Nachbardörfern Strilky und Mali Lanky. Bei früheren Familienfesten kamen gut und gerne sechzig Leute zusammen und das waren noch nicht mal alle. Ich hatte schon immer den Eindruck gehabt, dass wir Burkers etwas ganz Besonderes waren. Wir hielten zusammen, halfen uns gegenseitig und waren eine starke Einheit. Doch seit die Nazis nach Bobrka gekommen waren, kämpfte jeder unserer Verwandten ums nackte Überleben. Ein paar waren aus dem Getto geflohen. Andere, deren Häuser außerhalb des Gettos lagen, hatten sich genau wie unsere Familie geweigert, überhaupt ins Getto zu ziehen, und verschanzten sich in selbst gebauten Bunkern. Und einigen, die keinen Ort fanden, an dem sie sich verstecken konnten, boten wir an, sich bei uns in den Bunkern einzuquartieren. Die einzige Bedingung war, dass sie sich selbst mit Essen versorgten. Es wäre für Yoel und Silas unmöglich gewesen, noch mehr Lebensmittel aufzutreiben.

Im größten Bunker in der Scheune saßen wir zu elft: meine Eltern, meine Geschwister, mein Neffe Israel, meine Nichte Mila, meine Schwägerin Cecilia, Großmutter Edith, die fünfundsiebzigjährige Mutter meiner Mutter, und ich. Im Kartoffelkeller, in den man durch den Herd in der Küche gelangte, hatten sich Onkel Eli, Tante Elisabeth und ihre drei Kinder, die sechzehnjährige Jael - sie war so alt wie ich -, der achtzehnjährige Simon und die zweijährige Lea einquartiert. Den Bunker unter der Vorratskammer mit Einstieg durch die Mehltruhe teilten sich Onkel Caleb und Tante Pessia mit ihren Kindern, der zweiundzwanzigjährigen Debora und dem zwanzigjährigen Aaron. Im Bunker hinter der zweiten Wand im Schlafzimmer versteckten sich Onkel Yosl, Tante Hannah und ihre beiden Söhne, der zweiundzwanzigjährige Gershon und der dreiundzwanzigjährige Daniel. Und unter der Pferdebox hausten Onkel Moshe, Tante Sara und ihre vier Kinder, der neunjährige Uri, die elfjährige Roisa, die dreizehnjährige Mariam und die fünfzehnjährige Zippora. Ich selbst hatte diesen Bunker immer gemieden, da er durch den ganzen Pferdemist bestialisch stank und Urin durch die Decke tropfte. Aber immer noch besser, von einem Pferd angepinkelt als von den Nazis exekutiert zu werden. Dreißig Menschen waren wir, die jetzt auf unserem Gut lebten wie Sardinen in der Büchse, die meisten ohne Tageslicht und mucksmäuschenstill, in der ständigen Furcht, entdeckt zu werden.

Als Yoel und Silas eines Nachts von einer ihrer gefährlichen nächtlichen Einkaufstouren zurückkamen, berichteten sie von einer interessanten Möglichkeit, die ein Bekannter ihnen anvertraut hatte.

»Die Gestapo vergibt grüne Abzeichen an Schrott- und Lumpensammler«, sagte Yoel. »Das heißt, die Träger eines solchen Abzeichens sind berechtigt, sich frei zu bewegen, und zwar außerhalb des Gettos. Sie sammeln Schrott und alte Lumpen in den Dörfern ein und liefern die Dinge an Sammelstellen ab. Alles, was man dazu braucht, ist ein Pferd mit Fuhrwerk.«

»Und tausend Zlotys für das Abzeichen«, meinte Silas.

Mutter war skeptisch. »Ist das wieder so ein Trick, um den Juden noch mehr Geld abzuknöpfen?«

Es wäre nicht das erste Mal gewesen, dass die Nazis sich für Gefälligkeiten bezahlen ließen, die sie dann doch nicht einhielten. Warum sollte es diesmal anders sein?

»Mein Bekannter versicherte mir, dass das Angebot echt ist«, sagte Yoel. »Er hat ein paar Schrott- und Lumpensammler getroffen, die ihm davon erzählten. Stellt euch bloß die Freiheiten vor, die wir uns mit ein oder zwei solcher Abzeichen erkaufen könnten. Wir müssten uns nicht mehr nachts unter Lebensgefahr über die Felder schleichen. Wir könnten mit Pferd und Wagen tagsüber und unter der Nase der Nazis Handel betreiben und uns alle davon ernähren. Diese Abzeichen könnten uns das Leben retten.«

»Hört sich nach einem guten Geschäft an«, meinte Mutter. »Es ist eine Menge Geld, aber wenn Yoel recht hat, könnte sich der Einsatz für uns lohnen. Was meinst du, Tomas?«

Mein Vater dachte einen Moment nach. »Einverstanden. Kaufen wir zwei Stück, eins für Yoel und eins für Silas.«

Die Investition erwies sich als Volltreffer. Tag für Tag, während wir uns weiterhin in den Bunkern versteckten, fuhren Yoel und Silas mit Oscar vor dem Wagen von einem Ort zum anderen. Sie sammelten Schrott für die Deutschen, aber vor allem machten sie mit den Bauern und auf dem Schwarzmarkt Geschäfte und tauschten allerlei Gegenstände für Essen ein. Manchmal passierten sie deutsche Lastwagen oder Truppen. Aber sobald die Verantwortlichen das grüne Abzeichen an ihrer Kleidung sahen, auf dem »Brauchbarer Jude« geschrieben stand, ließ man sie ziehen.

Unsere Großfamilie hatte es alles andere als leicht. Aber wir waren uns einig, dass es immer noch besser war, in den Bunkern auszuharren als im Getto. Das Leben der Juden im Getto war ein einziger Albtraum. Ihre Lebensbedingungen waren katastrophal. Die Nahrungsmittel waren knapp geworden. Die Menschen überlebten von dem, was noch da war, und von dem, was diejenigen nach Hause brachten, die außerhalb des Gettos arbeiteten. Der Hunger wurde von Monat zu Monat schlimmer. Die Juden verkauften ihr letztes Hemd für etwas zu essen. Vor Hunger schwollen ihre Bäuche an. Etliche Juden im Getto starben - entweder an Unterernährung oder an Typhus. Medikamente gab es keine, genauso wenig wie Ärzte. Wer krank wurde, starb.

Als ich erfuhr, dass auch Michal an Typhus erkrankt war, hielt ich es nicht länger aus. Ich musste zu ihr. Ich musste sie sehen! Ein Jahr lang hatte ich sie nicht gesehen. Es war einfach nicht möglich gewesen, weil es viel zu gefährlich war. Das Getto wurde Tag und Nacht streng bewacht. Einige Grenzabschnitte waren mit Stacheldrahtzäunen versehen worden. Die ukrainische Polizei hatte Anweisungen, jeden zu erschießen, der versuchte zu fliehen. Das war Abschreckung genug für mich, dem Getto fernzubleiben, auch wenn ich mich vor Sehnsucht nach Michal schier verzehrte.

Dank Pavel, einem kleinen ukrainischen Jungen, den ich mit Süßigkeiten bestach, war es mir immerhin gelungen, Michal ab und zu einen Brief zukommen zu lassen. Und sie hatte mir jeweils zurückgeschrieben. Ich hatte jeden ihrer Briefe sorgfältig aufgehoben und bestimmt schon tausendmal durchgelesen. Im April hatte sie mir geschrieben, dass sie eine kleine Schwester bekommen hatte. Ihre Mutter war nach den gewaltsamen Ausschreitungen im vergangenen Jahr nochmals schwanger geworden und hatte im April eine kleine Tochter zur Welt gebracht, die sie Mara-Noomi getauft hatte, was »bitter« und »lieblich« bedeutet. Denn die liebliche Freude über ihre Geburt, so schrieb Michal, sei getränkt vom bitteren Geschmack des Krieges. Sie erzählte mir auch, wie schlimm die Situation im Getto sei.

Erinnerst du dich, wie fröhlich und unbeschwert im Sommer die Stimmung in der Stadt war? All die kleinen Marktstände, die bunten Farben, die Düfte nach Pferden, Blumen und frischem Brot, die lauten Stimmen von Marktverkäufern, die Kinder, die zwischen den Ständen hindurchjagten oder am Boden mit Murmeln spielten? Nichts davon ist mehr da. Keine Marktstände, keine Blumen und am allerwenigsten frisches Brot.

Überall hocken schmutzige Gestalten herum, die kein Zuhause mehr haben. Die Menschen schlurfen durch die Gassen wie Gespenster. Kindergruppen wühlen im Müll oder sitzen am Boden und essen Gras, um den nagenden Hunger zu stillen. Uns geht es nicht besser. Gestern hat mich Mutter mit ein paar Essiggurken von Tür zu Tür geschickt in der Hoffnung, ich könnte sie gegen etwas Brot für uns eintauschen. Ich weiß nicht, wie lange wir das noch durchhalten, Joscha.

Und dann, in ihrem letzten Brief, schrieb Michal, sie habe Typhus. *Es sind schon so viele an Typhus gestorben. Nicht alle, aber viele. Ich habe Angst, Joscha.*

Die Worte gingen mir wie ein Schwert durchs Herz. Und ich wusste in dem Moment, als ich ihre Worte las, dass ich zu ihr gehen musste, koste es, was es wolle.

In einer Nacht weihte ich David und Yoel in den Plan ein. Wir hatten uns im Schutz der Dunkelheit auf eines unserer Felder geschlichen, um ein paar Kartoffeln zu ernten.

Yoel war ganz und gar nicht begeistert von meiner Idee. »Du gehst auf keinen Fall ins Getto, Joscha. Das werde ich nicht zulassen!«

»Ich muss es tun«, sagte ich, während er eine große Kartoffel aus der Erde grub. »Sie hat Typhus! Wer weiß, wie viel Zeit ihr noch bleibt!«

»Ich weiß, wie viel Zeit dir noch bleibt, wenn sie dich erwischen, nämlich gar keine!«

Aber ich wollte nichts davon hören. Meine Liebe zu Michal war stärker als jede Vorsicht. Mein Entschluss stand fest. »Ich muss sie sehen, Yoel. Ich kann nicht anders! Es gibt doch immer wieder welche, die abhauen und in die Wälder fliehen. Immerhin ist der Zaun nicht durchgehend. Wenn es also möglich ist, aus dem Getto zu fliehen, ist es auch möglich, unbemerkt reinzukommen.«

»Das ist eine dumme Idee, Joscha! Eine sehr dumme Idee. Und absolut gefährlich.«

»Yoel hat recht«, meinte nun auch mein Zwillingsbruder. »Ich weiß, du liebst Michal und hast Angst, sie zu verlieren. Aber denk doch mal nach!«

»Das habe ich«, antwortete ich. »Wenn ich es nicht versuche und sie stirbt, werde ich mir das nie verzeihen.«

Wir buddelten eine Weile in der Erde und füllten den mitgebrachten Korb mit Kartoffeln.

Schließlich sagte Yoel: »Du liebst sie wirklich, was?«

»Mehr als mein Leben. Bitte hilf mir, Yoel.«

Mein Bruder dachte einen langen Moment nach. »Also gut. Ich helfe dir. Aber nicht heute. Lass mich erst die Lage prüfen und ein paar Erkundigungen einholen.«

»Danke, Yoel!«

Mein Bruder war der Beste. Ich wusste, er würde mich nicht hängen lassen.

Zwei Tage später erklärte er mir, es könne losgehen. Es war der 12. August 1942. Um zweiundzwanzig Uhr schlichen wir uns hinunter zum Getto, folgten dem Stacheldrahtzaun bis zum Rieke und weiter bis zu einer langen Mauer. Ich fischte die weiße Armbinde mit dem blauen Davidsstern aus meiner Hosentasche und schob sie mir auf den rechten Oberarm. Ich hasste das Teil. Im Bunker und auf dem Hof trug ich es nie, aber wenn ich im Getto nicht auffallen wollte, musste ich das Stoffstück wohl oder übel tragen. Wir versteckten uns hinter ein paar Büschen und warteten.

»Diese Mauer ist kaum bewacht«, sagte Yoel.

»Woher weißt du das?«

»Habe einen Ukrainer gefragt, einen alten Bekannten aus meiner Schulzeit. Habe ihm dafür meine Lederstiefel gegeben.«

»Deine Lederstiefel?«

»Ich weiß, ich hätte sie auch gegen zwei Kilogramm Mehl eintauschen können. Aber mein kleiner Bruder will ja unbedingt seine Freundin im Getto besuchen.«

»Mensch, Yoel. Ich weiß nicht, was ich ...«

»Schsch! Da kommt jemand! Kopf runter!«

Wir duckten uns. Männerstimmen waren zu hören. Sie unterhielten sich auf Ukrainisch. Ich konnte durch die Büsche hindurch zwei uniformierte Männer mit Gewehren erkennen, die gemütlich die Mauer entlangschlenderten. Als sie den Stacheldrahtzaun erreichten, blieben sie stehen und zündeten sich eine Zigarette an. Sie waren zwanzig Meter weit von Yoel und mir entfernt, und ich verstand jedes ihrer Worte.

»Gestern haben sie wieder eine ganze Horde von ihnen erlegt.«

»Schöffer und Gronnik?«

»Natürlich Schöffer und Gronnik. Oder kennst du sonst noch jemanden, der zum Zeitvertreib in den Wäldern auf Judenjagd geht? Sie knallen die Juden ab wie Karnickel. Als wär's ein Sport. Die werden vom Teufel geritten.«

Die Vorstellung, dass Schöffer und Gronnik mit ihren Gewehren durch den Wald streiften, um Juden zu erschießen, machte mir einmal mehr bewusst, was für ein Glück ich hatte, überhaupt noch am Leben zu sein.

»Ich an ihrer Stelle würde mir ein tiefes Loch graben und mich darin verkriechen, bis der Krieg vorbei ist«, sagte der andere.

»So tief können die gar nicht graben, um vor den Nazis sicher zu sein. Und wenn sie nicht der Hunger oder der Typhus dahinrafft, dann gehen sie mit Sicherheit bei der nächsten Aktzia drauf.«

»Ist denn eine geplant?«

»Habe so was gehört. Wenn du mich fragst, ist es längst überfällig, den Schweinestall hier mal gründlich auszumisten.«

Mich packte das nackte Grauen bei dieser Unterhaltung. Vor allem ein Wort ließ mich erschauern: Aktzia. Es wurde gemunkelt, Sturmtruppen zögen von Stadt zu Stadt, um die Juden gezielt auszurotten. Es hieß, die SS-Soldaten trieben sie zu Tausenden zusammen und würden sie an einen unbekannten Ort abtransportieren. Keiner sei je von dort zurückgekehrt. Niemand wusste, wohin die Juden gebracht wurden, niemand wusste, was dort mit ihnen geschah. Sie verschwanden spurlos, so als hätten sie nie existiert. Ob es stimmte, dass auch in Bobrka bald eine Aktzia stattfinden würde? Ich wollte gar nicht daran denken.

Die Ukrainer plauderten weiter, bis sie ihre Zigaretten fertig geraucht hatten. Dann setzten sie ihren Rundgang fort.

Als sie außer Sichtweite waren, schubste mich Yoel in die Seite. »Jetzt! Lauf! Schnell!«

Wir standen auf und rannten zur Mauer. Yoel lehnte sich mit dem Rücken dagegen, ging leicht in die Knie und machte eine Räuberleiter für mich. Ich stellte mich auf Yoels Hände, stützte mich auf seine Schultern und schwang mich bäuchlings auf die Mauer. Mein Herz klopfte mir bis zum Hals. War ich tatsächlich dabei, freiwillig ins Getto zu gehen? Dahin, wo keiner hinwollte? Ich musste verrückt sein. Ja, das war ich. Verrückt nach und krank vor Liebe zu meinem Mädchen.

»Vergiss nicht, die Ausgangssperre endet um fünf Uhr«, flüsterte mir Yoel zu. »Bis dahin musst du wieder draußen sein. Warte auf keinen Fall, bis es hell wird. Das ist zu riskant. Hast du verstanden?«

»Ja«, antwortete ich. »Verstanden.«

»Viel Glück, Brüderchen!« Yoel huschte zurück zum Gestrüpp.

Ich wälzte mich auf dem Bauch herum und sprang auf der anderen Seite der Mauer auf den Boden. Ich war drin. Ich war im Getto.

Im Schutz der Dunkelheit huschte ich von Häuserblock zu Häuserblock. Die Straßen waren wie ausgestorben. Zweimal sah ich ukrainische Polizisten auf ihrer Patrouille, aber es war nicht schwer, mich vor ihnen zu verstecken. Ansonsten begegnete ich keiner Menschenseele. Endlich erreichte ich Fischers Lebensmittelgeschäft, das seit der Eröffnung des Gettos zu einer Art besetztem Gebäude geworden war, und klopfte an die Tür.

Eine alte Frau mit Kopftuch öffnete. »Ja bitte?«

»Ich möchte zu Familie Fischer.«

»Die wohnen oben.«

Ich trat ein und ließ meinen Blick über den ehemaligen Laden schweifen. Die Regale waren so verstellt worden, dass sie den Raum in mehrere Abschnitte unterteilten, die den vielen hier einquartierten Juden wenigstens ein bisschen Privatsphäre gaben. Über gespannten Wäscheleinen hingen ihre wenigen Habseligkeiten. Betten gab es keine. Die Juden benutzten den nackten Boden als Bett. Einige schliefen bereits, andere hockten in kleinen Gruppen um eine Kerze und sprachen raunend miteinander.

Ich kletterte über ein kleines, viel zu dünnes Mädchen, das in einer Decke zusammengerollt am Boden lag, einen alten Teddybären im

Arm, und stieg die Treppe ins Obergeschoss hoch. Hier war es etwas wohnlicher. Jeder Raum beherbergte eine Familie. Die Fischers hatten das Esszimmer zu ihrer Einzimmerwohnung gemacht. Die Esszimmertür war verschlossen, und ich klopfte an.

»Wer ist da?«

»Ich bin's, Joscha.«

Ich hörte Schritte, dann erschien Michals Mutter sehr überrascht an der Tür. »Joscha?! Was machst du denn hier?! Wie bist du ins Getto gekommen?«

»Über die Mauer.«

»Über die Mauer? Sie hätten dich töten können! Komm rein.«

Ich betrat das Esszimmer und Frau Fischer machte die Tür hinter mir zu. Viel Platz war den Fischers in ihrem eigenen Haus nicht geblieben. Ihr geschrumpftes Zuhause bestand aus einem Tisch mit vier Stühlen, einem Schrank, einem Bett, einem Sofa und einer Matratze. Auf dem Tisch brannte eine Laterne. Michals Vater saß mit müdem Blick auf einem Stuhl und hielt das Baby im Arm. Das musste die kleine Schwester von Michal sein, Mara-Noomi. Benjamin, Michals dreizehnjähriger Bruder, hatte das Sofa in Beschlag genommen und lugte mit zerzaustem Haar unter einer Decke hervor.

»Du bist bestimmt wegen Michal hier«, sagte Frau Fischer und deutete auf die Matratze neben dem Schrank. »Sie schläft schon.«

Ich ging zu ihr hin. Sie hatte die Augen geschlossen und sah sehr zerbrechlich und abgemagert aus. Ihr Gesicht war blass, ihre Stirn glänzte. Es zog mir das Herz zusammen. »Wie geht es ihr?«

»Nicht so gut«, sagte Frau Fischer. »Sie hat hohes Fieber. Wir beten, dass sie durchkommt.«

Ich setzte mich neben sie auf den Boden und strich ihr durch das zerzauste Haar.

Sie schlug die Augen auf. Ihre smaragdgrünen Augen mit den goldenen Sprenkeln glänzten vom Fieber. »Joscha?«, hauchte sie erstaunt.

»Hey Michal.« Ich lächelte, beugte mich über sie und küsste sie zärtlich auf die heiße Stirn.

»Du bist hier«, flüsterte sie wie in Trance. »Was tust du hier?«

»Ich musste dich sehen. Wie fühlst du dich?«

Anstatt mir eine Antwort zu geben, tastete sie nach meiner Hand. »Du solltest nicht hier sein. Aber ich bin so froh, dass du es bist«, sagte sie mit schwacher Stimme. »Ich habe dich so vermisst.«

»Ich dich auch.« Ich hob ihre dünne Hand an meine Wange und küsste und streichelte sie. Unendlich glücklich war ich, bei ihr zu sein, und gleichzeitig schmerzte es, sie so zu sehen. Ich blickte in ihre fiebrigen Augen. »Ich liebe dich, Michal. Mehr als du dir vorstellen kannst. Dieses Jahr ohne dich war unerträglich. Du musst mir versprechen, dass du wieder gesund wirst. Du wirst nicht sterben, hörst du?«

Sie sah mich an und schwieg. In ihren Augen lag eine Mischung aus Kummer und Furcht. »Bitte bleib bei mir.«

»Ich bin doch bei dir.«

»Lass mich nicht los, Joscha.« Sie atmete tief aus und schloss wieder die Augen.

Ich hielt ihre Hand und streichelte liebevoll ihre Wange. Eine ganze Weile lang saß ich neben ihr und sah sie einfach nur an. Obwohl todkrank, war sie in meinen Augen immer noch das schönste Mädchen, dem ich je begegnet war. Ich liebte sie über alles und hätte es nicht ertragen, sie zu verlieren. Mein Blick fiel auf die goldene Halskette an ihrem schweißnassen Hals, die Halskette mit der hebräischen Zahl 91, die laut Michals Vater für den Psalm 91 stand. Ich musste an meine Chederschule denken. Mein Lehrer, Rabbi Yakob, hatte uns darauf gedrillt, diesen und andere Psalmen auswendig zu lernen. Ich konnte tatsächlich den kompletten Psalm 91 auf Kommando herunterleiern, auch wenn ich nicht wusste, wozu das gut sein sollte.

»Hier, für dich«, sagte Benjamin, der plötzlich vor mir auftauchte. Er streckte mir ein Glas Wasser entgegen.

Ich stand auf und nahm das Glas. »Danke.«

»Ganz schön mutig, dich ins Getto zu schleichen«, sagte der Junge. »Hattest du keine Angst, erwischt zu werden?«

»Habe versucht, nicht dran zu denken.«

»Wenn Michal einen ihrer Fieberträume hat, ruft sie oft deinen Namen.«

»Wirklich?«

»Ja. Sie hat dich echt gern, weißt du.«

»Ich sie auch.« Ich trank das Glas Wasser aus und gab es Benjamin zurück, der es wegräumte.

Herr Fischer legte das Baby ins Bett, während Frau Fischer am Tisch saß und im Schein der Laterne einen Knopf an eine Jacke nähte. Benjamin deutete aufs Sofa und ich nahm darauf Platz.

»Auf dem Weg hierher habe ich zwei ukrainische Polizisten belauscht«, erzählte ich. »Sie haben was von einer Aktzia gesagt. Es klang so, als fände bald eine statt.«

»Es gibt schon seit Wochen Gerüchte darüber«, sagte Herr Fischer. »Die Frage ist nicht ob, sondern wann sie stattfindet. Wenn die zuschlagen, wird es aus heiterem Himmel sein, damit keine Zeit bleibt, sich zu verstecken.«

»Habt ihr denn ein Versteck?«

»Ja, ein ziemlich großes sogar«, sagte Benjamin. »War früher unser Keller. Aber wir haben den Eingang zugemauert und dafür einen anderen Einstieg gebaut, gut getarnt, sodass die Nazis ihn garantiert nicht finden werden.«

»Das ist zumindest unsere Hoffnung«, meinte Herr Fischer. »Denn wenn sie uns doch kriegen, ist es vorbei.«

»Lasst uns über etwas anderes reden«, sagte Michals Mutter und wandte sich mir zu. »Du hast bestimmt Hunger.«

Ich winkte dankend ab. »Machen Sie sich meinetwegen keine Umstände. Ich habe schon zu Hause gegessen.« Das stimmte sogar. Nur lag meine letzte Mahlzeit, bestehend aus einer Suppe aus Kartoffelschalen, bereits einen Tag zurück. Ich hätte ein ganzes Pferd aufessen können. Aber ich wusste, dass die Fischers selbst kaum genug zum Essen hatten, und wollte auf keinen Fall, dass sie meinetwegen noch mehr Hunger leiden mussten.

»Hat man gestern gegessen, ist man heute nicht satt«, zitierte Frau Fischer ein jiddisches Sprichwort, während sie sich erhob, in einer Kiste herumwühlte und mir kurz darauf ein Stückchen Brot entgegenstreckte. »Nimm.«

Ich zögerte. Doch Michals Mutter hielt mir das Brot so lange unter die Nase, bis ich es schließlich beschämt entgegennahm und gierig herunterschlang.

Gerade, als Frau Fischer wieder Nadel und Faden in die Hand genommen hatte, hörten wir Schüsse. Dann Schreie. Es war schwer zu sagen, woher sie kamen. Alle in der Wohnung erstarrten. Herr Fischer eilte zum Fenster und riss es auf. Ich folgte ihm. Von einem unguten Gefühl beschlichen, schauten wir auf die Straße hinab.

Und dann hörten wir die sich überschlagende Stimme eines Jungen. Wie vom Teufel gejagt, kam er die Straße heruntergehetzt. »Die Nazis kommen! Die Nazis kommen! Es ist eine Aktzia! Eine Aktzia!«

8 Die Aktzia

Das Wort ließ sämtliches Blut aus meinem Gesicht weichen. Eine Aktzia?! Jetzt? Hier? Das durfte doch nicht wahr sein! Der Knabe deutete aufgeregt die Straße hinauf. Wieder fielen Schüsse. Man hörte in der Ferne das Brummen von großen Lastwagen.

»Sie haben die Stadt umzingelt!«, schrie der Junge. »Sie werden uns alle töten! Sie sind hier! Sie kommen, um uns zu töten!«

Für ein paar Sekunden sahen wir uns alle an, überrumpelt, schockiert, unfähig, uns von der Stelle zu rühren. Gerade noch hatten wir darüber gesprochen. Und jetzt geschah es tatsächlich. Der Tod stand vor der Tür. Die Nazis waren hier, »um den Schweinestall auszumisten«, wie der ukrainische Polizist es formuliert hatte.

»Schnell!«, rief Herr Fischer. »In den Bunker! Schnell!«

Frau Fischer schnappte sich das Baby, Benjamin öffnete die Tür und stürmte in den Flur, dicht gefolgt von seiner Mutter mit der vier Monate alten Mara-Noomi im Arm. Herr Fischer wollte sich um Michal kümmern, aber ich kam ihm zuvor.

»Ich habe sie.« Ich bückte mich, packte Michal unter den Armen und zog sie hoch. Erst jetzt merkte ich, wie dünn und schwach sie wirklich war. Sie war mit ihren fünfzehn Jahren gerade mal so leicht wie eine Zehnjährige und hatte keinerlei Kraft, sich allein auf den Beinen zu halten. Kurzerhand legte ich meinen linken Arm unter ihre Kniekehlen und trug sie wie ein Bündel an meiner Brust.

»Was ist los?«, fragte sie verwirrt.

»Die Nazis kommen«, sagte ich. »Aber keine Sorge. Wir bringen dich in Sicherheit.«

Ich jagte mit Michal auf den Armen hinter ihrem Vater her aus dem Esszimmer auf den Flur, wo wir auf die anderen Familien trafen, die im Wohn- und Schlafzimmer einquartiert waren. Alle stolperten wie die Wahnsinnigen hinunter ins Erdgeschoss. Unten bei der Treppe hatte sich bereits eine Menschentraube gebildet. Ich verstand nicht, warum sich die Leute ausgerechnet hier zusammenfanden, wo sie den

Nazis schutzlos ausgeliefert waren. Die Erklärung folgte, als ein Mann die untersten beiden Treppenstufen hochklappte: Das war der Einstieg in den Bunker. Benjamin hatte nicht gelogen: Die Luke war gut getarnt. Die Juden stiegen über die versteckte Treppe in den Bunker hinab, von Todesfurcht angetrieben. Es herrschte ein Gedränge und Geschubse. Jeder wollte der Erste sein. Keiner nahm Rücksicht auf den anderen. Mit dem sicheren Tod im Nacken war sich jeder selbst der Nächste.

In dem ganzen Durcheinander begann plötzlich Mara-Noomi zu weinen. Michals Mutter wiegte das Baby hin und her und versuchte, es zu beruhigen. Aber es schrie nur umso lauter und löste eine heftige Diskussion aus.

»Bringt mal jemand dieses Kind zum Schweigen?!«, rief ein Mann. »Es wird uns alle verraten!«

»Stopft ihm was in den Mund!«, krächzte eine dürre Frau.

Eine andere versperrte Frau Fischer den Weg zum Einstieg. »Das Baby kommt auf keinen Fall in den Bunker!«

»Ja, auf gar keinen Fall!«, sagte jemand anderes. »Wenn es schreit, sind wir alle verloren! Es muss hier bleiben!«

»Ich kann doch meine Kleine nicht den Nazis überlassen!«, sagte Michals Mutter bestürzt, das schreiende Kind an sich gedrückt.

»Dann bleibt ihr eben beide hier!«, rief die dürre Frau.

Mehrere Leute nickten zustimmend und warfen Michals Mutter einen düsteren Blick zu. Scheinbar waren sie zu allem bereit, um Frau Fischer daran zu hindern, dass sie mit dem Kind in den Bunker stieg. Herr Fischer schob sich beschützend vor seine Frau und verteidigte sie energisch, aber keiner wollte wegen eines weinenden Kindes sein eigenes Leben aufs Spiel setzen. Ein junger Mann wurde sogar handgreiflich.

»Hört auf!«, rief da Michals Mutter. »Hört sofort auf! Ich bleibe ja draußen! Ich bleibe hier!«

»Nein!«

»Wenn Mara-Noomi nicht mitdarf, dann gehe ich auch nicht!« Sie legte ihrem Mann die Hand auf den Arm und sah ihn traurig an, während das Baby immer noch weinte. »Sie haben ja recht: Mara-Noomi ist für alle eine Gefahr. Wenn sie weint, finden die Nazis das Versteck und alle sind des Todes. Es ist besser, ich bleibe mit ihr draußen.«

»Was redest du da?!« Michals Vater starrte seine Frau entsetzt an. »Ihr kommt beide mit in den Bunker!«

»Nein, Schatz. Geht ohne mich! Rettet euer Leben! Ich suche für Mara-Noomi und mich ein anderes Versteck.«

»Aber es gibt kein anderes Versteck! Sie werden euch finden! Du kannst nicht hierbleiben. Du kannst nicht ...«

»Geht!«, sagte sie mit Tränen in den Augen. »Geht schon!«

»Nein!«, schrie jetzt Benjamin, schlang seine Arme um seine Mutter und begann ebenfalls zu weinen. »Das kannst du nicht machen, Mama! Wir sind eine Familie! Wir bleiben zusammen!«

»Das ist nicht möglich, Benjamin. Du musst jetzt tapfer sein, hörst du? Geh mit deinem Vater in den Bunker.«

»Wenn ihr nicht reinkommt, dann geh ich auch nicht!« Schluchzend klammerte der Junge sich an seine Mutter.

»Bitte geht!«, sagte die Mutter und kämpfte gegen ihre eigenen Emotionen an. »Macht euch um uns keine Sorgen. Wir finden ein Versteck.«

»Nein!«, kreischte Benjamin. »Nein, Mama!«

Ich hätte gerne etwas getan oder gesagt, um zu helfen. Aber ich war genauso hilflos wie die Fischers.

Michal auf meinen Armen wimmerte und flüsterte immer wieder: »Das können sie nicht machen. Das können sie uns nicht antun!«

Erneut waren draußen Schüsse zu hören, näher als die letzten. Die Gruppe zuckte zusammen und trieb sich gegenseitig voran. »Beeilung! Beeilung! Blockiert nicht die Treppe! Sie kommen! Sie kommen!«

Die Nazis waren im Anmarsch. Nur noch wenige Minuten, und sie würden hier sein. Es war keine Zeit mehr, ein anderes Versteck zu finden. Entweder brachten Frau Fischer und das Baby sich im Bunker in Sicherheit oder sie unterzeichneten ihr eigenes Todesurteil. Ratlos und verzweifelt stand die Familie beisammen. Mara-Noomi weinte zwar nicht mehr ganz so laut wie zu Beginn, aber die Leute würden das Risiko nicht eingehen. Sie würden das Baby niemals in den Bunker lassen. Niemals. Die Situation war ausweglos, und die Fischers wussten nicht mehr ein noch aus.

»Hier«, sagte plötzlich eine zittrige Stimme. Ein altes, gebrechliches Mütterchen stupste Michals Mutter an. Sie öffnete ihre knochige Hand, in der eine kleine weiße Pille lag. »Eine Schlafpille. Wirkt sehr schnell. Geben Sie sie ihr und verstecken Sie die Kleine irgendwo, wo die Nazis sie nicht finden können. Vielleicht hat sie eine Chance.«

Michals Mutter sah die alte Jüdin an, und Tränen der Erleichterung und Dankbarkeit strömten ihr über die Wange. »Danke«, flüsterte sie und nahm die Pille aus ihrer Hand. »Danke!« Sie wandte sich an ihren Mann und Benjamin. »In der Besenkammer in der Treppenschräge werde ich sie verstecken. Das könnte klappen. Benjamin, hol ein paar Decken!«

Während Michals Mutter ihrem Kind die Schlafpille gab und es so weit besänftigen konnte, dass es aufhörte zu weinen, schnappte sich Benjamin willkürlich eine große Wolldecke, die über eine Leine gespannt war. Herr Fischer rumpelte in der Besenkammer herum, leerte eine Kiste und polsterte sie mit einem Kissen aus. Wie Moses Mutter ihren Jungen in einem Binsenkörbchen vor dem Todesurteil des Pharao versteckt hatte, legte Frau Fischer ihr Kind in die Kiste unter der Treppenschräge in der leisen Hoffnung, es entginge so dem Todesurteil der SS. Sie küsste Mara-Noomi auf die Stirn. Warme mütterliche Tränen tropften auf das unschuldige Babygesicht. Dann deckte sie ihr Kind mit der Wolldecke zu und tarnte die Kiste, indem sie eine andere daraufstellte, natürlich so, dass dem Baby noch genug Luft zum Atmen blieb. Jetzt lag es an Gott, das Kind vor den Augen der Nazis zu beschützen.

In der Zwischenzeit waren alle außer den Fischers und mir im Bunker verschwunden. Draußen waren Tritte von Kampfstiefeln zu hören. Deutsche Befehle wurden durch die Straßen gebellt, Türen eingetreten und Juden aus ihren Häusern gezerrt. Das Chaos und die Panik waren deutlich spürbar. Es konnte sich nur noch um Sekunden handeln, bevor die Soldaten den ehemaligen Lebensmittelladen stürmten. In aller Eile stiegen Benjamin, Frau Fischer und ich mit Michal in den Armen die Treppe in den Bunker hinab. Michals Vater ging als

Letzter und zog die Treppenstufen über sich zu. Augenblicklich wurde es stockfinster.

Ich war bereits unten angekommen und tastete mich an der Wand entlang, bis ich gegen irgendein Knie stieß. Zusammen mit Michal ließ ich mich auf den Boden nieder. Wegen der vielen Leute war nicht genug Platz, dass Michal sich hätte hinlegen können, doch ich half ihr, es sich einigermaßen bequem zu machen, und bettete ihren Kopf auf meinen Schoß. Heftiges Atmen und raunendes Flüstern waren zu hören. Jemand musste husten. Ich sah rein gar nichts in der Dunkelheit, doch der großen Menschentraube nach zu urteilen, die in den Bunker hinabgestiegen war, musste dieser Keller doch größer sein als die Bunker, die meine Brüder und ich auf dem Gut gebaut hatten. Eng war es trotzdem. Schulter an Schulter saßen wir auf dem kalten Boden und lauschten auf die Dinge, die sich über uns abspielten.

Wir hörten, wie die Ladentür aufgestoßen wurde. Alle hielten den Atem an. Ein kleines Mädchen wimmerte, worauf jemand »Schschsch« machte und es wieder besänftigen konnte. Vielleicht hielt ihm die Mutter auch einfach den Mund zu, um die verräterischen Laute im Keim zu ersticken. Direkt über mir hörte ich die Deutschen. Es war Furcht einflößend. Ich hörte ihre Stimmen, ihre Schritte, wie sie den ehemaligen Lebensmittelladen durchwühlten und wie sie die Treppe ins Obergeschoss hochstiegen.

Wenn sie nur Michals kleine Schwester nicht finden!, dachte ich. Michal musste wohl dasselbe denken, denn sie drückte meine Hand ganz fest.

Nach einer gefühlten Ewigkeit verließen die Soldaten das Haus. Den Bunker unter der Treppe hatten sie nicht gefunden. Doch ob sie das Baby in seiner Kiste entdeckt hatten, blieb unklar. Ich wünschte mir von ganzem Herzen, dass es lebte, auch wenn ich die Chance dafür als äußerst gering einschätzte. Wie hoch war schon die Wahrscheinlichkeit, dass die SS bei ihrer Suche ausgerechnet die Besenkammer übersehen hatte?

Auf einmal wurde es ganz ruhig. Die Stille war kaum zu ertragen. Sie war noch viel schlimmer als die vorangegangenen Schreie und Schüsse. Stunden des Bangens und Wartens folgten. Keiner von uns wusste, was draußen los war. Hatten die Nazis ein Blutbad angerichtet? Waren alle, die es nicht rechtzeitig geschafft hatten, sich zu verstecken, tot? Oder hatte man sie eingesammelt, um sie auf Nimmerwiedersehen verschwinden zu lassen? Ich dachte an meine Familie. Möglicherweise waren sie von der Aktzia verschont geblieben. Die Nazis konnten ja nicht wissen, dass außerhalb des Gettos immer noch Juden lebten. Trotzdem graute mir bei dem Gedanken, meiner Familie könnte etwas zugestoßen sein. Ich fürchtete mich vor dem, was ich vorfinden würde, wenn ich wieder aus dem Bunker kam.

Die Zeit kroch im Zeitlupentempo dahin. Dicht aneinandergedrängt saßen wir in dem Kellerloch, ohne Licht und ohne Luftzufuhr. Über uns war immer noch alles still. Totenstill. Die Nazis schienen verschwunden zu sein. Dennoch wagte keiner nachzusehen, ob die Gefahr vorüber war. Einige redeten leise miteinander, aber die meiste Zeit schwiegen sie. Die Ungewissheit, ob die Gefahr überstanden war, hing spürbar im Raum. Sie war so beklemmend, dass sie mir fast die Luft abschnürte. Seit Stunden hielt ich Michal im Arm. Sie festzuhalten und ihre Körperwärme zu spüren, war irgendwie tröstlich. Ab und zu strich ich ihr über die glühende Stirn.

»Ich habe Angst«, hauchte sie plötzlich in das unerträgliche Schweigen hinein.

Ich antwortete ihr nicht. Stattdessen stellte ich mir vor, wie Schöffer und Gronnik in den Wäldern auf Menschenjagd gingen wie andere auf Fuchs- oder Hirschjagd. Ich musste daran denken, dass ich den beiden vor einem Jahr in genau diesem Haus begegnet war – ich erinnerte mich an Schöffers verachtenden Blick, an seine Spucke in meinem Gesicht und wie er mich als verfluchte jüdische Bestie bezeichnet hatte. Mir lief immer noch ein kalter Schauer über den Rücken, wenn ich daran zurückdachte. Und mich fröstelte, wenn ich mir vorstellte, dass dieser Nazi und sein Handlanger vielleicht genau in diesem Moment durch die Straßen des Gettos stolzierten und ihrer Mordlust freien Lauf ließen. Ich hatte furchtbare Angst vor den beiden und davor, ihnen irgendwann wieder über den Weg zu laufen.

Aber nicht nur vor ihnen hatte ich Angst. Im Grunde hatte ich seit fast drei Jahren Angst, seitdem dieser Krieg begonnen hatte – vor den Gerüchten über Massenhinrichtungen und davor, an einen dieser ominösen Orte gebracht zu werden, von dem nie jemand zurückkehrte. Ich hatte Angst davor, meine Familie zu verlieren oder Michal oder selbst zu sterben. Ich fühlte mich so machtlos, so entsetzlich machtlos. Wie gerne hätte ich Michal getröstet und ihr gesagt, dass alles wieder gut würde, dass wir den Krieg schon irgendwie überleben würden. Wie gerne hätte ich mich selbst an diese Hoffnung geklammert. Aber Tatsache war: Ich glaubte nicht mehr daran. Es gab nichts mehr, woran ich mich festhalten konnte, keinen Lichtblick, keine Zukunft. Nicht, solange die Nazis hier waren, nicht, solange Schöffer und Gronnik in Bobrka ihr Unwesen trieben. Welche Worte sollte ich Michal sagen, um ihr die Angst zu nehmen? Oder mir selbst?

»Ich habe solche Angst, Joscha«, sagte Michal wieder.

Ich beugte mich über sie und schlang meine Arme so fest um sie, wie ich konnte. Dabei spürte ich ihre Halskette und das Herzamulett an ihrem Hals. Plötzlich strömten die Worte nur so aus mir heraus. Aber es waren nicht meine eigenen Worte, die über meine Lippen kamen. Nein. Es waren die Worte, die ich vor Jahren in der Chederschule hatte auswendig lernen müssen, die Worte des Psalms 91. »Wer im Schutz des Höchsten lebt«, raunte ich in Michals Ohr, »der findet Ruhe im Schatten des Allmächtigen. Der spricht zu dem Herrn: Du bist meine Zuflucht und meine Burg, mein Gott, dem ich vertraue.«

Michal tastete mit ihren Fingern nach dem Anhänger. »Sprich weiter«, flüsterte sie.

Ich umklammerte ihre Hand, mit der sie die Halskette festhielt, und die Psalmverse flossen aus mir heraus wie eine frische Quelle aus einem Felsen. Ich fühlte die Worte, ihre Kraft. Rabbi Yakob hatte davon gesprochen, ebenso mein Vater. Sie hatten gesagt, die Worte der Heiligen Schriften seien keine toten Buchstaben, sondern gefüllt mit Geist und Leben. Ich hatte mir nie etwas darunter vorstellen können – bis zu eben diesem Augenblick. »Er wird dich vor allen Gefahren bewahren und dich in Todesnot beschützen«, flüsterte ich. »Er wird dich mit seinen Flügeln bedecken, und du findest bei ihm Zuflucht. Seine Treue schützt dich wie ein großer Schild.« Ich strich Michal durch ihr krauses Haar und spürte, wie sie die Worte in sich aufsog.

Sie war wie eine trockene Blume, die nach Wasser lechzt. Und mir ... ging es genauso.

»Fürchte dich nicht vor den Angriffen in der Nacht und habe keine Angst vor den Gefahren des Tages, vor der Pest, die im Dunkeln lauert, vor der Seuche, die dich am hellen Tag trifft. Wenn neben dir auch Tausende sterben, wenn um dich herum Zehntausende fallen, kann dir doch nichts geschehen.« Ich hielt inne. Die Worte gingen wie ein Blitzschlag durch meinen Körper. Tränen rollten mir übers Gesicht. Die Seuche, die dich am hellen Tag trifft - das war der Typhus, der über Michal hergefallen war! Der Psalm besagte, wir sollten keine Angst davor haben! Auch nicht vor all den anderen Gefahren, die tagtäglich auf uns lauerten. Gott persönlich würde uns beschützen, selbst in Todesnot würde er uns beschützen wie mit einem großen Schild. Und wenn auch Tausende um uns herum starben, wenn die Nazis auch Zehntausende von uns töteten, uns selbst würde es nicht treffen. Uns würde nichts geschehen! Ein Kloß bildete sich in meinem Hals. Ich schluckte ihn hinunter, aber er kam gleich wieder. Schließlich wischte ich mir die Tränen aus dem Gesicht. Rabbi Yakob hatte recht. Mein Vater hatte recht. Diese Worte, diese jahrtausendealten Worte, waren keine toten Buchstaben. Sie waren voller Leben - und voller Hoffnung! Es *gab* noch Hoffnung! Auch wenn die Welt um uns herum einstürzte, es *gab* noch Hoffnung! Dies war nicht das Ende! Wir würden überleben! Wir würden es schaffen, diesen furchtbaren Krieg zu überleben, denn Gott war mit uns!

Ich wollte weiterreden, aber ich konnte nicht. Meine Mundwinkel bebten. Zu überwältigt war ich von der Kraft dieser Psalmworte. Zu berührt davon, dass sie haargenau in meine Situation hineinpassten, in unser aller Situation! Als wären die Worte vor Tausenden von Jahren nur für diesen einen Moment geschrieben worden, für diesen grauenvollen Tag, an dem wir uns wie Tiere in einem Kellerloch verkrochen, während über uns Tod und Verderben wüteten. Für uns waren diese Worte festgehalten worden, nur für uns!

Während ich leise vor mich hin weinte, hörte ich auf einmal, wie ein Mann mir gegenüber den Psalm weiterzitierte: »Wenn der Herr deine Zuflucht ist, wenn du beim Höchsten Schutz suchst, dann wird das Böse dir nichts anhaben können, und kein Unglück wird dein Haus erreichen.«

Kaum zu Ende gesprochen, übernahm eine Frau rechts von mir den nächsten Vers: »Denn er befiehlt seinen Engeln, dich zu beschützen, wo immer du gehst.«

»Auf Händen tragen sie dich, damit du deinen Fuß nicht an einen Stein stößt«, flüsterte eine zerbrechliche alte Männerstimme von weiter hinten im Raum. »Löwen und giftige Schlangen wirst du zertreten, wilde Löwen und Schlangen wirst du mit deinen Füßen niedertreten!«

Und dann stimmten plötzlich mehrere Leute mit ein, und ein Wispern ging durch die Dunkelheit, ein Wispern wie ein gemeinschaftliches Gebet, getränkt von Zuversicht und Trost: »Der Herr spricht: ›Ich will den erretten, der mich liebt. Ich will den beschützen, der auf meinen Namen vertraut. Wenn er zu mir ruft, will ich antworten. Ich will ihm in der Not beistehen und ihn retten und zu Ehren bringen. Ich will ihm ein langes Leben schenken und ihn meine Hilfe erfahren lassen.‹«

Danach gab es eine betroffene Stille, nur unterbrochen von leisem Wimmern hier und dort. Keiner sprach es aus, aber wir alle spürten etwas Heiliges in dem Raum, etwas Unbeschreibliches, etwas, das die Angst vertrieb und sie mit Geborgenheit und einem schier übernatürlichen Frieden ersetzte.

***

September 2015

»Es war die Gegenwart Gottes«, sagte Mr Burker. Der Neunundachtzigjährige sah Natalie mit glänzenden Augen an. »Er war mitten unter uns, in diesem Keller, in diesem Loch. Gott war da! Ich habe ihn gespürt. Mit allen Fasern meines Körpers habe ich seine Gegenwart gespürt. Sie mögen mich für verrückt halten. Aber ich weiß, was ich erlebt habe. Er war da. Und er hat mir durch diesen Psalm neue Kraft gegeben.« Er öffnete seine linke Faust und strich mit der rechten Hand liebevoll über die Goldkette in seiner Handfläche.

Natalie hörte ihm gebannt zu. Die Geschichte von der Eröffnung des Gettos und der Aktzia war so ergreifend, dass sich die Studentin bisher nicht getraut hatte, den alten Mann bei seinen Ausführungen zu unterbrechen. »Wie lange mussten Sie in dem Bunker bleiben?«, fragte sie jetzt.

»Die ganze Nacht«, antwortete Mr Burker. »Am nächsten Morgen hörten wir Stimmen über uns, die nicht deutsch, sondern jiddisch sprachen. Da wussten wir, dass die Gefahr vorüber war.«

»Und das Baby? Haben die Nazis es gefunden?«

»Das Baby ...« Der Alte wischte sich über die feuchten Augen und sah Natalie an. »Glauben Sie an Wunder, Miss Richardson?«

Natalie nickte. »Ich denke schon. Wieso? Was ist passiert?«

Mr Burker atmete tief durch und erzählte weiter.

9 Die Lebenden und die Toten

13. August 1942
Ein Lichtstrahl drang in den Bunker hinab, als einer der Männer die Klappe öffnete, um nachzusehen, ob die Luft rein war. »Sie sind weg! Wir können raus!«

Ein kollektives Aufatmen war zu hören. Die Stunden des Bangens und Wartens waren überstanden. Die Nazis waren fort. Vermischt mit der Erleichterung, dass wir noch am Leben waren, kam natürlich auch die dunkle Vorahnung, dass andere es nicht geschafft hatten. Was würden wir draußen vorfinden? Wie viele waren tot? Oder einfach nicht mehr da? Und Mara-Noomi? Hatte die Kleine überlebt?

Einer nach dem anderen kletterte ins Freie. Ich legte den rechten Arm um Michals Schultern, den linken in ihre Kniekehlen und hob sie hoch. Sie klammerte sich mit ihren dünnen Armen an meinem Hals fest. Ihr Körper war ganz heiß vom Fieber. Ich trug sie nach oben, dicht gefolgt von ihren Eltern und Benjamin. Eilends liefen wir alle hinüber in den Laden und zur Treppenschräge mit der Besenkammer. Herr Fischer riss die Tür auf, bückte sich, wühlte zwischen den Sachen herum und hielt plötzlich inne.

Ich hielt den Atem an. *Nein,* dachte ich und befürchtete das Schlimmste. *Nein, bitte nicht. Nein!*

»Ist sie da?«, fragte Frau Fischer mit vibrierender Stimme, die Hände vor den Kopf geschlagen. »Ist meine Kleine da? Bitte sag mir, dass sie da ist!«

Michals Vater erhob sich, drehte sich um ... und hielt ein kleines, strampelndes Bündel in den Armen. Es war Mara-Noomi.

»Mara-Noomi!«, rief die Mutter. Mit einem Satz war sie bei ihrem Mann, beugte sich über das Kind und nahm es entgegen. Tränen des Staunens und unsäglichen Glücks rollten ihr übers Gesicht. »O Mara-Noomi! Meine Mara-Noomi!« Sie liebkoste das Baby und weinte und weinte.

Auch Herr Fischer weinte, drückte seine Frau und sein Kind an sich und küsste beide immer wieder. Benjamin und Michal weinten ebenso.

Und ich? Ich drückte mir ebenfalls ein paar Tränen weg. Es war ein unbeschreibliches Gefühl, die quietschvergnügte Mara-Noomi in den Armen ihrer Mutter zu sehen. Sie lebte und ihr fehlte rein gar nichts. Es war ein Wunder! Wie konnte die SS die Kammer unter der Treppenschräge übersehen haben? Es war eigentlich unmöglich! Und das Baby? Sie hätten es finden müssen. Es lag direkt vor ihrer Nase. Gott musste sie mit Blindheit geschlagen haben, anders war Mara-Noomis Überleben nicht zu erklären. Der Gott Abrahams, Isaaks und Jakobs, der Gott, der so greifbar mit uns im Keller gewesen war, hatte auch die Kleine im Schrank beschützt und sie vor den Blicken ihrer Feinde verborgen. Ich war einfach nur sprachlos und musste an den Psalm denken: »Denn er befiehlt seinen Engeln, dich zu beschützen, wo immer du gehst.«

Während Familie Fischer eng umschlungen ihre Wiedervereinigung feierte, waren von draußen lautes Weinen und Wehklagen zu hören.

»Was geht da vor sich?«, fragte Michal schwach.

»Ich weiß nicht. Ich sehe mal nach.« Vorsichtig setzte ich Michal ab und ging durch die eingetretene Ladentür nach draußen. Was ich dann sah, ließ mir die Galle hochkommen. Leichen. Überall lagen Leichen! Männer, Frauen, sogar Kinder. Man hatte sie einfach abgeschlachtet und auf der Straße tot liegen gelassen. »Das darf nicht wahr sein«, murmelte ich.

Die Überlebenden gingen zwischen den Toten hindurch und suchten nach ihren geliebten Angehörigen. Einige, die ihre Familien gefunden hatten und neben ihnen am Boden knieten, schrien laut und verzweifelt, andere wiegten ihre Körper vor und zurück und waren vor Kummer wie betäubt. Es war ein unsägliches Leid. Ein Horrorszenario, das ich wohl mein Leben lang nicht mehr aus dem Kopf kriegen würde. All das Blut. All die Leichen. All die gespenstischen, toten Gesichter. All das herzzerreißende Wehgeschrei aus allen Richtungen der Stadt. Mir drehte sich der Magen um, und ich musste mich übergeben. Ich ertrug diesen Anblick nicht länger und taumelte zurück ins Haus.

»Was ist denn los?«, fragte mich Michal. »Was hast du gesehen?«

»Ein Massaker«, sagte ich leise. »So viele Tote. So viele. Alle tot. Alle erschossen ...« Ich blieb vor ihr stehen und sah sie an. Noch immer konnte ich nicht fassen, dass Menschen in der Lage waren, so etwas Bestialisches zu tun. Mein Mund fühlte sich trocken an. Der bittere Geschmack von Erbrochenem klebte an meinem Gaumen. »Ich muss nach Hause. Ich muss wissen, ob es meiner Familie gut geht.«

»Warte bis zum Abend«, sagte Herr Fischer, der unser Gespräch mitgehört hatte. »Bei Tag ist es zu gefährlich. Sie werden dich schnappen.«

Ich schüttelte vehement den Kopf. »Nein. Ich muss los. Ich kann nicht warten.«

Michal sah aus fiebrigen Augen zu mir hoch und fasste meine Hand. »Bitte bleib hier, Joscha.«

»Ich kann nicht.« Mir war sehr wohl bewusst, dass es riskant war, aber nach dem Blutbad, das ich draußen gesehen hatte, war die Sorge um meine Familie übermächtig.

Doch dann kam alles anders.

»Hey! Du da!«, rief jemand.

Ich drehte mich um - und erstarrte.

In der Tür stand ein ukrainischer Polizist, und er hatte mich direkt im Visier. »Mitkommen!«

Am liebsten wäre ich zurück in den Keller geflüchtet. »Was habe ich getan?«

»Ich sagte mitkommen!«

Mein Herz schlug so heftig, als wollte es aus meiner Brust hüpfen. Ich hatte keine Ahnung, was der Mann von mir wollte und warum er ausgerechnet mich herauspickte. Schließlich war ich nicht der Einzige in dem Raum.

Michals Vater rang damit, etwas zu sagen, tat es dann aber doch nicht. Es hätte wahrscheinlich eh nichts gebracht.

Ich warf Michal einen Hilfe suchenden Blick zu, beugte mich zu ihr hinunter und gab ihr einen flüchtigen Kuss. »Bin gleich wieder da, versprochen«, sagte ich, obwohl ich selbst nicht daran glaubte.

Der Polizist trieb mich zur Eile an. »Jetzt komm schon. Los!«

Wie ein reumütiger Hund trottete ich zu ihm und folgte ihm auf die Straße hinaus. Wir gingen ein Stück. Ich schielte auf die Hingerichteten auf den Pflastersteinen und fragte mich, ob mir jetzt dasselbe Schicksal drohte. Andererseits hätte mich der Ukrainer dann auch gleich erschießen können. Wir hielten auf eine Holzkarre zu, auf der mehrere Leichen gestapelt waren. Zwei Burschen packten gerade eine tote Frau und schwangen sie oben drauf.

»Hier. Mach dich nützlich, Junge«, sagte der Polizist und deutete mit einem Kopfnicken auf die Karre. »Die müssen alle zum Friedhof.«

Ich nickte und gesellte mich zu den beiden Jungen, die mich aus hohlen Augen anstarrten. Sie waren ein paar Jahre älter als ich und ausgemergelt bis auf die Knochen. Ohne ein weiteres Wort zu sagen, ging der Polizist weiter und beachtete mich nicht weiter. Das war es also, wofür er mich ausgesucht hatte: Ich sollte beim Wegschaffen der Leichen helfen. Das war mir tausendmal lieber, als selbst auf dieser Karre zu landen, wie ich einen Moment lang befürchtet hatte. Plötzlich kam mir ein Gedanke. Ein makabrer, verwerflicher Gedanke, den ich mich schämte, überhaupt als Möglichkeit in Betracht zu ziehen. Ich verwarf ihn auch gleich wieder. Nein, auf keinen Fall. So etwas würde ich nicht tun.

»Fass mit an«, sagte einer der Burschen. »Du schiebst hinten, wir ziehen vorne.«

Ich gehorchte ohne Widerrede. Wir bahnten uns einen Weg durch die Gasse bis zur nächsten Leiche. Es war ein Junge, von hinten niedergeschossen. Als wir ihn an Armen und Beinen hochhoben, um ihn auf den Wagen zu hieven, erhaschte ich einen Blick auf sein Gesicht - und zuckte zusammen. Ich kannte den Jungen! Das war Kobi, der Sohn von Schneider Beigel. Er war sechzehn Jahre alt genau wie ich. Wir waren zusammen zur Schule gegangen und hatten in den Pausen Fußball gespielt. Er war der beste Torwart gewesen, den ich je gesehen hatte. Und er hatte zu allem einen witzigen Spruch parat gehabt. Jetzt war er tot und lag erschossen in der Gosse. Mir wurde übel und ich musste schon wieder würgen. Aber es kam nichts mehr hoch außer Magensäure.

»Alles in Ordnung?«, fragte mich einer der Burschen.

Ich spuckte vornübergebeugt, die Hände in die Seite gestützt. Speichel tropfte aus meinem Mund. Ich fühlte mich elend. *Ich muss weg hier,* dachte ich. *Ich muss schleunigst weg hier!* Und dann war er wieder da, dieser eine Gedanke, den ich versucht hatte zu ignorieren. Er setzte sich in meinem Kopf fest und formte sich zu einem irren Plan. Verzweifelte Situationen verlangten verzweifelte Lösungen. Und ich wusste nur eines: Ich war zu allem bereit, um nach Hause zu kommen. Bis zum Abend konnte ich nicht mehr warten. Ich musste zu meiner Familie. Jetzt gleich. Oder ich würde vor Sorge um sie tot umfallen.

Der Friedhof lag außerhalb des Gettos. Das war meine Chance. Ich wischte mir über den Mund und richtete mich auf. »Versteckt mich unter den Toten«, sagte ich zu den beiden Burschen. »Wenn wir beim Friedhof sind, hau ich ab.«

Die beiden nahmen meinen Vorschlag mit extremer Gelassenheit auf. In Zeiten wie diesen gab es nichts, was einen noch überraschen konnte. Grenzen wurden überschritten, die man unter normalen Umständen nie bereit wäre zu überschreiten.

»Wenn es schiefgeht, bist du auf dich allein gestellt.«

»Das ist mir klar«, sagte ich.

Sie halfen mir auf die Karre, und ich legte mich zwischen die Leichen. Ich zwang mich, mich nur auf meine Flucht zu konzentrieren und alles andere auszublenden. Über die holprigen Pflastersteine schoben die Jungen den Wagen bis zum Eingangstor des Gettos. Von hier aus begleitete ein ukrainischer Polizist sie zum jüdischen Friedhof. Ich wagte es kaum zu atmen und lag so still wie möglich da, die Augen geschlossen. Dann hörte ich das Geräusch von Schaufeln, die in der Erde gruben, und die Stimmen ukrainischer Polizisten, die Befehle herumbrüllten. Mir kamen Zweifel an meinem Plan. Was, wenn ich mich nicht rechtzeitig aus dem Staub machen könnte und zusammen mit den Toten in einem Massengrab landete? Was, wenn ich entdeckt würde? Was hatte ich mir bloß dabei gedacht? Panik stieg in mir auf. Ich hätte gerne einen kurzen Blick von der Umgebung erhascht, um mich besser orientieren zu können und herauszufinden, wie scharf wir bewacht wurden, aber ich traute mich nicht, die Augen zu öffnen. Jedes Zucken meines Körpers konnte mich verraten.

Wir stoppten.

»Halt dich bereit«, hörte ich einen der zwei Burschen dicht neben meinem Ohr raunen.

Dann spürte ich, wie ich an Armen und Beinen gepackt und von der Karre geschleift wurde. Jetzt blinzelte ich doch. Ein Grabstein rückte in mein Blickfeld. Meine Mitverbündeten gaben mir einen Schubs, und blitzschnell krabbelte ich dahinter. Keiner bemerkte etwas. Mit pochendem Herzen lugte ich hinter dem Stein hervor, um mir einen Überblick zu verschaffen. Durch die Radspeichen des Leichenwagens hindurch sah ich weitere Karren, die darauf warteten, entladen zu werden. Es mussten Hunderte von Toten darauf liegen, so viele, dass man sie nicht zu zählen vermochte. Junge Burschen hievten sie von den Wagen und warfen sie unter Aufsicht ukrainischer Polizisten in ausgeschaufelte, tiefe Massengräber. Weiter hinten hoben andere Juden bereits neue Gräber aus, um mehr Platz zu schaffen. Es war ein schauriges Bild, von dem ich wünschte, es wäre keine Wirklichkeit.

Ich zog mich hinter den Grabstein zurück, blickte in die andere Richtung und spielte in Gedanken meinen Fluchtweg durch. Die Distanz von mir bis zur Friedhofsmauer betrug höchstens dreißig Meter. Dazwischen waren genügend Grabsteine, hinter denen ich mich verstecken konnte. Außerdem hatten die zwei Juden, die mir geholfen hatten, die Karre mit den Leichen so platziert, dass sie mich zusätzlich vor den Blicken der Polizisten schützte. Die Mauer war nicht sehr hoch und leicht zu überwinden. Von dort musste ich nur noch bis zur Holzbrücke laufen, am Gerichtsgebäude vorbei und die Straße hinauf bis zu unserem Hof. Es müsste zu schaffen sein.

Nochmals spähte ich hinter dem Grabstein hervor. Die Ukrainer, ihre Gewehre im Anschlag, waren einzig und allein damit beschäftigt, die unfreiwilligen Totengräber zur Eile anzutreiben. Meine Chancen standen also gut. Ich stieß die Luft aus, stützte mich auf dem Boden ab wie vor einem Hundertmetersprint, und dann lief ich los, huschte geduckt von Grabstein zu Grabstein, immer darauf gefasst, dass gleich auf mich geschossen würde. Bis zum letzten Grabstein schaffte ich es. Doch als ich das letzte Stück bis zur Friedhofsmauer in Angriff nahm, fiel ein Schuss. Mein Körper erhitzte sich wie ein Feuerball.

»Stehen bleiben!«, schrie jemand.

Natürlich dachte ich nicht daran, stehen zu bleiben. Das hätte meinen sicheren Tod bedeutet. Ich musste weiter und über die Mauer klettern, bevor ich getroffen wurde. Der nächste Schuss fiel und bohrte sich unmittelbar neben mir in die Friedhofsmauer. Ich nahm Anlauf und hechtete mit einem Satz über die Mauer. Ein Kugelhagel schoss über mich hinweg. So schnell mich meine Beine tragen konnten, rannte ich bis zum nächsten Häuserblock und bog in eine kleine Seitengasse ein. Ich wusste nicht, ob sie mir folgen würden. Weiter und weiter rannte ich, von einem Baum zum nächsten, von einer Hausecke zur nächsten, immer auf verräterische Geräusche hinter mir wie Schüsse, Rufe oder Schritte achtend. Erst nachdem ich mir absolut sicher war, dass keiner die Verfolgung aufgenommen hatte, blieb ich keuchend hinter einem Gestrüpp stehen. Das war knapp gewesen! Um ein Haar hätte es mich erwischt.

Ich riss mir die Stoffbinde mit dem Judenstern vom Arm und stopfte sie mir in die Hosentasche. Als ich wieder einigermaßen zu Atem gekommen war, lief ich weiter. Ich machte einen weitläufigen Umweg, ging zum Rieke, von dort über die Felder zum Wald und dann am Waldrand entlang bis zu unserem Hof. Es war um die Mittagszeit, als ich dort ankam. Die ganze Zeit dachte ich daran, wie schrecklich es sein würde, auch hier ein Massaker vorzufinden. Ich wusste nicht, was ich getan hätte, wenn ich meine Familie erschossen vorgefunden hätte. Garantiert wäre ich zusammengebrochen.

Ich vergewisserte mich, dass Marija Lutschko nicht mit ihrer neugierigen Nase an irgendeiner Fensterscheibe ihres Hauses klebte. Dann schlich ich mich auf das Gehöft, hinüber zur Scheune, kletterte auf den Zwischenboden, schob mich an den Heuballen vorbei bis zur Einstiegsluke und klopfte mit bangem Herzen an. Wir hatten verschiedene Klopfzeichen, damit diejenigen im Bunker wussten, ob man allein war oder von jemandem mit vorgehaltener Waffe gezwungen wurde, das Versteck preiszugeben. Nach ein paar Sekunden absoluter Stille, die mir wie Stunden vorkamen, hörte ich, wie sich jemand an der Luke zu schaffen machte.

Davids Kopf tauchte über mir auf. Als er mich sah, strahlte er.

»Joscha«, flüsterte er und streckte mir seine Hand entgegen. Er zog mich in den Dachstuhl hoch und klappte die Falltür hinter mir zu.

Ich blickte in die Runde. Vater, Mutter, Großmutter, Susanne, David, Yoel, Silas, Cecilia und ihre beiden Kinder waren da. Meine Erleichterung, sie lebend zu sehen, war riesig, und genauso erleichtert war meine Familie, dass ich unversehrt zurückgekehrt war. Wir drückten uns. Mein Vater und meine Schwester weinten.

»Es tut mir leid«, sagte ich leise, als ich meine Mutter umarmte. Ich wusste, sie hatte es nicht gutgeheißen, dass ich mich zu Michal ins Getto geschlichen hatte. Wahrscheinlich hatte Yoel bereits eine ordentliche Moralpredigt zu hören bekommen, weil er mich bei dieser irrsinnigen Aktion auch noch unterstützt hatte. Ich schämte mich in Grund und Boden für meinen Leichtsinn, auch wenn ich es keinen Moment bereute, Michal wiedergesehen zu haben. »Ich musste sie einfach sehen«, erklärte ich, gefasst darauf, dass meine Mutter mich schelten würde.

Aber sie hielt mich nur noch fester und flüsterte mir ins Ohr: »Du lebst, das ist alles, was zählt.«

Nachdem wir unser Wiedersehen unter Tränen und raunenden Zusprüchen gefeiert hatten, kippte die Freude zurück in jenen Dauerzustand aus Angst und Besorgnis, der seit Jahren unser Begleiter war.

»Wir haben gestern Nacht Schüsse und Schreie gehört«, sagte Susanne im Flüsterton. »Wir haben uns solche Sorgen um dich gemacht. Was war da los?«

»Eine Aktzia«, antwortete ich. »Sie sind gekommen und haben einfach alle über den Haufen geschossen. Die Straßen waren voller Leichen. Ich habe mich mit Michals Familie rechtzeitig in einem Bunker verstecken können. Sonst wäre ich bestimmt nicht mehr hier.« Wie Blitze flammten die Schreckensbilder wieder vor meinem inneren Auge auf. Ich wollte nicht daran zurückdenken. Ich war einfach nur froh, entkommen zu sein.

»Wie viele haben überlebt?«, fragte Cecilia.

»Ich weiß es nicht.«

Bedrücktes Schweigen legte sich über den Raum. Ich fragte mich, wie lange wir das alles noch aushalten würden. Wir mussten Nerven aus Stahl haben, um nicht daran zu zerbrechen. Die Aktzia hatte sich jedenfalls für immer in meine Seele gebrannt. Und ich bin mir sicher, das Blut derjenigen, die in dieser Nacht ermordet worden sind, schreit noch heute zum Himmel hinauf.

Am 12. August 1942 fand die erste »Aktzia« zur Ausrottung der Juden in Bobrka statt. Dabei wurden tausendzweihundertsechzig Juden aus dem Getto ins Konzentrationslager nach Belzec deportiert. Zweihundert Juden, die zu fliehen versuchten oder krank waren, wurden auf der Stelle erschossen. Es verblieben ungefähr tausendfünfhundert bis tausendneunhundert Juden im Getto in Bobrka.

10 Die Höhle

2015

Mr Burker atmete tief durch und ließ seinen Blick über den Weiher gleiten. Die Äste der Trauerweide schwenkten sanft hin und her. Die Sonne glitzerte auf dem Wasser. Ein kleiner Vogel flatterte über den Himmel und zwitscherte sein unbeschwertes Lied. »Ich glaube, ich würde jetzt gerne aufhören«, sagte Mr Burker schließlich. »Kann ich Ihnen die Geschichte ein anderes Mal weitererzählen?«

Natalie nickte verständnisvoll. »Aber sicher. Gar kein Problem. Wann soll ich wiederkommen?«

»Rufen Sie mich nächste Woche an. Dann machen wir einen Termin aus.«

Die Studentin begleitete den alten Mann zurück zum Seniorenheim und verabschiedete sich von ihm. Auf der ganzen Fahrt zurück nach Chicago spielte sie die Szenen, die Mr Burker ihr erzählt hatte, nochmals innerlich durch. Was hatte der Mann doch alles durchgemacht als Jugendlicher! Und dabei waren sie noch nicht einmal bei der Geschichte von der Höhle angelangt. Es kam Natalie vor, als hätte sie die letzten Stunden in einem Kinofilm über den Zweiten Weltkrieg verbracht. Nur dass die Erzählung von Mr Burker viel lebendiger war, als ein Film es je hätte sein können. Die Studentin brauchte mehrere Stunden, um wieder einigermaßen in der Gegenwart anzukommen, in einer Welt, in der es keine mordenden Nazis mehr gab und sie keine Angst davor haben musste, den Tag nicht zu überleben.

Am Abend traf sie sich mit ihrem Freund Chris in einem kleinen italienischen Restaurant, um ihm von dem Treffen mit Joscha Burker zu erzählen. Es sprudelte nur so aus ihr heraus, und Chris hörte ihr aufmerksam zu. Die Geschichte bewegte auch ihn sehr.

»Und die Höhle? Hat er noch rein gar nichts davon erzählt?«

»Nein«, sagte Natalie. »Ich bin selbst total gespannt darauf, wie sich das alles zusammenfügt, vor allem die Sache mit der Halskette. Ich schätze, Michal ist auch in der Höhle gewesen. Wie wäre die Kette sonst dort gelandet?«

»Stimmt. Wann triffst du den alten Herrn wieder?«

»Wir haben noch keinen Termin abgemacht. Aber ich werde ihm auf jeden Fall irgendein koscheres Gebäck mitbringen. Irgendetwas mit Äpfeln und viel Puderzucker.«

Zwei Wochen später, Anfang Oktober, fuhr Natalie ein zweites Mal zur Altersresidenz in Rockford. Der Herbst hatte die Wälder in ein prächtiges Farbenmeer aus Goldgelb und Feuerrot verwandelt. Diesmal traf sich Natalie mit Mr Burker in der Cafeteria. Für einen Spaziergang windete es zu stark. Außerdem zogen dunkle Wolken auf. Es würde bald regnen. Farbige Herbstblätter wirbelten über die Wiese. Einige Senioren saßen bei Kaffee und Kuchen in der Cafeteria.

Die erste Person, die Natalie ins Auge fiel, als sie den Raum betraten, war die Frau von Zimmer 314. Sie saß in ihrem Rollstuhl in einer Ecke und bestickte hoch konzentriert ein Taschentuch. Ihr weißes Haar war nicht mehr zerzaust, sondern ordentlich gekämmt. Sie trug sogar kleine goldene Ohrringe. »Heute hat sie einen guten Tag, nicht wahr?«, sagte Natalie und deutete mit einem Kopfnicken in ihre Richtung.

»Ja, einen guten Tag«, antwortete Mr Burker mit einem Hauch von Schwermut. »Gestern hat sie die ganze Nacht geweint. Die Wände sind sehr hellhörig.«

»Das ist bestimmt hart für Sie, gleich neben ihr zu wohnen.«

Der alte Mann atmete tief durch. »Das ist es allerdings.«

»Joscha, Joscha!«, rief eine männliche Stimme. Es war Professor Sadowsky, der Mann mit Ziegenbärtchen und Fliege. Er winkte Mr Burker hektisch an seinen Tisch. Ein Schachbrett war aufgebaut, die Figuren standen spielbereit auf Position. »Lust auf eine Partie Schach? Ich verspreche auch, allerhöchstens drei Züge im Voraus zu denken, damit du eine faire Chance hast.«

Mr Burker winkte lächelnd ab. »Heute nicht, mein Freund. Miss Richardson ist wieder zu Besuch, die Höhlenforscherin, von der ich dir erzählt habe.«

»Oh!« Der Professor riss die Augen auf, wodurch sie hinter seiner Hornbrille so groß wie Kuhaugen wirkten. »Hört, hört.« Er wandte sich Natalie zu. »Sie wissen schon, dass er bisher noch nie mit jemandem über seine Vergangenheit geredet hat.«

»Ach, echt?«

»Nein, mit niemandem. Nicht einmal mit mir. Und das nehme ich ihm seit Jahren übel. Seine Ausrede ist immer, die Geschichte würde ihm ja sowieso keiner glauben. Tja ...« Er strich sich über sein Ziegenbärtchen und nahm Mr Burker wieder ins Visier. »Irgendwann wirst du sie mir erzählen müssen, alter Freund. Irgendwann.«

»Ja, irgendwann«, sagte Mr Burker. »Kommen Sie, Miss Richardson. Setzen wir uns da hinten hin. Bis später, Carl.«

»Bis später, Joscha.«

Sie gingen auf die andere Seite des Raumes. Hinter einer künstlichen Dattelpalme befand sich eine gemütliche und schön abgeschirmte Sitzecke mit einem kleinen Tisch. Natalie nahm Platz, Mr Burker blieb stehen.

»Möchten Sie vielleicht irgendetwas trinken, Miss Richardson? Einen Tee? Ein Wasser?«

»Gerne ein Wasser. Ach, und ich habe Ihnen noch etwas mitgebracht.« Natalie fischte eine Papiertüte aus ihrer Umhängetasche und reichte sie dem alten Herrn. »Bin extra zu einer koscheren Bäckerei gefahren. Ich hoffe, Sie mögen Apfelkrapfen.«

»Sie haben mir Apfelkrapfen mitgebracht?« Der alte Mann warf einen Blick in die Tüte und strahlte. »Ich liebe Apfelkrapfen. Vielen Dank. Die hebe ich mir für später auf.« Er legte die Tüte auf den Tisch und ging zur Verkaufsvitrine, um zwei Gläser Wasser zu holen.

Natalie beobachtete unterdessen, wie Betty in weißem Kittel zur Tür hereinkam und sich einige Senioren herauspickte, um ihnen den Puls zu messen. Manche wimmelten sie ab, andere ließen sich mit einem Schmunzeln die Prognose ihrer kurzen Lebenserwartung geben. Nur der Admiral war nirgends zu sehen oder besser gesagt zu hören. Vielleicht war er gerade draußen auf einem Schlachtfeld.

Mr Burker kam zurück, stellte die beiden Wassergläser auf den Tisch, setzte sich Natalie gegenüber hin und holte dann die goldene

Halskette aus der Brusttasche seines Hemdes. Ein liebevolles Lächeln huschte über sein Gesicht, als er sie betrachtete. »Wo waren wir stehen geblieben?«

»Bei der Aktzia«, meinte Natalie. »Sie haben mir von der Aktzia erzählt und wie Sie aus dem Getto geflohen und in den Bunker im Dachstuhl zurückgekehrt sind.«

»Richtig«, sagte Mr Burker. Dann schloss er die Augen, um seine Gedanken zu sammeln, und tauchte nahtlos wieder in seine Geschichte ein.

***

1942

Eine Woche nach der Aktzia hörte ich zum ersten Mal das Wort »Konzentrationslager«. Yoel und Silas brachten die schonungslose Wahrheit mit in den Bunker.

»Wir haben im Wald einen Juden aus Bobrka getroffen, der bei der Aktzia dabei war. Er konnte entkommen, indem er vom Zug gesprungen ist«, berichtete Yoel. »Ihr werdet nicht glauben, was er uns erzählte: Die Nazis haben die halbe Stadt verschleppt. Er sagte, es müssten mindestens tausend Leute gewesen sein, die sie in jener Nacht aus den Häusern zerrten und auf Lastwagen verfrachteten. Sie brachten sie zur Bahnstation nach Voloshchyna, wo sie sie in Viehwagen pferchten. Es hieß, man werde sie nach Belzec in ein KZ bringen, ein sogenanntes Konzentrationslager.«

»Was ist das?«, fragte ich.

»Genau wusste der Mann das auch nicht. Doch einer der SS-Offiziere habe davon geredet, dass dort alle vergast würden.«

Wir sahen Yoel entsetzt an. »Vergast? Was meinst du mit vergast?«

Yoel gab keine Antwort und das war Antwort genug.

Mich schauderte. Ich kannte die Gerüchte, dass die Juden, die bei den Aktzias mitgenommen wurden, nie wieder zurückkehrten. Aber mir vorzustellen, dass man sie wie eine Rattenplage vergaste ... das war so abgrundtief böse, als hätte der Teufel höchstpersönlich es sich ausgedacht. In den nächsten Tagen musste ich immer wieder an dieses

KZ in Belzec denken und an das, was Yoel darüber erzählt hatte. Jedes Mal, wenn ich dachte, es könnte nicht mehr schlimmer kommen, wurde es noch schlimmer. Wie lange würde das so weitergehen? Wie lange würde die Mordmaschine der Nazis sich weiter durchs Land fressen?

Ich musste auch viel an Michal denken und dass ich mich nicht mal richtig von ihr verabschiedet hatte an jenem Morgen. »Bin gleich wieder da, versprochen«, war das Letzte, was ich zu ihr gesagt hatte. Und jetzt saß ich wieder in unserem Bunker fest und sie eingesperrt im Getto, und ich fragte mich, ob ich sie jemals wiedersehen würde. Sie war so schwach gewesen, als ich sie besucht hatte, und so abgemagert. Wie groß war die Wahrscheinlichkeit, dass sie den Typhus besiegte? Ich hätte alles gegeben, damit sie wieder gesund würde. Nur schon der Gedanke, sie verlieren zu können, brach mir das Herz. Ich konnte nichts anderes tun, als zu hoffen, dass sie es schaffte.

Am 20. September, einen Tag vor Jom Kippur, dem höchsten jüdischen Feiertag, kam die nächste Schreckensnachricht: Tante Gitl, die sich mit ihrer Familie nur ein paar Straßen weiter unter einem Kuhstall versteckt gehalten hatte, war von der Gestapo aufgespürt und erschossen worden. Die Nachricht erschütterte uns über alle Maßen. Wir fühlten uns dem Tod näher als dem Leben. Wie lange waren wir auf unserem Hof noch sicher? Wie lange würde es noch dauern, bis uns dasselbe Schicksal drohte wie Gitl und ihrer Familie? Unser Leben hing an einem seidenen Faden. Ich träumte fast jede Nacht nur noch vom Tod.

An Jom Kippur fasteten und beteten wir und flehten Gott an, er möge unser Leben verschonen.

»Wir brauchen ein besseres Versteck«, sagte mein Vater abends in die Stille der Trauer hinein. »Vielleicht könnten wir uns im Wald Bunker bauen. Yoel, Silas, ihr müsst etwas für uns finden. Grabt ein Loch im Wald. Ganz egal wie, aber wir müssen dringend von hier verschwinden!«

»Vielleicht sollten wir uns aufteilen«, meinte Silas. »Ein Versteck für eine Person ist leichter zu finden als eines für elf. Wenn wir uns aufteilen, steigen unsere Chancen, dass wenigstens einer von uns überlebt.«

Sein Vorschlag ergab durchaus Sinn. Sich zu trennen und in kleinen Gruppen von zwei bis drei Leuten einen Unterschlupf zu finden, war die Strategie der meisten Juden. Wurde ein Unterschlupf entdeckt, war wenigstens nicht auf einen Schlag die ganze Familie ausgelöscht und die anderen Familienmitglieder, die sich woanders versteckt hielten, blieben vielleicht am Leben.

Doch Vater sträubte sich vehement gegen diese Idee. »Kommt überhaupt nicht infrage! Wir sind eine Familie! Und genau *das* ist unsere Stärke! Wir bleiben zusammen, und zwar wir *alle*!«

»Es wird aber nicht leicht sein, ein Versteck zu finden, in dem wir alle unterkommen«, sagte Silas.

Aber Vater wollte nichts davon wissen. »Ist mir egal, wie tief wir uns vergraben müssen, um den Krieg zu überleben. Die Nazis werden uns *nicht* in die Knie zwingen, hört ihr? Sie werden diese Familie *nicht* auseinanderreißen. Gemeinsam, und *nur* gemeinsam, sind wir stark genug, um das hier durchzustehen. Wir werden erleben, wie Hitlers Reich zu Staub zerfällt. Ich schwöre bei Adonaj, das werden wir! Also sucht uns ein Versteck. Sucht so lange, bis ihr eins gefunden habt.« Ich staunte, wie sich mein Vater in den letzten Jahren gewandelt hatte. Je enger sich der Galgenstrick um unsere Hälse zog, desto mehr kam eine kriegerische Seite an ihm zum Vorschein, die ich gar nicht von ihm gewohnt war. Er hielt die Familie zusammen wie eine Henne, die ihre Küken unter ihre Flügel sammelt. Dennoch fragte ich mich, wo um alles in der Welt wir ein Versteck finden konnten, in dem wir alle in Sicherheit waren. Wo sollten wir denn hin? Gab es überhaupt einen Platz auf Erden, an dem die Nazis uns nicht finden würden?

Als Yoel und Silas eines Nachts Mitte November von ihrer offiziellen Arbeit als Metallsammler und ihrer inoffiziellen Tätigkeit als Händler in die Dachkammer kletterten, verkündete Yoel stolz, woran keiner mehr zu träumen geglaubt hatte: Sie hatten ein Versteck gefunden. »Es ist eine Höhle, etwa zehn Kilometer von hier. Ein Bauer hat sie uns gezeigt. Sie ist groß genug für uns alle und ich meine *wirklich* für uns alle. Onkel Moshe, Onkel Yosl, Onkel Eli, Onkel Caleb und ihre ganzen Familien können auch mitkommen. Die Höhle ist riesig.«

Hoffnung flammte in unseren Gesichtern auf. Eine Höhle. Das klang beinahe zu schön, um wahr zu sein.

»Seid ihr drin gewesen?«, fragte Vater.

Yoel nickte. »Ja. Sie ist für unseren Zweck bestens geeignet. Wir sollten keine Zeit verlieren.«

Ein Hauch von Euphorie machte sich in dem engen Dachstuhl breit. Diese Höhle könnte genau das sein, was wir brauchten, um den Krieg zu überleben. Es war unsere Chance, Hitlers Schergen zu entwischen, und zwar gemeinsam, als Familie. Wer hätte gedacht, dass es so einen Ort überhaupt gäbe.

»Dann lasst uns packen«, sagte meine Mutter. »Wir nehmen alles mit, was wir tragen können. Gebt den anderen Bescheid. Morgen Nacht brechen wir auf.«

Und genau so machten wir es. In der Nacht auf den 22. November 1942 luden wir alles, was irgendwie von Nutzen war, auf unser Fuhrwerk. Wir spannten Oscar davor, und mein Vater und Silas brachten unser ganzes Hab und Gut auf Nebenstraßen zu dem Waldstück, in dem sich die Höhle befand. Alle anderen gingen zu Fuß, zeitversetzt und in kleinen Gruppen, um nicht aufzufallen. Mein Vater und Silas schleppten den gesamten Hausrat durch den Wald zum Höhleneingang hoch und machten eine zweite Fahrt, um Heu und Stroh sowie Kissen und Decken für die Betten zu holen. Yoel führte unterdessen die erste Gruppe zur Höhle.

Es handelte sich um eine sogenannte Gipshöhle. Vom Schwarzen Meer im Süden bis nach Lemberg im Nordwesten erstreckt sich die Podolische Platte, ein Hochplateau aus mehreren Hundert Meter dicken Kalksteinschichten. Über die Jahrhunderte hinweg war die oberste Gesteinsschicht von Grundwasser und Niederschlägen zerfressen worden, und in dem Karst hatten sich Gipshöhlen gebildet, Höhlen, die nicht besonders tief in die Erde reichten, dafür aber weit verzweigt waren. Die längste Gipshöhle war über zweihundert Kilometer lang.

Der Eingang der Höhle, die wir uns als Versteck ausgesucht hatten, war ein Loch in der Rückwand eines großen ausgehöhlten Felsens. Man musste gebückt hineingehen. Yoel zündete eine Kerosinlampe an, schulterte einen Jutesack mit einem Zwanzig-Liter-Wasserfass und ging voran. Ich folgte ihm mit einem Rucksack voller Lebensmittel. Dicht hinter mir kam David mit ein paar zusammengebundenen Latten. Susanne trug ein Bündel Kleider, Mutter eine Axt und eine Schaufel. Der siebenjährige Israel und die fünfjährige Mila folgten ihrer Großmutter, und Cecilia bildete den Abschluss mit einem Sack Kartoffeln.

Die Luft war feucht und kühl. Die Höhlenwände waren aus kaltem Stein, der Boden war teilweise mit einer glitschigen Lehmschicht überzogen. Die Schuhe schmatzten bei jedem Schritt. Wir kamen nur langsam voran. Nach ungefähr zehn Metern jagte uns ein Schwarm flatternder Fledermäuse einen gehörigen Schrecken ein. Mila schrie wie am Spieß. Gott sei Dank verschluckte die Höhle ihre Schreie. Die Tiere flohen in Richtung Höhleneingang und verschwanden so schnell, wie sie aufgetaucht waren. Wir folgten dem Gang weiter in die Tiefe. Einmal wurde er so niedrig, dass wir uns auf allen vieren vorwärtsbewegen mussten.

Der Gang verzweigte sich mehrmals. Doch Yoel wusste genau, welche Richtung er einschlagen musste. Er hatte ein paar Seile zusammengeknüpft, die uns den Weg durch das Labyrinth zeigten und nach zehn Minuten in einem geräumigen Höhlenbauch endeten. »Hier können wir unser Lager aufschlagen«, sagte er, als wir alle voller Schlamm und außer Atem dort angekommen waren.

Ich stellte den Rucksack ab und sah mich neugierig um. Wir befanden uns in einem lang gezogenen Gewölbe von der Form eines Brotlaibes. Der Hohlraum war um die zwanzig Meter lang, sechs Meter breit und drei Meter hoch, teilweise durch Felsblöcke unterbrochen. Weitere Tunnel spalteten sich ab, die weiter in die Erde hineinreichten. Der Lehmboden war relativ eben und in diesem Bereich sogar trocken.

»Gibt es Wasser hier unten?«, fragte Mutter.

»Leider nein«, antwortete Yoel. »Ich schätze, Silas und ich werden euch alle paar Tage ein neues Wasserfass bringen. Wir müssen also sparsam damit umgehen.«

»Wie läuft das mit der Toilette?«, erkundigte sich Susanne.

»Wir bauen aus Lehm und Steinen eine Latrine«, erklärte Yoel. Er hatte alles gut durchdacht. »Natürlich nicht gleich hier im Wohnbereich, vielleicht dreißig, vierzig Meter tief in einem der Seitenarme. Und wenn die Latrine voll ist, verschließen wir sie und bauen eine neue.«

»Und wo schlafen wir, Onkel Yoel?«, fragte Israel.

»Onkel David wird uns ein paar Betten bauen.«

»Ja, hier an der Wand entlang«, erklärte David. »Wir rammen ein paar Pflöcke in den Boden, bilden ein Lattengerüst, verteilen Heu und Stroh darauf, dann legen wir noch eine Decke darüber, und du wirst schlafen wie ein Königskind, Israel.«

Mila zupfte ihrer Mutter am Rock und fragte mit glänzenden Augen: »Mama, darf ich spielen gehen? Bitte darf ich?«

»Aber nur in diesem Raum, Mila«, sagte Cecilia. »Du kletterst nicht in einen Gang rein, wo ich dich nicht mehr sehen kann. Das hier ist ein Irrgarten. Einmal falsch abgebogen und du wirst den Weg nicht mehr zurückfinden. Also bleib schön da, wo ich dich sehen kann. Hast du mich verstanden?«

»Ja, Mama!«, rief Mila und wandte sich ihrem Bruder zu. »Fang mich, Israel! Fang mich doch!« Sie rannte davon und Israel jagte ihr hinterher. Die Kinder quiekten und kicherten und keiner musste es ihnen verbieten. Hier unten konnten sie lachen, so laut sie wollten. Und sie konnten sich nach Lust und Laune austoben. Es war fantastisch.

»Willkommen in der Freiheit«, murmelte meine Mutter, und zum ersten Mal seit Ewigkeiten bemerkte ich, wie ein entspanntes Lächeln über ihr sonst so abgekämpftes Gesicht huschte.

»Auf geht's, Leute«, sagte David unternehmungslustig und klatschte in die Hände. »Es gibt viel zu tun.«

Wir machten uns an die Arbeit. Als Erstes trugen wir alles in die Höhle, was noch vor dem Eingang lag: Kleider, Nähzeug, Kochtöpfe und Geschirr, Essensvorräte, Kerosin, Kerzen, Seife, Seile, Spaten, Schaufeln, Hacken, eine Säge, Hammer und Nägel und anderes nützliches Werkzeug, dazu Brennholz und einen Blechkochherd. Den Herd schleppte Yoel in die Höhle, denn er war sehr schwer und sperrig. Die Frauen kümmerten sich um die Nahrungsmittel und die Kochstelle, wir Jungs bauten die Latrine und die Betten. Ein paar Stunden später kamen mein Vater und Silas dazu und brachten Heu, Stroh und Decken.

Im Verlauf der Nacht trudelten die restlichen Familien und Verwandten ein. Meine Großmutter war mit ihren fünfundsiebzig Jahren die älteste Person in der Höhle, und die jüngste war die zweijährige Lea. Insgesamt waren wir nun dreißig Personen im Schoß der Erde. Keiner von uns wusste, was uns erwartete oder wie lange wir uns in dieser Höhle verstecken mussten. Aber wir alle waren entschlossen, Hitlers Regime zu trotzen, solange es nötig war.

Nachdem wir das Material und die Vorräte verstaut und die Betten, die Latrine und die Kochstelle errichtet hatten, kamen wir in der Mitte des Raumes zusammen. Mutter stellte eine Laterne auf den Boden. Sie warf ein warmes, leicht flackerndes Licht auf die Gesichter und lange Schatten an die Höhlenwände. Vater trat vor und bedeckte mit der rechten Hand seine Augen, um sich von nichts ablenken zu lassen. Ich wusste, was das bedeutete: Mein Vater war im Begriff, ein Gebet zu singen. Er hatte sich seit einem Jahr nicht mehr getraut zu singen. Es wäre viel zu gefährlich gewesen. Aber außerhalb der Höhle würde niemand etwas davon mitkriegen.

Mir wurde auf einmal ganz warm ums Herz. Ich hatte mich selbst nie als religiös angesehen. Ich war kein tiefgläubiger Jude wie mein Vater. Zwar respektierte ich die jüdischen Traditionen und war fasziniert von der Beziehung, die mein Vater zu Gott pflegte. Aber ich selbst hatte immer das Gefühl, als würde ich dieses geistliche Niveau meines Vaters niemals erreichen. »Adonaj, mein Herr«, wie mein Vater Gott mit Ehrfurcht und Liebe anzusprechen pflegte, war wohl der Gott Abrahams, Isaaks, Jakobs und meines Vaters - aber er war nicht mein Gott. Dazu war mir dieser Gott viel zu heilig, viel zu erhaben, viel zu mächtig.

Doch seit jenem fürchterlichen Tag vor drei Monaten, als ich zusammen mit den Fischers und all den anderen Juden im Bunker gesessen und um mein Leben gefürchtet hatte, seit jenem Tag hatte sich etwas in mir verändert. Ich hatte eine Erfahrung gemacht, für die es keine menschliche Erklärung gab: Gott war mir begegnet. Das, was ich bei meinem Vater immer bewundert hatte - diese Vertrautheit mit dem Allmächtigen, diese Gewissheit, dass es einen Gott gibt und er am Leben der Menschen teilnimmt -, diese Innigkeit hatte ich plötzlich selbst gespürt. Und jetzt, wo mein Vater das Glaubensbekenntnis der Juden, das Schma Jisrael, sang, spürte ich es wieder. Ich musste mich regelrecht zusammenreißen, um nicht zu weinen, als die wunderschöne Singstimme meines Vaters von den Höhlenwänden widerhallte:

»Schma Israel, A-donaj E-lohejnu, A-donja Echad. Höre Israel! Der Ewige ist unser Gott, der Ewige ist einzig. Du sollst den Ewigen, deinen Gott, lieben mit deinem ganzen Herzen, deiner ganzen Seele und deiner ganzen Kraft. Diese Worte, die ich dir heute befehle, seien in deinem Herzen, schärfe sie deinen Kindern ein und sprich davon, wenn du in deinem Haus sitzest, und wenn du auf dem Weg gehst, wenn du dich niederlegst, und wenn du aufstehst. Binde sie zum Zeichen an deine Hand, sie seien zum Stirnschmuck zwischen deinen Augen. Schreibe sie an die Pfosten deines Hauses und deiner Tore.«

Die Stimme meines Vaters und das Gebet, das er sang, erfüllten die Höhle wie wohlklingende Musik. Eine feierliche Stimmung legte sich über unsere Höhlengemeinschaft, und als ich in die Gesichter meiner Eltern, meiner Brüder, meiner Schwester, meines Neffen, meiner Nichte, meiner Onkel, Tanten, Cousins und Cousinen sah, überkam mich ein unbeschreiblich starkes Gefühl der Verbundenheit. Hier waren wir also, eine verschworene Truppe von dreißig Menschen, die die Kühnheit, Entschlossenheit und Verschlagenheit besaßen, sich den Nazis zu widersetzen. Keiner sprach es laut aus, doch jeder schien in diesem andächtigen Moment ein Bündnis mit sich selbst und allen anderen in der Höhle einzugehen, ein Bündnis von Ehre, Brüderlichkeit und Loyalität. Jeder spürte, dass er sich hundertprozentig auf den anderen verlassen konnte. Ja, wir würden diesen grausamen Krieg überleben. Gemeinsam hatten wir eine Chance. Wir setzten nicht auf uns selbst, sondern aufeinander. Mein Vater hatte recht gehabt: Gott hatte einen Ausweg für uns geschaffen, wo es keinen gab. Er hatte zwar nicht das Meer für uns geteilt, dafür aber die Erde. Wir waren im wahrsten Sinne des Wortes vom Erdboden verschluckt. Hier unten würde die Gestapo uns niemals aufspüren.

11 Die Dunkelheit

Laut der Taschenuhr von Onkel Eli - es war die einzige Uhr, die wir hatten - war es bereits fünf Uhr in der Früh, als wir uns alle schlafen legten - alle außer Yoel und Silas. Sie gingen nur kurz zu Bett, bevor sie die Höhle verließen, um ihrer täglichen Arbeit als Schrott- und Lumpensammler nachzugehen.

Ich teilte das Bett mit Susanne und David. Die Höhle war um die zehn Grad kühl, doch das Stroh, die Decken und die Körperwärme meiner Geschwister hielten mich schön warm. Die Laterne wurde ausgemacht und Finsternis umgab mich. Ich hatte schon oft im Dunkeln gesessen. Aber selbst wenn ich in der dunkelsten Nacht die Augen schloss, war es nicht annähernd so dunkel wie in dieser Höhle. Es war die schwärzeste Dunkelheit, die es geben konnte. Man sah nicht die eigene Hand vor Augen. Ohne Licht würden wir nie wieder aus dieser Höhle herausfinden, so viel stand fest. Ich hörte das Rascheln des Strohs, wenn sich jemand im Bett wendete, ab und zu ein leises Flüstern oder Husten. Allmählich verstummten die Geräusche und es wurde ganz still. Nein, nicht ganz. Ein Geräusch blieb.

Plopp ... plopp ... plopp ... plopp.

Ich hätte nicht sagen können, woher die Laute kamen. Aber es bedeutete, dass es doch Wasser in der Höhle gab.

Mein letzter Gedanke, bevor ich einschlief, galt Michal. *Ich wünschte, du wärst jetzt bei mir,* dachte ich und stellte mir ihr Gesicht vor, ihre widerspenstigen braunen Locken, ihr Lächeln, das jeden Eisblock zum Schmelzen brachte, und ihre wunderschönen Augen mit den goldenen Sprenkeln. Ich küsste sie in Gedanken zärtlich auf den Mund und schmiegte mich an sie. *Gute Nacht,* flüsterte ich ihr zu. *Ich liebe dich.*

Wir schliefen alle bis in den späten Nachmittag hinein. Erstens verlor man im Dunkeln jegliches Zeitgefühl. Zweitens waren unsere Strohbetten erstaunlich komfortabel und wir konnten uns endlich einmal ausstrecken und mussten nicht im Sitzen dösen. Und drittens gönnten wir uns zum ersten Mal seit Ewigkeiten den Luxus, die ständige Alarmbereitschaft auszuschalten und *wirklich* zu schlafen.

Ich hätte wahrscheinlich mehrere Tage durchschlafen können, so kaputt war ich. Doch dann wachte ich mit einer seltsamen Atemnot auf. Ich musste husten und hörte, wie alle um mich herum auch husteten. Die Luft war nicht mehr kühl und frisch, sondern voller Qualm. Der Rauch brannte in den Augen und machte das Atmen schwer. Ich hörte es knistern und sah, wie am anderen Ende des Raumes Flammen aus dem Herd stießen. Offensichtlich hatte jemand Feuer gemacht. Und das stellte uns vor das erste ernsthafte Höhlenproblem: Rauch. Es gab Höhlen mit einem starken Wind. Aber in unserer Höhle zirkulierte die Luft augenscheinlich nicht stark genug, wodurch der Rauch nicht von selbst abzog. Es qualmte fürchterlich und bald war der ganze Raum voll davon. Wir husteten und rangen nach Luft.

»Macht das Feuer aus!«, rief Onkel Caleb und fuchtelte mit den Armen durch den dicken Qualm. »Wir ersticken hier!«

»Entschuldigt bitte!«, hörte ich Cecilias Stimme vom Herd her. »Wir wollten nur etwas Kaffee kochen!«

Wir sprangen auf, stoben auseinander und flüchteten in die Seitengänge. Cecilia löschte das Feuer und augenblicklich wurde es wieder stockdunkel. Es zischte und knackte.

»Ich glaube, wir müssen einen anderen Ort zum Kochen finden«, sagte Tante Elisabeth hustend aus der Dunkelheit.

»Da bin ich ganz deiner Meinung, Schatz«, antwortete ihr Onkel Eli.

Jemand zündete eine Kerosinlampe an. Es war erstaunlich, wie viel Licht eine einzelne Lampe spendete. Der Rauch hing immer noch träge in der Luft wie in einem Zimmer mit geschlossenen Fenstern.

Plötzlich stieß Israel einen quiekenden Schrei aus. »Sie atmet nicht mehr! Sie atmet nicht mehr!«

Ich sah durch den Rauch, wie mein Neffe nervös auf seinem Bett saß. Neben ihm lag die fünfjährige Mila. Reglos. Sie bewegte sich nicht! Ich stürmte los, zurück in die Rauchschwaden, meine Hand vor dem Mund haltend, um besser atmen zu können.

Cecilia kam von der anderen Seite herbeigeeilt. »Mila!«, rief sie und hustete. »Mila!«

Fast gleichzeitig erreichten wir die Kinder. David war auch schon da.

Meine Schwägerin beugte sich über ihre bewusstlose Tochter. Mila hatte die Augen geschlossen und war ganz blau im Gesicht. »O nein! Mila! Wach auf! Wach auf!« Sie schüttelte das kleine Mädchen wie eine Puppe. »Atme, so atme doch!«

»Es muss der Rauch sein«, sagte ich. »Wir müssen sie hier wegschaffen!«

»Ich mach das«, sagte David. Rasch packte er Mila und rannte mit ihr auf den Armen in einen Tunnel hinein, so weit, bis die Luft nicht mehr vom Rauch verpestet war.

Israel, meine Schwägerin und ich folgten ihnen. Mein Bruder legte die Kleine auf den Boden und begann unverzüglich, sie zu beatmen. Cecilia und ihr Sohn knieten sich neben sie. Israel weinte leise.

Ich knabberte nervös an meinen Fingernägeln. »Komm schon, Mila«, flüsterte ich. »Atme! Atme!«

Es dauerte eine ganze Weile, aber schließlich schnappte Mila laut nach Luft, als wäre sie zu lange unter Wasser gewesen, hustete, dass ihr die Tränen kamen, und sah sich erstaunt um. Wir atmeten alle hörbar auf, und Cecilia warf sich über ihre Tochter und küsste und drückte sie wie wild.

»Mama, mir ist schwindlig«, piepste Mila.

Meine Schwägerin strich ihr übers Gesicht. Mila war noch etwas blass, aber die Farbe kam langsam zurück. »Bleib einfach hier liegen, mein Spatz. Es ist alles gut. Es ist alles gut.«

David zog mich beiseite und sah mich ernst an. »Wir müssen das mit dem Rauch in den Griff kriegen, bevor sich *noch* jemand eine Rauchvergiftung holt.«

»Aber wie?«, fragte ich. »Der Rauch zieht nicht ab.«

»Wir schaffen den Herd einfach tiefer in die Höhle rein, weit genug weg von den Schlafplätzen.«

»Oder wir kochen in der Nähe des Ausgangs«, meinte ich. »Vielleicht ist der Luftzug dort stärker.«

»Und wenn die Nazis den Rauch sehen?«

»Mist.« Ich zog den Mund schief. »Aber irgendwo *müssen* wir doch kochen.«

»Ich weiß.« David seufzte und fuhr sich mit den Händen übers Gesicht. »Ich weiß.«

Wir brauchten eine geschlagene Stunde, bis wir mit Wedeln von Kleidern den Höhlenraum wieder einigermaßen rauchfrei bekamen. Dass wir alle wie geräucherte Würste rochen, war uns relativ egal. Viel wichtiger war es, eine Lösung für das Rauchproblem zu finden. Wir versammelten uns bei der Kochstelle und besprachen die Sache. Tante Elisabeth hatte die Idee, einen Rauchabzug zu konstruieren, eine Art Kaminrohr, das dann irgendwie nach draußen gehen sollte. Aber die Höhle war bis auf den Lehmboden komplett aus Stein. Es war unmöglich, ein Loch in die Decke zu bohren, und der Weg zum Eingang war zu weit und zu verschachtelt. Schließlich einigten wir uns darauf, den Herd beim Höhlenausgang zu platzieren. Natürlich weit genug in der Höhle, dass er vor fremden Blicken geschützt war, aber nah genug beim Ausgang, damit der Rauch abziehen konnte.

»Das hat sogar den Vorteil, dass wir das Brennholz nicht sehr weit schleppen müssen«, meinte Onkel Yosl. »Und wenn wir nur nachts kochen, dürfte man den Rauch kaum sehen.«

Gesagt, getan. Yoel hatte den sperrigen Blechherd in die Höhle gehievt, jetzt schleiften Onkel Yosl und sein Sohn Daniel ihn wieder raus.

Nach dem Frühstück, bestehend aus lauwarmem Kaffee und Brotfladen vom Vortag, machten die Männer sich daran, Regale für die Kleider, das Werkzeug und die Essensvorräte zu bauen. Die Kinder amüsierten sich bei einem Hüpfspiel, die Frauen wuschen das Geschirr, wobei sie sehr sparsam mit dem Wasser waren, um ja nichts zu verschwenden.

David und ich unternahmen eine kleine Höhlenexpedition. Wir banden das eine Ende eines Seiles um einen Felsblock und stopften uns so viele Seilstücke wie möglich in unsere Rucksäcke, um das erste Seil damit beliebig verlängern zu können. Je mehr Meter Seil wir dabeihatten, desto tiefer würden wir in die Höhle vordringen können, ohne uns zu verirren. Als Lichtquelle benutzten wir kleine, mit Kerosin gefüllte Tintengläser. In den zugeschraubten Deckel bohrten wir ein Loch, das den getränkten Docht festhielt, und fertig war die Höhlenlampe. Es war erstaunlich, wie hell die kleinen Lämpchen waren. Wir wählten einen der vielen Gänge, die sich von unserem Nachtlager abspalteten, und kletterten los. Nach ungefähr einer Viertelstunde machten wir eine sehr nützliche Entdeckung: Wir fanden Wasser! Es tropfte an mehreren Stellen von der Decke.

Plopp ... plopp ... plopp ... plopp.

Hier war also der Ursprung jenes Geräusches, das ich beim Einschlafen gehört hatte. Mein Bruder und ich sahen uns zufrieden an.

»Na, wer sagt's denn«, meinte David. »Wir brauchen bloß ein paar Gläser drunterzustellen und fangen das Wasser damit auf. Das ist zwar nicht viel, aber besser als gar nichts.«

Wir beschlossen, unsere Expedition abzubrechen, um den anderen die gute Neuigkeit gleich zu erzählen. Meine Mutter schickte uns mit allen möglichen Gefäßen zurück. Außerdem nahmen wir unsere Cousinen Debora und Jael mit, um ihnen den Weg zu zeigen. Sie sollten sich darum kümmern, regelmäßig nach den Gläsern zu schauen und sie zum Lager zu bringen, wenn sie voll waren.

In den ersten Tagen in der Höhle fiel es uns schwer, uns an diesen dunklen, kalten und unfreundlichen Ort zu gewöhnen. Oft saßen wir einfach nur eng beieinander um eine Kerze, die jemand festhielt. Im Verlauf der Zeit passten wir uns unserer ungewohnten Umgebung immer mehr an. Das Leben im Schoß der Erde entwickelte seinen ganz eigenen Rhythmus. Wir wurden zu richtigen Höhlenexperten und schliefen zwanzig Stunden am Tag. Das hielt unsere Körper warm und sparte Energie. Außerdem vertauschten wir den Tag mit der Nacht. Tagsüber schliefen wir, und nachts waren wir vier Stunden lang wach, kochten, aßen, wuschen uns und machten uns zum Wohl der Gemeinschaft nützlich.

Die Männer waren für alles Handwerkliche zuständig sowie fürs Sammeln und Spalten des Brennholzes. Da der Höhleneingang mitten im Wald lag, fanden sie genug Holz, ohne sich allzu weit von der

Höhle entfernen zu müssen. Mein Vater hatte überdies die besondere Funktion des Vorsängers. Er sang die Gebete bei den Sabbatzeremonien und zitierte ermutigende Texte aus dem Tanach. Immer wieder rief er allen in Erinnerung, dass Gott seine schützende Hand über uns halten würde.

Die Frauen teilten sich die Hausarbeiten. Mutter flickte zerrissene Kleider oder nähte abgefallene Knöpfe wieder an. Großmutter war die Küchenchefin, Tante Pessia die Krankenschwester, Cecilia war für die Wäsche verantwortlich. Die Kleider wurden in kochendem Wasser mit Seifenpulver gewaschen. Getrocknet wurden sie einfach, indem wir sie auswrangen und beim Schlafen in unsere warmen Betten packten.

Ich selbst hatte es mir zur Aufgabe gemacht, die Höhle gründlich zu erforschen. Bald kannte ich das Labyrinth unseres neuen Zuhauses in- und auswendig. Ich stellte fest, dass ich mich barfuß noch viel besser vorwärtsbewegen und orientieren konnte. Mit meinen Fußsohlen und Händen tastete ich die Höhle ab und merkte mir die Beschaffenheit des Bodens und der Wände. Ich brauchte keine Seile mehr, um mich nicht zu verirren, und nicht einmal mehr eine Kerosinlampe. Ohne Probleme fand ich mich in kompletter Dunkelheit zurecht und kannte jede kleinste Ritze, jede Bodenunebenheit, jeden Hubbel in der Wand.

Unsere beiden größten Probleme in der Höhle waren die Beschaffung von Lebensmitteln und Wasser. Die Wasserversorgung war eine echte Herausforderung. Wir brauchten Wasser zum Trinken, Kochen, Waschen und für die Körperhygiene. Die war sehr wichtig, damit wir uns keine Krankheiten einfingen und am Ende noch alle an Typhus starben wie viele Leute im Getto. Das Wasser, das von der Decke tropfte, reichte bei Weitem nicht aus. Es ergab gerade mal ein großes Glas Wasser pro Tag und pro Familie. Yoel schleppte jeden zweiten Tag ein Zwanzig-Liter-Fass Wasser in die Höhle. Aber auch das war kaum genug für unser unterirdisches Dreißig-Seelen-Dorf. Doch die Höhle zu verlassen, damit wir irgendwo frisches Wasser auftreiben konnten, war einfach zu gefährlich. Nur ein paar Mal, wenn der Durst wirklich unerträglich wurde, schlichen die Männer sich des Nachts zu einem acht Kilometer entfernten Bach und brachten das Wasser unter

Lebensgefahr zurück zur Höhle. Somit reichte das Wasser wenigstens für einen drittel Becher pro Person und pro Tag.

Die Nahrungsbeschaffung war noch gefährlicher. Nachdem alle Vorräte, die jede einzelne Familie in die Höhle geschleppt hatte, aufgebraucht waren, organisierten fast ausschließlich Yoel und Silas neue Nahrung. Sie waren die Einzigen, die sich an der Erdoberfläche dank ihres »Brauchbarer Jude«-Abzeichens mit Pferd und Wagen frei bewegen konnten. Daher mussten sie das Überleben von dreißig Menschen sichern und es gleichzeitig schaffen, dabei selbst nicht getötet zu werden. Es war eine immense Verantwortung, die auf ihnen lastete.

Lebensmittel für eine so große Sippe aufzutreiben, war schwierig und äußerst kostspielig. Mehl, Öl und Kartoffeln wurden immer teurer. Yoel und Silas betrieben viel Tauschhandel, gaben hier einem Bauern eine Nähmaschine gegen einen Sack Kartoffeln und dort einem anderen einen guten Wintermantel gegen einen Sack Mehl. Sie mussten äußerst vorsichtig vorgehen, damit niemand bei den vielen Nahrungsmitteln, die sie herumkutschierten, Verdacht schöpfte und sie bei der Gestapo verriet. Jedes Mal, wenn sie sich des Nachts zur Höhle aufmachten, bestand zusätzlich das Risiko, dass ihnen jemand heimlich folgte und unser Versteck aufflog. Gefahren über Gefahren. Meine älteren Brüder nahmen sie tagtäglich auf sich, um uns in der Höhle durchzubringen. Sie hatten mit Abstand die gefährlichste Aufgabe von uns allen. Ich wusste nicht, wie sie das überhaupt schafften. In meinen Augen waren sie Helden.

Nebst Proviant brachten sie auch immer Neuigkeiten von der Welt über dem Erdboden mit. Es waren nie gute Nachrichten. Sie berichteten uns, welche Freunde, Verwandte und Bekannte getötet oder ins Konzentrationslager geschafft worden waren. Jeden Tag gab es neue Tote zu betrauern, jeden Tag fielen Juden, die wir gekannt hatten, der Gestapo in die Hände und wurden gnadenlos erschossen. Ganze Familien, ganze Dörfer wurden einfach ausgelöscht. Die Mordmaschine der Nazis fraß sich einem Mähdrescher gleich durchs Land. Es gab kein Entkommen.

Für manche Leute mochten Höhlen etwas Gruseliges an sich haben. Manche behaupteten, dort unten in der ewigen Dunkelheit würden Dämonen ihr Unwesen treiben. Dabei war es genau umgekehrt: Die Dämonen trieben nicht in der Höhle ihr Unwesen, sondern außerhalb von ihr, dreißig Meter über uns. Und wir lebten zwar in kompletter Dunkelheit, doch genau diese Dunkelheit gab uns Sicherheit. Hier unten konnten wir uns gefahrlos unterhalten, wir konnten herumlaufen, die Kinder konnten spielen, Vater konnte das Sabbatgebet singen, alle hatten ein Bett zum Schlafen und sogar Kissen und Bettdecken. Was wollten wir mehr? Hier unten waren wir frei.

»Wir können dankbar sein, dass wir diese Höhle haben«, sagte mein Vater jeden Tag. »Adonaj, der Herr, hat sie uns zu unserer Rettung geschenkt.«

Am 8. Dezember 1942, gerade mal fünfzehn Tage nachdem wir in die Höhle gegangen waren, fand in Bobrka eine zweite Aktzia statt. Tausendzweihundert Juden wurden aus dem Getto nach Belzec abtransportiert.

Als Yoel uns davon erzählte, wurde mir speiübel. Ich hatte nur einen Gedanken: Was, wenn Michal unter den Verschleppten war? Der Gedanke lähmte mich. Ich wusste ja nicht mal, ob der Typhus sie nicht dahingerafft hatte. Aber die Vorstellung, dass sie in dieses KZ käme und dort vergast würde ... war noch tausendmal schrecklicher. Nein, das durfte nicht passiert sein. Bestimmt hatte sie sich rechtzeitig im Bunker verstecken können wie letztes Mal. Darauf musste ich einfach vertrauen, oder ich hätte nicht mehr weiterleben können.

Am 11. Dezember, dem achten Tag des jüdischen Lichterfestes, fiel der erste Schnee. Eisige Winde fegten über das Land und die Temperaturen sanken in den Minusbereich. Es war Winter geworden. Ich liebte den Winter. Früher hatte ich gern beobachtet, wie tanzende Schneeflocken durch die Luft wirbelten und die Fenster vereisten. Und ich hatte die weiße, glitzernde Zuckerschicht geliebt, die sich über die Landschaft legte, die erhabene Stille. Gern war ich früher mit dem Schlitten auf der Straße vom Hof in die Stadt hinuntergefahren oder auf dem Rieke Schlittschuh gelaufen. Ob der Rieke bereits zugefroren war?

Für uns Höhlenbewohner bedeutete der Winter Erfreuliches und weniger Erfreuliches. Das Erfreuliche war, dass wir trotz der Kälte draußen in der Höhle nicht frieren mussten, da die Höhle Sommer wie Winter gleich warm war. Außerdem war mit dem ersten Schneefall unser Wasserproblem gelöst. Wir mussten den Schnee nur vor der Höhle einsammeln und dann schmelzen. Der Schnee brachte aber auch ein neues Problem mit sich: Spuren. Sobald wir kochten, setzte sich Ruß auf dem Schnee ab. Wenn Yoel und Silas Nahrung brachten, hinterließen Oscar, das Fuhrwerk und sie selbst tiefe Spuren im Schnee, gefährliche Spuren, die direkt zum Höhleneingang führten. Ich wurde damit beauftragt, in einem Umkreis von vierzig Metern täglich sämtliche Rußspuren, Stiefelabdrücke, Hufabdrücke und Abdrücke des Wagens im Schnee zu verwischen. Ich glättete jede einzelne Spur sorgfältig mit einem Jutesack. Nicht die kleinste Delle durfte zurückbleiben. Es musste so aussehen, als wäre der Schnee nie mit einem menschlichen Wesen in Kontakt gekommen.

Mit der Zeit wurde ich richtig gut darin, unsere Spuren zu verwischen. Nur ein einziges Mal war ich nicht gründlich genug. Und die Konsequenzen waren fatal, auch wenn es nicht meine Schuld war. Ich half Yoel dabei, einen Sack Kartoffeln den Hang zur Höhle hochzutragen, als plötzlich die Sacknaht riss und die Kartoffeln überall in den tiefen Schnee plumpsten. Der Schnee verschluckte sie förmlich. Wir versuchten, alle Kartoffeln wieder einzusammeln, und ich glättete den Schnee. Oberflächlich sah alles wieder gut aus. Doch wir wussten nicht, dass wir eine Kartoffel übersehen hatten. Eine einzige Kartoffel lag immer noch begraben unter dem Schnee. Und diese eine Kartoffel sollte uns einige Zeit später allen zum Verhängnis werden ...

12 Der Tunnel

Das neue Jahr hatte begonnen. Wir lebten jetzt schon neununddreißig Tage im Dunkeln und waren zu einem eingespielten Team zusammengewachsen. Langsam machte sich vorsichtiger Optimismus unter uns breit. Die Nazis hatten uns bisher nicht gefunden. Es schien tatsächlich, als hätten wir hier unten eine Chance, den Krieg zu überleben.

Doch unsere Zuversicht verflog schlagartig, als Yoel und Silas Anfang Januar 1943 mit sehr beunruhigenden Neuigkeiten in die Höhle kamen.

»Da waren Stiefelabdrücke im Schnee«, sagte Yoel im Schein der Kerosinlampe. »Direkt beim Eingang. Zwei Personen sind bei der Höhle gewesen und haben sich umgesehen.«

Ein Gemurmel ging durch die Menge. Besorgte Blicke wurden gewechselt.

»Denkst du, es war die Gestapo?«, fragte Mutter. »Sind wir aufgeflogen?«

»Das halte ich für unwahrscheinlich«, sagte David. »Joscha verwischt jede Nacht alle Spuren. Es gibt nichts, was von außen darauf hindeutet, dass sich hier drinnen irgendjemand aufhält. Und selbst wenn, sie würden uns niemals finden. Den Weg durch diesen Irrgarten kennen nur wir. Den findet sonst keiner. Ausgeschlossen.«

»Das brauchen sie auch gar nicht«, meinte Silas. »Wenn die uns hier unten vermuten, brauchen sie nur den Höhleneingang bewachen zu lassen und zu warten, bis wir verhungert sind.«

»Was schlägst du vor?«, fragte Vater.

Yoel runzelte die Stirn. »Ich sage es nur ungern. Aber das Sicherste wäre es, in die Bunker zurückzukehren.«

»Was? Das wäre Selbstmord! Wir können nicht zurück! Nur wegen ein paar Fußspuren? Die müssen nicht zwingend von den Nazis stammen. Vielleicht waren es nur ein paar Bauern.«

Alle redeten durcheinander. Keiner war bereit, wegen ein paar Fußstapfen unser geniales Versteck aufzugeben. Die Bunker waren keine

Alternative. Dort konnte die Gestapo uns genauso gut finden. Die Höhle war weit sicherer. Außerdem: Hätten draußen Nazis rumgeschnüffelt und Verdacht geschöpft, wäre die Gestapo längst aufgekreuzt.

Es wurde heftig diskutiert, einer redete lauter als der andere, bis eine kräftige männliche Stimme alle anderen übertönte und die Gruppe zum Schweigen brachte. »Wir brauchen einen zweiten Ausgang!« Der Vorschlag kam von meinem achtzehnjährigen Cousin Simon.

Alle schauten zu ihm.

Er wartete, bis er unsere ungeteilte Aufmerksamkeit hatte, dann fuhr er kühn fort: »Tatsache ist, dass wir uns nicht mehr in Sicherheit wähnen können. Sollte die Gestapo uns finden und den Eingang bewachen lassen, sitzen wir in der Falle. Wir brauchen einen zweiten Ausgang, damit wir im Ernstfall fliehen können.« Simon hatte recht.

»Die Höhlendecke ist komplett aus Stein, da kommen wir nicht durch«, meinte mein Cousin Aaron und wandte sich mir zu. »Oder hast du bei deinen Klettertouren irgendwo einen Riss entdeckt? Irgend eine Spalte, die nach oben geht?«

Ich schüttelte den Kopf. »Bisher nicht, nein. Aber die Höhle ist riesig. Wir müssen nur tiefer rein, uns aufteilen und systematisch suchen. Vielleicht finden wir was.«

»Tut das«, sagte Vater. »Und tut es schnell. Wir dürfen keine Zeit verlieren.«

Somit war es beschlossen: Wir würden die Höhle nicht verlassen, sondern stattdessen versuchen, einen zweiten Ausgang freizulegen – wie auch immer das gehen sollte. Da ich von allen derjenige war, der sich am besten in der Höhle auskannte, übernahm ich das Kommando. Ich stellte ein Expeditionsteam zusammen und teilte alle meine Cousins und Onkel in Zweiergruppen auf. Wir packten Seile, Feldflaschen mit Wasser, etwas Fladenbrot und Ersatzkerosin für die Lämpchen in unsere Rucksäcke und machten uns unverzüglich in verschiedenen Richtungen auf den Weg.

Ich kletterte zusammen mit David, barfuß wie immer. Mehrere Stunden kraxelten wir durch das Labyrinth, das sich wie ein Korallenfächer waagerecht durchs Gestein gefressen hatte. Mal bewegten wir uns auf allen vieren vorwärts, mal mussten wir uns zwischen rauen, senkrechten Felsbrocken hindurchquetschen, dann wieder durch flache Tunnel robben oder uns durch enge Öffnungen zwängen. Da wir tiefer in die Höhle vorstießen als je zuvor, reichten die Seile nicht mehr aus, um den Weg zu markieren. Also legten wir bei jeder Verzweigung gebastelte Holzpfeile auf den Boden mit Pfeilrichtung zum Lager. Anders hätten wir niemals zurückgefunden. Die Höhle war zu unübersichtlich, und mit ein paar Ausnahmen sah ein Gang aus wie der andere. Sich hier zu verirren, bedeutete unweigerlich den Tod. Mit akribischer Sorgfalt untersuchten wir jeden Höhlenabschnitt in der Hoffnung, irgendwo eine Lücke im Stein zu finden. Vergeblich. Als wir erschöpft und verschwitzt ins Lager zurückkehrten, waren die Berichte der anderen Höhlenteams genauso frustrierend: Keiner von ihnen hatte eine Spalte gefunden und auch keinen Gang, der nach oben führte. Die Höhlendecke war, wie befürchtet, durchgehend aus Stein. Es war fraglich, ob sich dieses Projekt überhaupt in die Tat umsetzen ließ.

In der nächsten Nacht gingen wir wieder auf Erkundungstour – erfolglos. Jede Nacht krochen wir in andere Gänge, leuchteten mit den Kerosinlampen jeden Zentimeter aus, um ja nichts zu übersehen. Manchmal vergaßen wir, wo wir schon gewesen waren und wo nicht. Es war nicht leicht, in diesem Irrgarten den Überblick zu behalten. Ich versuchte sogar, eine Art Höhlenkarte zu zeichnen, was mir aber nicht gelang, da die Höhle dreidimensional war und einige Gänge über oder unter den anderen verliefen. Es war unmöglich, dieses verschachtelte Gebilde auf zweidimensionales Papier zu bringen. Manche von uns waren geneigt, aufzugeben.

»Diese Höhle ist eine Festung. Um da rauszukommen, müssten wir schon den Felsen sprengen, anders wird es nicht gehen«, sagte mein Cousin Daniel eines Nachts.

Aber für meinen Vater war Aufgeben keine Option, und er trieb uns immer aufs Neue an. »Sucht weiter! Wir müssen einen Ausstieg finden! Das ist unsere einzige Chance!«

Ich muss zugeben, auch ich hatte immer größere Zweifel am Erfolg dieser Mission. Bis zu jener Nacht, als mein Zwillingsbruder und ich tatsächlich fündig wurden. In einem Gang, in dem wir zur Abwechslung sogar aufrecht stehen konnten, fanden wir einen kleinen Erdhügel. Ich traute meinen Augen nicht. Hier unten gab es keine Erde, die Höhle war ja durchgehend aus Stein. Ein Erdhügel in dieser Tiefe konnte nur eines bedeuten, und bei dem Gedanken wurde mir ganz warm ums Herz. Mein Bruder schien genau dasselbe zu denken. Wir sahen uns an, starrten auf den Erdhügel, blickten nach oben ... und da war er, ein Riss im Felsen, knapp einen halben Meter breit. Er zog sich quer über die Decke, als hätte ein Riese mit einem Beil den Felsen gespalten. Wir streckten unsere Hände danach aus, gruben etwas Erde heraus und lachten.

»Das ist Erde! Das ist Erde!« Wir umarmten uns und kriegten uns schier nicht mehr ein vor Begeisterung. Man hätte meinen können, wir hätten eine Goldader gefunden. Und im Grunde hatten wir das auch. Denn diese Erde war Gold wert. Nein, sie war mehr als Gold wert.

»Es gibt einen Weg nach oben!«, rief David. »Wir kommen hier raus!«

»Gehen wir ins Lager zurück und erzählen es den anderen«, sagte ich. »Das werden die uns nicht glauben!«

Wir kehrten um und erreichten unser Lager eine Viertelstunde später. Ich war total aufgedreht. In diesen harten Zeiten waren gute Neuigkeiten eine Rarität, und diese Lücke im Felsen war eine ausgesprochen gute Neuigkeit. In aller Ausführlichkeit erzählten wir unserer Sippe davon und steckten alle mit unserem Enthusiasmus an.

»Worauf warten wir noch?«, fragte Simon und knackte seine Knöchel. »Lasst uns mit Graben beginnen!«

Und genau das taten wir. Simon, Aaron, Gershon, David und ich bewaffneten uns mit einer Blumenkelle, einer Schaufel und einer Spitzhacke und krochen zurück zu der Stelle mit dem Erdhügel. Wir hatten auch ein paar Jutesäcke dabei, die wir uns beim Arbeiten über den Kopf stülpen wollten. Das war Davids Idee. Er sagte, so werde uns die herunterfallende Erde nicht ständig in die Augen rieseln. Als erstes Werkzeug wählten wir die Spitzhacke. Damit rissen wir große Erdklumpen aus der Decke heraus. Der bescheidene Erdhügel zu unseren Füßen wuchs rasch zu einer mittleren Pyramide heran. Wir schafften die Erde mit der Schaufel ein paar Meter weit weg und türmten sie an der Wand entlang auf.

»Das geht ja leichter, als ich dachte«, sagte Simon, nachdem wir den ersten Quadratmeter Erde schnell und problemlos abgetragen hatten. »Wenn wir so weitermachen, sind wir in wenigen Tagen oben.«

»Freu dich nicht zu früh«, meinte David. »Sobald der Schacht an Höhe gewinnt, ist für die Spitzhacke kein Bewegungsspielraum mehr. Dann kommen wir bedeutend langsamer voran. Außerdem müssen wir damit rechnen, dass die Erdspalte nicht geradlinig von oben nach unten verläuft. Es kann gut sein, dass uns plötzlich eine Felsplatte den Weg versperrt.«

Simon ließ sich seine Zuversicht aber nicht nehmen. »Das wird schon klappen. Hauptsache, wir kommen irgendwann oben raus.«

»Hauptsache, wir kommen raus, bevor die Nazis uns finden«, murmelte ich zu mir selbst.

Von nun an gruben wir Tag und Nacht. Wir arbeiteten in Schichten mit mehreren Zweierteams, damit der Tunnelbau nie stillstand. Je schneller wir oben waren, desto besser. Zentimeter um Zentimeter schaufelten wir uns wie Maulwürfe durch die Erde. David nagelte eine Holzleiter zusammen, die wir an den Rand der Öffnung lehnten, um besser graben zu können. Nach drei Tagen hatte der Schacht bereits eine Höhe von zweieinhalb Metern. Da die Leiter nun zu kurz wurde, bastelte David Treppenstufen. Er bohrte links und rechts in regelmäßigen Abständen Löcher in den senkrechten Tunnel und steckte zwanzig Zentimeter lange Holzpflöcke hinein, an denen man sich hochhangeln konnte. Ich weiß nicht, was wir ohne David gemacht hätten. Wenn es um Handwerkliches oder Erfinderisches ging, war er unschlagbar.

Das Graben war eine mühselige Arbeit. Der Tunnel war eng, knapp sechzig Zentimeter breit, und es konnte immer nur einer auf einmal daran arbeiten. Pro Tag wuchs der Schacht um knapp eineinhalb Meter. Das bedeutete, wenn alles gut lief und die Erdoberfläche nicht mehr als zwanzig Meter über uns war, dass uns in fünfzehn Tagen der Durchbruch gelingen könnte. Die Spitzhacke konnten wir nicht mehr einsetzen. Jetzt gruben wir mit den Händen und hackten mit der Blumenkelle in der Tunneldecke herum. Die kleine Schaufel hing in einer Lasche an einem Strick, den wir uns um den Bauch banden. Das war unser Werkzeuggürtel, damit wir beim Hochklettern die Hände frei hatten, ohne die Kelle zu verlieren - auch eine Idee von David. Wer mit Graben an der Reihe war, arbeitete im Dunkeln und orientierte sich nur durch Tasten. Wir stellten zwar Kerosinlampen auf den Boden, die den Schacht von unten ausleuchteten, aber mit dem Kartoffelsack über dem Kopf waren wir trotzdem so gut wie blind. Doch das störte uns nicht. Die Dunkelheit war schon lange kein Hindernis mehr für uns.

Simon war der schnellste Tunnelgräber von uns allen. Er schaffte in der gleichen Zeit fast das Doppelte wie ich. Simon war zwei Jahre älter als ich, und ich bewunderte ihn sehr. Im Winter, bevor die Deutschen kamen, war er einmal von einem ukrainischen Polizisten verhaftet worden. Doch auf dem Weg zum Polizeirevier entwischte er und grub sich im Schnee ein. Einen ganzen Tag lang lag er unter dem Schnee und rührte sich nicht von der Stelle, während die ukrainischen Polizisten mit Pferden das Gelände nach ihm absuchten, bis sie zu dem Schluss kamen, er wäre wohl längst über alle Berge. Dabei hatte er die ganze Zeit direkt vor ihrer Nase gelegen. Das war mein Cousin Simon. Ein klasse Kerl, der sich vor nichts und niemandem fürchtete.

Nach zehn Meter Graben stießen wir auf das erste Hindernis: Zwei Felsen ragten wie eine zur Hälfte hochgezogene Zugbrücke in unseren Weg hinein. Die Lücke war selbst für ein Kind zu schmal zum Durchkommen, und die Felsen waren breite Platten, um die man nicht herumgraben konnte. Die einzige Möglichkeit war, ein Stück von den Felsnasen wegzumeißeln. Yoel besorgte uns dazu Hammer und Meißel. Eine geschlagene Woche meißelten wir an den widerspenstigen Felsen herum, bis wir genug davon weggeschlagen hatten, um weiterzukommen.

Bis Ende Januar wuchs der Tunnel um weitere fünf Meter. Er war jetzt fünfzehn Meter hoch, also ungefähr so hoch wie ein fünfstöckiges Haus. Verzögerungen hatte es nicht mehr gegeben, und wir hofften, dass das so bliebe und wir bald oben wären. Immerhin gruben wir jetzt schon einen knappen Monat rund um die Uhr.

»Was meinst du, wie weit ist es noch?«, fragte ich David, als wir wieder mal mit Graben an der Reihe waren.

Wir standen mit unseren Kerosinlämpchen unten an der Treppe und blickten in den finsteren Schacht hoch.

»Schwer zu sagen. Fünf oder zehn Meter, wenn wir Pech haben sogar zwanzig. Ich hoffe bloß, dass der Tunnel nicht einstürzt.«

»Der stürzt schon nicht ein.« Ich steckte mir die kleine Gartenschaufel in den Hüftgurt.

»Wenn er es doch tut und einer von uns drin ist, wird er es nicht überleben«, sagte David nüchtern. »Weißt du, wie viel ein Kubikmeter Erde wiegt?«

»Nein, wie viel?«

»Über eine Tonne. Das Gewicht würde jeden zermalmen, der darunter begraben wird.«

»Jetzt mach dir mal keine Sorgen. Der Tunnel ist stabil. Der bricht nicht so leicht ein.« Daran glaubte ich wirklich. Außerdem brachte es nichts, sich über einen möglichen Tunneleinsturz Gedanken zu machen. Wir sollten uns einzig und allein darauf konzentrieren, ihn endlich fertigzustellen. Ich stieg die Leiter hoch und verschwand im Schacht. Sprosse um Sprosse kletterte ich hinauf. Oben angekommen, stülpte ich mir den Jutesack über den Kopf und machte mich an die Arbeit. Ich hackte wie ein Wahnsinniger an der Decke herum, obwohl ich rein gar nichts sah. Nach ungefähr einer Stunde ertastete ich etwas Merkwürdiges. Es war dünn und biegsam. Eine Wurzel? Waren wir der Erdoberfläche vielleicht doch schon näher als vermutet? Ich wollte die Blumenkelle zurück in meinen Gurt stecken, um das zarte Gebilde genauer zu untersuchen. Doch ich verfehlte die Schlaufe, und die Kelle fiel in den Schacht runter. »Mist«, knurrte ich. Ohne den Jutesack vom Kopf zu nehmen, machte ich mich an den Abstieg, damit ich mir die Schaufel zurückholen konnte.

»Du hast da was verloren«, rief mein Bruder von unten hoch. »Soll ich dir die Kelle hochbringen?«

»Nein, ich bin gleich unten!«, rief ich zurück. Stufe für Stufe hangelte ich mich nach unten, bis ich mich nur noch knapp vier Meter über dem Einstiegsloch befand.

Und dann passierte es binnen Sekunden: Der Tunnel stürzte ein. Eine Erdlawine prasselte auf mich nieder. Ich verlor den Halt, stürzte in die Tiefe, prallte auf den Höhlenboden ... und alles wurde schwarz.

»Du bist nicht zurückgekommen, Joscha.«

Michals sanfte Stimme war ganz nah an meinem Ohr, aber ich konnte sie nicht sehen. »Michal? Wo bist du?«

»Ich bin hier.«

»Wo denn?« Ich schaute mich hektisch nach ihr um. Ich befand mich an einem seltsamen Ort. Es gab keinen Boden, auch keine Wände. Ich schien weder irgendwo draußen noch drinnen zu sein. Alles war dunkel.

»Warum bist du nicht zurückgekommen?«, flüsterte Michal. Ihre Stimme war so nah und dennoch meilenweit von mir entfernt.

»Es tut mir leid, Michal«, sagte ich. »Ich wollte ja. Aber ich musste nach Hause. Ich musste zu meiner Familie. Das verstehst du doch, oder?«

»Aber jetzt ist es zu spät«, hauchte Michal.

»Wieso? Wieso zu spät?«

»Weil wir für immer getrennt wurden.«

»Das ist nicht wahr. Wir werden uns wiedersehen. Ich versprech's dir!«

»Und wenn ich nicht mehr lebe?«

Mein Herz klopfte auf einmal heftig. »Aber du lebst doch. Was redest du da? Du lebst doch!«

»Tu ich nicht, Joscha.«

Und da sah ich sie plötzlich. Ich erblickte sie zwischen Tausenden von Menschen. Es waren so viele, dass kein Ende in Sicht war. Sie trugen graue Wintermäntel, an ihren rechten Armen die weiße Binde mit dem blauen Judenstern. Sie starrten mich alle aus hohlen Augen an. Mit eingefallenen Wangen. Blass. Keiner gab einen Laut von sich, und dennoch schienen sie zu schreien.

»Michal! Wo bist du? Bist du tot?«

»Ich liebe dich, Joscha! Leb wohl!«

Ich hörte ihre Stimme, aber ihre Lippen bewegten sich nicht. Ihr Gesicht war aschfahl. Ich wollte zu ihr, doch meine Füße gehorchten mir nicht. Sie klebten fest. Ich konnte mich keinen Zentimeter bewegen. Das Atmen fiel mir schwer. Es fühlte sich an, als lastete eine Tonne auf meinem Brustkorb. »Michal! Bleib bei mir! Michal!«

»Leb wohl, Joscha! Leb wohl!«

Ich sah einen weißen Nebel, der von allen Seiten kam, von oben, von unten, von hinten und von vorne. Er hüllte die Menschenmasse in sich ein. Einer nach dem anderen zerfiel zu Staub, auch Michal, als wäre ihre Haut aus Erde.

»Michal!«, schrie ich. »Geh nicht fort! Bitte! Lass mich nicht allein!« Ich war verzweifelt.

Michals Gestalt wurde immer verschwommener, bis sie schließlich im Nichts verschwand. Sie war einfach nicht mehr da. Und ich hatte das Gefühl, als sei es meine Schuld. Ich wollte nur noch fort. Aber es ging nicht. Ich war gefangen. Alles war so schwer und so eng und so dunkel. Hier kam ich aus eigener Kraft nicht mehr weg.

»Joscha? Wach auf! Joscha!«

Jemand tätschelte meine Wange. Ich schnappte nach Luft und schlug die Augen auf. Das Licht der Kerosinlampe warf flackernde Schatten an die Höhlendecke.

»Joscha!« Das Gesicht meines Zwillingsbruders tauchte über mir auf. Er hielt mich in den Armen und sah schockiert und erleichtert zugleich aus.

Und da fiel mir mit einem Mal alles wieder ein: wie die Erde auf mich herabgedonnert war, wie ich gefallen war, und dann ... nichts.

»O Joscha, ich habe gedacht, du wärst tot! Die ganze Erde lag auf dir! Ich habe dich freigeschaufelt, so schnell ich konnte. Tut dir was weh? Wie fühlst du dich? Kannst du dich bewegen? Sag doch was!«

»Danke«, brachte ich leise hervor und spuckte Erde aus dem Mund. Ich fühlte mich wie von einer Dampfwalze überrollt. Mein Schädel brummte. Etwas Warmes rann mir über die Stirn, wahrscheinlich

Blut. Aber ich lebte. Und mir war sehr wohl bewusst, wem ich das zu verdanken hatte.

»Hast du Schmerzen?«, fragte mich David besorgt. »Vielleicht hast du dir was gebrochen bei dem Sturz. Oder mehrere Rippen geprellt von dem ganzen Gewicht, das auf dir lastete. Es ist ein Wunder, dass du überhaupt noch atmest.«

Das war es in der Tat. Wäre ich wegen der Blumenkelle nicht gezwungen gewesen, nach unten zu klettern, hätte es mich in voller Höhe erwischt. Ich wäre direkt in den Tod gestürzt. Mein Blick fiel auf den Erdhügel unter dem Tunneleinstieg. Das waren einige Kubikmeter, die da heruntergekommen waren. Hätte mein Bruder nicht so schnell reagiert, wäre ich unter der ganzen Erde erstickt. Dass ich noch atmete, war ein Wunder. Und dass ich mir nicht alle Knochen gebrochen hatte, ebenso. Vorsichtig bewegte ich meine Füße, meine Beine, meine Arme und meinen Brustkorb, um zu testen, ob eine dieser Bewegungen einen stechenden Schmerz verursachte. Aber alles schien so weit in Ordnung zu sein. Außer ein paar Schürfungen und Prellungen hatte ich tatsächlich nichts abgekriegt. Es war ziemlich unglaublich.

»Wir sollten zurück ins Lager«, sagte David. »Kannst du aufstehen?«

»Ich denke schon.«

Mein Bruder half mir auf die Beine. Mir war, als hätte man mich von allen Seiten mit Fäusten bearbeitet. Einige Wunden brannten. Doch damit kam ich klar. Ich humpelte zum Tunnel, um mir den Schaden anzusehen. David hob die Kerosinlampe vom Boden auf und leuchtete in den Schacht hinein. Wir konnten nicht bis ganz nach oben sehen, aber sämtliche Tritte waren abgebrochen oder ausgerissen. Es würde Tage dauern, sie zu ersetzen.

»Halb so wild«, meinte David. »Die kann ich ersetzen. Dich nicht.« Er legte mir seine Hand um die Schulter und sah mich ernst an. »Ich bin froh, dass ich dich nicht verloren habe.«

»Das bin ich auch«, sagte ich und atmete tief durch. »Das bin ich auch.«

13 Der Durchbruch

Drei Tage brauchte David, um die Holzsprossen zu ersetzen, und weitere zwei Tage dauerte es, den eingebrochenen Teil des Schachtes auszubessern. Dann bohrten wir uns weiter senkrecht in die Höhe, Stück für Stück der Welt über uns entgegen.

Ich musste nach meinem Sturz allerdings drei Wochen aussetzen. Robben und Klettern waren fürs Erste gestrichen. Ich schaffte es nicht mal mehr durch die engen Gänge bis zum Tunneleinstieg. Sogar das Spurenverwischen und Schneeglätten vor der Höhle musste jemand anderes für mich übernehmen. Mir tat alles weh. Mein Körper war grün und blau, als hätte ich die Abreibung meines Lebens bekommen. David berichtete mir täglich, wie es mit dem Graben voranging.

Drei Wochen nach dem Tunneleinsturz hatte der Schacht die schwindelerregende Höhe von fünfundzwanzig Metern erreicht. Er war jetzt sage und schreibe so hoch wie ein achtstöckiges Gebäude. Wer eine Treppenstufe im Schacht verfehlte, das Gleichgewicht oder die Nerven verlor, fiel in den sicheren Tod.

»Es kann jeden Tag so weit sein«, sagte mir David. »Ich glaube, wir müssten demnächst den Durchbruch schaffen.«

Ich wollte unbedingt dabei sein, wenn es so weit war. Nachdem meine Wunden einigermaßen verheilt waren, meldete ich mich zurück zum Dienst. Wir waren alle ganz kribbelig, und jedes Team, das das andere ablöste, hatte nur eine Frage: »Und? Seid ihr schon oben raus?«

Ende Februar, nach sieben Wochen harter Arbeit, war ich wieder mal mit Graben an der Reihe. Plötzlich stach meine kleine Gartenschaufel wie durch Butter. Es war überhaupt kein Widerstand mehr da und das konnte im Grunde nur eines bedeuten. Eifrig stocherte ich weiter in der lockeren Erde herum. Nachdem sich ein großer Erdklumpen aus der Decke gelöst hatte, stieß ich auf etwas Nasses, Kaltes. Es fühlte sich an wie Schnee!

Wir sind oben!, war das Einzige, was ich dachte. *Wir sind oben!* Mein Herz tanzte wie wild in meiner Brust. Ich riss mir den Kartoffelsack vom Kopf, bohrte mit der Blumenschaufel ein zylinderförmiges Loch in den festen Schnee und blickte wie durch ein Fernrohr nach oben. Was ich sah, war das absolut Faszinierendste, was ich in den vergangenen Monaten unter der Erde zu Gesicht bekommen hatte: einen Stern. Ich sah einen einzelnen weißen Stern am klaren Nachthimmel leuchten. Ich bekam ganz feuchte Augen vor Freude.

Geschafft! Wir haben es tatsächlich geschafft!

Ich wartete einen Moment und lauschte, um sicherzugehen, dass ich über mir keine Stimmen oder Schritte hörte. Nicht, dass mich die Erde am Ende noch direkt vor einem Nazi ausspuckte und sich unser Fluchtweg in eine Todesfalle verwandelte. Aber alles war still. Also schaufelte ich weiter. Ich konnte es kaum erwarten, meinen Kopf oben rauszustrecken und zu sehen, wo wir gelandet waren.

»Ist das Schnee, Joscha?«, rief jetzt mein Bruder ganz aufgeregt zu mir durch den Tunnel hoch. »Bist du raus?«

»Ja! Ich bin raus!«

»Was siehst du?«

»Augenblick noch! Sag ich dir gleich!« Ich vergrößerte das Loch im Schnee, bis es groß genug war, dass ich hindurchpasste. Die nackten Füße sicher auf den letzten Holztritten platziert, stemmte ich mich vorsichtig durch die Schneeschicht an die Erdoberfläche und sah mich um. Ich befand mich mitten auf einem Acker, etwa zweihundert Meter von dem Waldstück entfernt, in dem sich der Höhleneinstieg befand. Nicht weit entfernt erkannte ich die schneebedeckte Landstraße, die sich am Waldrand entlangschlängelte und auf der wir in der Nacht auf den 22. November 1942 mit all unserem Hab und Gut hergekommen waren. Weit und breit war kein Haus zu sehen, nur Bäume und sanfte Hügelzüge, unter einer dicken Schneeschicht begraben. Die Luft war klirrend kalt. Mein Atem wurde zu einer Dampfwolke vor dem Mund. Nachdem ich die Umgebung in Augenschein genommen hatte, tauchte ich wieder in die Erde ab. Gegen die Minustemperaturen draußen erschienen mir die zehn Grad in der Höhle auf einmal angenehm warm.

»Und?«, hörte ich Davids ungeduldige Stimme von unten. »Wie sieht's aus?«

»Gut! Sehr gut! Warte, ich komm runter!« Ich hangelte mich durch den acht Stockwerke hohen Schacht auf den Boden zurück.

David empfing mich voller Begeisterung. »Wir sind also raus, ja? Wir haben's geschafft?«

Ich strahlte. »O ja, das haben wir!«

Wir lachten, fielen uns in die Arme, klopften uns gegenseitig auf die Schulter. Wir fühlten uns, als hätten wir gemeinsam den Mount Everest bestiegen.

»Und wo genau sind wir rausgekommen? Im Wald?«

»Nein, auf einem Acker«, sagte ich. »Der Wald ist etwa zweihundert Meter weit weg.«

»Dann brauchen wir einen stabilen Holzdeckel.«

»Um das Loch zu tarnen, richtig.«

»Nicht nur deshalb. Der Deckel muss auch stark genug sein, um das Gewicht eines Ochsen mit Pflugschar zu tragen. Sonst haben wir spätestens im Frühjahr ein Problem, wenn der Bauer seinen Acker pflügt.«

»Stimmt. Und der Deckel darf nicht direkt an der Oberfläche liegen«, meinte ich. »Damit die Pflugschar nicht dran hängen bleibt.«

»Ganz genau. Wir versenken ihn im Boden, mindestens sechzig Zentimeter tief, und schütten ihn mit Erde zu.«

»Und was ist mit dem Gewicht der Erde, das von oben draufdrückt?«, fragte ich. »Ein Kubikmeter wiegt immerhin über eine Tonne, wie wir beide wissen.«

»Das ist wahr. Wenn ich den Deckel aus den Latten baue, mit denen wir die Betten gezimmert haben, könnten sie wie Streichhölzer zerbrechen. Wir brauchen was Festeres, dicke Balken oder so was.«

»Und wo kriegen wir die her?«

David klopfte sich mit den Fingern an den Mund. In seinem Handwerkerhirn rotierte es. »Wir müssen Bäume fällen!«

Ich sah ihn entgeistert an. »Bäume fällen? Bist du wahnsinnig? Wenn wir dabei entdeckt werden, sind wir tot!«

»Hast du eine bessere Idee?«

»Nein, aber ... das ist lebensgefährlich.« Mir war ganz und gar nicht wohl dabei. David genauso wenig. Das sah ich an seinem Gesichtsausdruck. Doch eine andere Lösung fiel uns nicht ein.

Wir gingen zurück ins Lager und erzählten den anderen von unserem Durchbruch. Die Euphorie, dass wir nach sieben Wochen ununterbrochenem Graben endlich einen zweiten Ausgang hatten, war überschwänglich.

Aber die gute Stimmung wurde getrübt, als David das Problem schilderte, das der Acker mit sich brachte. »Alles, was ich brauche, sind zwei kleine Bäume mit fünfzehn Zentimeter Durchmesser. Die zu fällen, wird nicht allzu lange dauern. Bevor uns jemand sieht, sind wir zurück in der Höhle.«

»Und wie schaffst du die Bäume hier rein, ohne in der ersten Kurve damit stecken zu bleiben?«, fragte Onkel Caleb.

»Wir zersägen sie vorher in Stücke.«

»Aber das macht doch alles einen furchtbaren Krach!«, meinte Tante Hannah.

»Wir haben keine Wahl«, sagte David. »Wir brauchen den Deckel. Und er muss nun mal einiges aushalten.«

Ein Murmeln ging durch die Runde. Alle wussten, was auf dem Spiel stand. Simon war wie gewöhnlich der Erste, der sich freiwillig für den riskanten Job meldete. Nach und nach traten auch Onkel Yosl und seine Söhne Gershon und Daniel vor. Somit waren wir mit David und mir zu sechst. Ich hatte zwar furchtbare Angst, doch ich wollte kein Feigling sein. Die anderen wagten schließlich genauso viel. Wir saßen alle im selben Boot - oder besser gesagt in derselben Höhle.

»Gut«, meinte David und schnappte sich eine Axt. »Brechen wir auf, bevor es hell wird.«

Wann immer eine Männergruppe die Höhle verließ - ob zum Wasserholen, Essenauftreiben oder Brennholzsammeln -, blieben die Familien mit Bangen und zugeschnürter Kehle zurück, ohne zu wissen, ob sie ihre Lieben je wiedersehen würden. Hier unten waren wir sicher. Dort oben nicht. Jeder, der die Welt außerhalb der Höhle betrat, ging mit dem Wissen hinaus, dass er überall und jederzeit entdeckt und erschossen werden konnte. Aber daran wollte ich jetzt lieber nicht denken.

Während Tante Hannah sich unter Tränen von ihrem Mann und ihren Söhnen verabschiedete und Simons Eltern ihn schweigend an sich drückten, legte Mutter David und mir je eine Hand auf die Schulter, sah uns fest an und sagte nur zwei Worte: »Seid vorsichtig.«

»Werden wir«, antwortete David.

Wir brachen auf, bewaffnet mit zwei Äxten, zwei Sägen und zwei Jutesäcken zum Schneeglätten. Draußen war es immer noch dunkel, aber der Schnee hellte die Landschaft enorm auf, was nicht gerade hilfreich war, wo wir doch nicht gesehen werden wollten.

Ich wusste, dass die Gestapo mit ihren Spürhunden selbst im Winter die Wälder und Felder auf der Suche nach Juden durchkämmte. Nicht einmal die Kälte und der tiefe Schnee hielten die Soldaten von ihrer tödlichen Mission ab. Was, wenn sie ausgerechnet in dieser Nacht hier entlangkamen und wir ihnen direkt in die Arme liefen? Ich hielt die Axt in meiner Hand fest umschlungen und zwang mich, einfach nur einen Fuß vor den anderen zu setzen.

Der Schnee knarzte unter unseren Schritten. Wir stapften hintereinander durch den Schnee, immer in den Fußstapfen des Vordermanns, um möglichst wenige Spuren zu hinterlassen. Etwa hundert Meter von der Höhle entfernt machten wir halt. David suchte sich zwei Bäume mit dem richtigen Durchmesser. Simon und Onkel Yosl sägten an einem Stamm herum, Gershon und Daniel am zweiten. Als der erste Baum krachend zu Boden fiel, schlugen David und ich mit den Äxten die Äste ab, während Simon und Onkel Yosl mit dem Zerlegen des Stammes begannen. Die Geräusche der Äxte und Sägen hallten durch den Wald.

Tok - tok - tok ... krrrtsch - krrrtsch - krrrtsch ...

Es klang wie ein Sägewerk und ein Heer von Spechten in einem. Man hörte uns bestimmt kilometerweit! Ich schwitzte und das nicht nur wegen der körperlichen Anstrengung. Was für eine irrsinnige Aktion! Wir hatten den Verstand verloren!

Tok - tok - tok ... krrrtsch - krrrtsch - krrrtsch ...

Jetzt fiel auch der zweite Baum ächzend in den Schnee. Wir sprachen kein Wort, sondern sägten und hackten wie die Verrückten an den Bäumen herum. Zwischendurch hob David die Hand, und wir hörten alle gleichzeitig auf zu arbeiten und lauschten in die Stille hinein in der Hoffnung, kein Hundegebell zu hören. Dann wäre mir mein Herz endgültig in die Hose gerutscht. Aber alles blieb ruhig. Onkel Yosl, Simon, Gershon und Daniel zersägten die beiden Stämme in mehrere neunzig Zentimeter lange Stücke. Das war die Länge und Breite, die David für den Deckel brauchte. Mein Bruder und ich transportierten die bereits fertigen Teile zur Höhle zurück. Noch beim Höhleneingang konnten wir die verräterischen Sägegeräusche hören. Meine Nerven waren zum Zerreißen gespannt. Das dauerte alles viel zu lange. Wir mussten endlich von hier verschwinden, bevor unser Waldkonzert die falschen Zuhörer anlockte. Vielleicht waren sie schon auf dem Weg. In genau diesem Moment!

Die letzten Stücke waren zersägt. Eilends stapften wir damit zur Höhle. David und ich verwischten mit den Jutesäcken die Spuren hinter uns. Dann trugen wir die zerlegten Bäume in die Höhle. Mein Herz klopfte noch, als wir längst wieder in den Schoß der Erde abgetaucht waren. Das hätte böse enden können. Aber wir hatten es geschafft. Und wir hatten das Material für den Tunneldeckel.

Die nächste Nacht war David voll und ganz mit der Konstruktion eines quadratischen Steckrahmens beschäftigt. Das Stecksystem war deswegen so wichtig, damit wir die vier Rahmenteile für den Transport auseinandernehmen konnten. Das Teil wäre mit seinen neunzig mal neunzig Zentimetern sonst zu sperrig gewesen und hätte nicht durch die teils engen Höhlengänge gepasst.

In der darauffolgenden Nacht war es dann so weit: Gershon, Simon, David und ich schlichen uns wieder nach draußen, ausgerüstet mit einer Schaufel, einem Jutesack, dem Steckrahmen und den passenden Holzstücken für den Deckel. Wir stapften durch den Wald zur Landstraße hinunter und von dort quer über den Acker zum Notausstieg. Vor zwei Tagen, als wir die Bäume gefällt hatten, waren die Geräusche unser größtes Problem gewesen. Jetzt war es die Schutzlosigkeit auf offenem Feld. Man konnte uns zwar nicht im Umkreis eines Kilometers *hören*, dafür aber *sehen*! Und das war genauso gefährlich.

Warum hatte unser Tunnel auch ausgerechnet mitten in einem Acker enden müssen? Im Wald wäre es wesentlich besser gewesen, in jeder Hinsicht.

Wir erreichten den Notausstieg, steckten den Rahmen zusammen und versenkten ihn in der dafür vorbereiteten Grube. Auf den Rahmen legten wir die anderen neunzig Zentimeter langen Baumstücke, schön dicht nebeneinander, bis das Loch ganz geschlossen war. Der Abstand zwischen Deckel und Ackerboden betrug ziemlich genau sechzig Zentimeter. Wir füllten die Grube mit Erde auf und trampelten sie gut fest. Darüber verteilten wir den Schnee und glätteten ihn mit dem Kartoffelsack zu einer ebenen Fläche. Fertig. Kein Mensch wäre je auf die Idee gekommen, dass sich hier der Einstieg in eine Höhle befand.

Wieder zurück in der Höhle beglückwünschten wir uns gegenseitig zu der gelungenen Mission. Es war ein enormer Erfolg. Wir waren alle unglaublich stolz auf das, was wir geleistet hatten. Der Tunnel war fertig, der Ausstieg perfekt getarnt. Zwei Monate hatten wir wie verbissen an diesem Projekt gearbeitet, hatten geschwitzt, geschuftet bis zum Umfallen und nie gewusst, ob wir es auch wirklich schaffen würden. Doch wir hatten es geschafft. Wir hatten uns durch fünfundzwanzig Meter Erde gegraben und einen zweiten Ausstieg freigelegt. Jetzt konnte der Frühling kommen, der Bauer konnte seinen Acker pflügen, und unser Versteck würde trotzdem nicht auffliegen.

Dabei war es genau der Frühling, den wir hätten fürchten sollen. Denn dort unter dem Schnee, direkt vor unserem Höhleneingang, lag noch immer die Kartoffel, die ich längst vergessen hatte. Wer hätte gedacht, dass eine einfache Kartoffel über das Schicksal von dreißig Menschen bestimmen und ihnen zum Verhängnis werden würde? Und je wärmer es wurde, je mehr der Schnee dahinschmolz, desto näher rückte die Katastrophe ...

14 In Gefahr

Oktober 2015

»Sie sind doch nicht etwa entdeckt worden?«, fragte Natalie erschrocken.

Mr Burker knetete nervös seine Hände. Mit beinahe kindlichem Enthusiasmus hatte er vom Bau des Ausstiegtunnels erzählt und von ihrem triumphalen Durchbruch an die Erdoberfläche. Jetzt auf einmal verdüsterte sich sein Gesicht. Er wirkte angespannt, so als käme er an einen Punkt seiner Geschichte, den er lieber nicht erzählen wollte.

»Bitte sagen Sie mir, dass die Nazis Sie nicht gefunden haben«, sagte Natalie.

Der Neunundachtzigjährige starrte vor sich auf den Tisch. »Sie haben uns gefunden«, sagte er leise.

»O nein. Aber wie?«

»Darüber habe ich mir lange den Kopf zerbrochen. Erst viel später habe ich mich an die Kartoffeln erinnert. Sie müssen uns zum Verhängnis geworden sein. Ich sagte Ihnen doch, dass mein Bruder Yoel und ich einige Kartoffeln im Schnee verloren hatten. Wir hatten wirklich gedacht, wir hätten alle wieder eingesammelt. Aber wir müssen doch ein oder zwei übersehen haben. Als im Frühling der Schnee schmolz, kamen sie wieder zum Vorschein. Schöffer und Gronnik haben sie wohl auf einem ihrer Jagdausflüge gefunden. Und als sie in unmittelbarer Nähe der Kartoffeln den Höhleneingang entdeckten, war ihnen klar, dass sich hier Juden versteckt hatten. Ich weiß nicht, wie sie den Weg zu uns gefunden haben. Ich weiß nur noch ... Ich habe in meinem ganzen Leben noch nie so viel Angst gehabt. Ich sehe sie noch heute vor mir ... ihre Stiefel ... ihre Mäntel ... ihre Waffen ...« Er schluckte und knetete die Hände noch mehr. Seine Augenbrauen zogen sich zusammen wie die dunklen Wolken draußen im Park.

Der Wind nahm zu und die ersten schweren Regentropfen färbten den hellen Gehweg vor der Cafeteria dunkelgrau.

Mr Burker starrte auf den Tisch. Nein, er starrte mitten durch ihn hindurch, mitten in die Vergangenheit hinein, in die Hölle jenes furchtbaren Tages, an dem auf einen Schlag alles verloren schien.

***

April 1943
Viereinhalb Monate, exakt hundertdreiunddreißig Tage, lebten wir jetzt schon unter der Erde in unserer notgedrungenen Wohngemeinschaft. Hundertdreiunddreißig Tage hatte keiner von uns mehr das Tageslicht gesehen. Wenn wir uns nach draußen wagten, dann nur bei Nacht. Die Frauen und Kinder hatten die Höhle hingegen kein einziges Mal verlassen. Ich musste oft an Michal denken, ob sie noch lebte und ob wir uns jemals wiedersehen würden. Ich wünschte, dieser scheußliche Krieg wäre endlich zu Ende. Aber das war er noch lange nicht.

Am 4. April 1943, einen Monat vor meinem siebzehnten Geburtstag, wurde der schlimmste unserer Albträume wahr: Unser Versteck flog auf.

Es war am späten Nachmittag. Alle schliefen tief und fest, als plötzlich ein lauter Knall die Stille zerriss. Augenblicklich saß ich senkrecht im Bett. Was war das? Ein Schuss? Eine Granate? Hatte jemand die Höhle gesprengt? Was um alles in der Welt hatte das zu bedeuten?

»Was ist los?«, fragte Susanne neben mir. »Was geht hier vor?«

Ich hörte Schritte, dann laute Männerstimmen, die irgendetwas herumbrüllten - auf Deutsch! Ich glaubte, mein Herz stünde still. *Die Nazis!,* schoss es mir durch den Kopf. *O nein!*

»Bleiben Sie stehen!«, rief jemand. »Bleiben Sie sofort stehen oder ich schieße!«

Es musste Simon sein, den sie im Visier hatten. Seit dem Vorfall mit den Stiefelabdrücken im Schnee hatte er sein Nachtlager näher zum Eingang verlegt, um uns bei Gefahr rechtzeitig warnen zu können. Jetzt saß er selbst in der Falle. In diesem Moment fiel ein Schuss. Das Echo wanderte im Zickzack durch die vielen Höhlengänge und verlor sich irgendwo in den Tiefen des Labyrinths.

»Stehen bleiben!«, rief wieder einer der Deutschen.

Sie hatten ihn also verfehlt. Gott sei Dank. Aber wo waren sie? Wie lange würde es noch dauern, bis sie uns finden würden?

Ich hörte jemanden in unsere Richtung rennen. Und schnaufen. Das musste Simon sein. Ich sprang auf. Das Bett, das Susanne, David und ich teilten, befand sich direkt neben dem Zugangstunnel, der vom Höhleneingang hierher führte. Instinktiv griff ich nach der Axt, die neben dem Bett an der Wand lehnte. Ich fasste sie mit beiden Händen, wild entschlossen, den ersten Nazi, der hier hereinkäme, damit zu erschlagen.

Das Schnaufen kam näher. Der flackernde Schein einer Kerosinlampe tauchte in der Dunkelheit auf. Simon kam um die Ecke gebogen und stolperte an mir vorbei. Sein Gesicht war schreckensbleich. So hatte ich ihn noch nie gesehen. »Die Deutschen sind hier!«, flüsterte er hastig. »Wir müssen uns verstecken! Schnell!«

Aufgeregte Männerstimmen hallten hinter ihm durch die Gänge. Sie waren ihm dicht auf den Fersen.

»Da lang!«, rief einer. »Ich glaube, er ist da lang gelaufen!«

Ich hörte sie näher kommen. Ihre Schritte und die aufgeregten Stimmen ließen mich erahnen, dass sie schon fast da waren.

Uns blieb keine Zeit mehr. Panik erfasste unsere Höhlengemeinschaft. Alle stoben auseinander wie Schafe, wenn der Wolf kommt. Sie krochen flink unter die Betten oder verschwanden in den Seitengängen.

»David!«, quiekte Susanne hinter mir. »Was ist los mit dir? Wir müssen weg hier!«

Ich drehte mich um. David lag auf dem Bett, die Augen weit aufgerissen. Er schlotterte am ganzen Körper.

Meine Schwester rüttelte ihn, aber er reagierte nicht. »Joscha! Hilf mir!«

Doch ich konnte nicht. Ich starrte auf meinen Bruder, wie er hilflos auf dem Bett lag, mein Zwillingsbruder, der sonst immer wusste, was zu tun war, auf den ich mich immer hatte verlassen können. Und da verließ mich jeglicher Mut.

Susanne zerrte David vom Bett, rollte ihn darunter und robbte hinterher. »Komm, Joscha! Gleich sind sie da! Jetzt komm schon!« Sie wedelte mit dem Arm unterm Bett vor, aber meine Füße waren wie festgefroren.

Ich ließ die Axt los. Meine Knie gaben nach. Ich sackte zusammen, drückte mich an die Wand wie ein in die Enge getriebenes Tier und begann zu weinen. Ich hoffte einfach, dass es schnell gehen würde.

»Wir haben die Stelle!«, rief einer der Männer aus dem Tunnel. »Wir haben sie gefunden, Herr Hauptsturmführer!«

Und dann waren die Nazis da. Fünf Männer mit Maschinenpistolen. Direkt neben mir. Ich sah ihre schwarzen Stiefel, dreckverschmiert vom Höhlenmatsch, und den Saum ihrer schwarzen Ledermäntel. Sie leuchteten mit ihren Taschenlampen die Höhle aus. Die meisten von uns hatten sich rechtzeitig verstecken können, aber ein paar wenige saßen aneinandergeklammert auf ihren Betten und warteten genau wie ich auf das Unabwendbare. Ich erkannte Simon und seine Schwester Jael. Das Mädchen zitterte am ganzen Leib. Einer der Männer machte einen Schritt nach vorn und trat dabei auf die Axt, die ich hatte fallen lassen. Ich saß nur Zentimeter daneben. Ein weißer Lichtkegel huschte hinunter zu der Axt, erfasste dabei meine nackten Füße und wanderte zu meinem Gesicht hoch. Ich duckte mich und hielt schützend die Hände vor mein Gesicht. Ich wollte nicht zusehen, wie sie mich erschossen. Aber es fiel kein Schuss. Stattdessen hörte ich eine raue Stimme, bei der mir augenblicklich alle Haare zu Berge standen. Ich kannte sie. Ich hätte sie unter Tausenden erkannt: Sie gehörte Gronnik.

»Na, wen haben wir denn da?«, sagte er. »Wolltest du mich damit etwa erschlagen, du dreckiger kleiner Jude?«

Ein warmes Rinnsal lief mir die Beine runter. Ich hatte mir soeben in die Hosen gepinkelt. Das Licht von Gronniks Taschenlampe blendete mich. Ich konnte ihn zwar nicht sehen, aber ich spürte seinen Blick auf mir. Er schob den Lauf seiner Maschinenpistole unter mein Kinn, um mich genauer in Augenschein zu nehmen. Auch wenn unsere Begegnung schon fast zwei Jahre zurücklag und ich vor Dreck nur so strotzte, war ich mir sicher, dass er sich an mich erinnern würde. Und wenn das geschah, würde er die Drohung wahr machen, die er damals durch den Flur hinter mir hergerufen hatte. Diesmal würde er mich erschießen. Ich blinzelte in das grelle Licht seiner Taschenlampe und wartete darauf, dass er abdrückte.

Doch er tat es nicht. Etwas lenkte ihn ab.

Drüben auf der gegenüberliegenden Seite der Höhle bewegte sich etwas. Jemand schälte sich aus dem Schatten heraus und kam direkt auf uns zu: Es war Cecilia! Mutig trat sie aus ihrem Versteck hervor und sagte mit fester Stimme und in perfektem Deutsch: »Und wie geht es jetzt weiter? Wollen Sie uns alle erschießen? Glauben Sie tatsächlich, unser Tod würde dem Führer irgendeinen taktischen Vorteil verschaffen?«

Ich glaubte nicht, was ich da hörte.

Der Lichtkegel und der Lauf der Maschinenpistole schwenkten hinüber zu meiner Schwägerin. Sie stand mitten im Raum, aufrecht wie eine Königin. Keinerlei Furcht lag in ihrem Gesicht. Wie eine Löwin war sie bereit, für uns alle zu kämpfen und notfalls ihr Leben dafür zu opfern. Was sie da tat - Gronnik im Angesicht des kurz bevorstehenden Todes die Stirn zu bieten -, das grenzte an einen Heldenmut, den ich ihr niemals zugetraut hätte. Juden sprachen die Gestapo nicht unaufgefordert an. Das konnte leicht mit einer Kugel in die Stirn enden.

Gronnik und seine Männer waren von Cecilias Auftritt genauso perplex wie alle anderen in der Höhle.

»Was zum Teufel geht da vorne vor sich?«, rief nun jemand von weiter hinten aus dem Tunnel. »Wer redet denn da so laut?« Beim Klang dieser Stimme wich mir sämtliches Blut aus dem Gesicht. Auch *die* Stimme hatte sich für immer in mein Gedächtnis gegraben: Schöffer!

»Es ist eine Frau, Herr Hauptsturmführer!«, rief Gronnik, die Maschinenpistole auf Cecilia gerichtet. »Wahrscheinlich die Anführerin in diesem ... Loch hier.«

Ich hörte Schritte. Wenig später tauchte SS-Hauptsturmführer Schöffer mit verschmutztem Mantel im Höhlenraum auf. Alles in mir zog sich zusammen, als ich ihn neben mir stehen sah. Ich wusste, er würde uns alle töten. Er hatte keinen Grund, es nicht zu tun. Jagen und Töten waren seine grausige Leidenschaft. Und dass er dafür sogar in diese Höhle hineingekrochen war, zeigte den Wahn, von dem er besessen war. Nein, hier würden wir nicht mehr lebend rauskommen. Keiner von uns. Es war vorbei.

Der SS-Offizier nahm die Brille von der Nase, putzte den Lehm von den kleinen runden Brillengläsern und setzte sie wieder auf. Eine graue Strähne des sonst steif zurückgekämmten Haares hing ihm ins kantige Gesicht. Angewidert schaute er sich um. Mich würdigte er nur eines flüchtigen Blickes. Seine Aufmerksamkeit galt viel mehr der Rebellin, meiner Schwägerin, die es gewagt hatte, seine Männer zu provozieren. Er schob seinen Mantel etwas zurück und legte seine rechte Hand an die Pistole in seinem Gurtholster.

Ich kniff die Augen fest zusammen, um nicht mit ansehen zu müssen, wenn er sie umbrachte.

Da ergriff meine Schwägerin erneut das Wort. Es war mir ein Rätsel, woher sie diese Kühnheit nahm. »Sehen Sie sich um: Wir leben hier wie die Fledermäuse. Wir wollen nur irgendwie den Krieg überleben. Was haben Sie davon, uns zu töten?«

»Wie viele seid ihr?«, fragte Schöffer scharf. »Wie viele von euch leben hier?«

»Mehr sind wir nicht«, antwortete Cecilia unbestimmt.

Er schien ihr nicht zu glauben. »Und wieso dann die vielen Betten?«

»Lassen Sie uns in Frieden«, sagte Cecilia, ohne seine Frage zu beantworten. »Wir sind keine Bedrohung für den Führer. Er wird unseretwegen schon nicht den Krieg verlieren.«

Noch immer hatte Schöffer seine Waffe nicht gezückt und auch seinen Männern keinen Schießbefehl erteilt. Es kam mir vor, als fühlte er sich in dieser seltsamen unterirdischen Welt extrem unwohl. Das war nicht das Jagdgebiet, das er gewohnt war. Und genau das war unser Vorteil. Mit einem Mal verflog all meine Angst. Die Selbstsicherheit meiner Schwägerin und die Tatsache, dass wir noch immer am Leben waren, gaben mir Hoffnung. Vielleicht war dies doch nicht das Ende. Vielleicht hatten wir noch eine Chance, lebend aus dieser Sache herauszukommen.

»Durchsuchen!«, rief Schöffer seinen Männern zu. »Treibt sie zusammen!«

Die Soldaten schwärmten aus und sammelten ein, wen sie fanden. Sie waren nicht sehr gründlich bei ihrer Suche, leuchteten nur grob unter ein paar Betten und in ein paar Seitengänge. Ich hatte den Eindruck, als wollten sie einfach nur so schnell wie möglich zurück an die Erdoberfläche.

»Zieh dich an!«, sagte Gronnik zu mir, die Maschinenpistole auf meinen Kopf gerichtet. Er hatte mich noch immer nicht erkannt.

Wahrscheinlich hätte ich mich selbst nicht erkannt, hätte ich in einen Spiegel geguckt. Ohne Eile setzte ich mich aufs Bett, zog meinen Pullover an, darüber meine Weste und meine Jacke. Dann wickelte ich mir Lumpen um die Füße - Socken hatte ich keine - und schlüpfte in meinen rechten Lederstiefel. Den linken konnte ich nicht finden. Er musste unters Bett gerutscht sein. Doch unter dem Bett wollte ich nicht nachsehen. Dort lagen Susanne und David, und ich durfte auf keinen Fall riskieren, dass sie entdeckt wurden.

»Etwas Beeilung!«, fauchte mich Gronnik an.

»Ich weiß nicht, wo mein zweiter Stiefel ist.«

»Hast ihn wohl verloren wie die verrottete Kartoffel draußen«, sagte Gronnik.

Ich stutzte. Was für eine Kartoffel? Und da durchfuhr es mich wie ein Blitzschlag: der gerissene Kartoffelsack! Die Kartoffeln, die in den Schnee gepurzelt waren! *Deswegen* hatten sie uns also gefunden - wegen einer lächerlichen Kartoffel, die wir übersehen hatten! Das durfte doch nicht wahr sein!

»Dumm gelaufen, was?«, sagte der SS-Offizier, als er merkte, dass ich seine Andeutung kapiert hatte. »Wo ist denn jetzt dein Stiefel? Wir haben nicht ewig Zeit.«

»Er muss hier irgendwo sein.«

Wenn Gronnik bloß nicht auf die Idee kam, mir beim Suchen zu helfen und unters Bett zu leuchten. Aber er hielt mich lieber mit seiner Maschinenpistole in Schach.

Ich tastete mit den Händen den Boden ab und spürte, wie jemand von hinten meinen Fuß antippte. Das musste meine Schwester sein. Sie schob den fehlenden Stiefel unterm Bett hervor. Ich nahm ihn, schlüpfte rasch hinein und stand auf, um meine Geschwister nicht zu gefährden.

Gronnik schubste mich zu den anderen Gefangenen. Es erstaunte mich, wie wenige von uns sie aufgespürt hatten. Die Höhle war auf unserer Seite. Von achtundzwanzig Menschen - Yoel und Silas ausgeschlossen, da sie wie immer tagsüber unterwegs waren - hatte die

Gestapo lediglich neun gefunden: meine Mutter, Cecilia und mich, Simon und seine Schwester Jael, Onkel Moshe und seine Töchter Mariam und Zippora sowie meine kleine Nichte Mila. Die Sechsjährige klammerte sich wie ein Frosch an die Beine ihrer Mutter und wimmerte leise.

»Gibt es einen zweiten Ausgang?«, fragte Schöffer Cecilia.

»Nein«, sagte Cecilia überzeugend. »Wohin bringen Sie uns?«

»Werden Sie früh genug sehen. Vorwärts jetzt!«

Sie trieben uns vor sich her zum Tunnel. Mein Cousin lief an der Spitze. Hinter ihm gingen Jael, dann ich und meine Mutter, gefolgt von drei SS-Männern. Im Anschluss kam der Rest der Gruppe mit den anderen Soldaten sowie Gronnik und Schöffer.

Ich überlegte mir, was Schöffer mit uns vorhatte. Hätte er uns töten wollen, hätte er es längst getan. Aber warum ließ er uns leben? Ein kaltblütiger Mörder wie er? Wollte er uns vielleicht als abschreckendes Beispiel benutzen? Ich stellte mir vor, wie er uns ins Getto brachte, um uns dort in aller Öffentlichkeit hinrichten zu lassen. Nur um zu zeigen, dass ihm keiner entkommen konnte. Ein kalter Schauer lief mir den Rücken hinunter. Ja, das war mit Sicherheit sein Plan. Ein Mann wie er verschonte keine Juden. Wie hatte ich auch nur einen Moment etwas anderes glauben können?

Wir erreichten einen niedrigen Gang, durch den wir einzeln robben mussten. Und da ging mir mit einem Mal ein Licht auf: Zwar lauerte vor dem Höhlenausgang der Tod auf uns. Aber noch waren wir nicht draußen. Noch waren wir nicht in *ihrer* Welt, sondern in *unserer*! Noch galten nicht *ihre* Spielregeln, sondern *unsere*. Noch waren wir in *unserer* Höhle, in *meiner* Höhle, die ich wie meine eigene Westentasche kannte! Wenn es irgendeine Möglichkeit gab, mein Schicksal noch zu wenden, dann jetzt. Meine Mutter schien genau dasselbe zu denken. Kaum weitete sich der Gang und machte einen Knick, gab sie mir einen gezielten Stoß. Ich rollte mich zur Seite und verschwand flink wie ein Krebs in einer Spalte. Die SS-Männer hinter meiner Mutter waren zu sehr mit sich selbst beschäftigt, um den Verlust ihres Gefangenen zu bemerken.

Mucksmäuschenstill lag ich da und hielt die Luft an. Ich war keinen Meter weit von den anderen entfernt. Ein Lichtstrahl nach links und sie hätten mich gesehen und mit einem einzigen Griff packen können. Doch sie entdeckten mich nicht. Die Soldaten krochen auf allen vieren an mir vorbei, hoch konzentriert, um sich nicht irgendwo den Kopf zu stoßen. Dann kamen Onkel Moshe und seine Töchter Mariam und Zippora. Mila und Cecilia krochen dicht hinter ihnen. Es brach mir das Herz, meine kleine Nichte in den Händen der Nazis zu sehen. In Milas Gesicht spiegelte sich die nackte Angst. Sie war erst sechs Jahre alt, doch wusste sie ganz genau, was hier vor sich ging. Oh, wie gerne hätte ich sie zu mir in die Spalte gezogen, um sie vor dem Tod zu bewahren. Wie gerne hätte ich sie gerettet! Doch da war kein Platz mehr in der Spalte. Ich konnte nichts für sie tun und auch nicht für Cecilia. Ich konnte mich nicht einmal von ihnen verabschieden, sondern musste einfach zusehen, wie sie an mir vorbeikrochen, die Maschinenpistolen der Gestapo im Rücken. Und dann verschwanden sie aus meinem Blickfeld. Sie waren fort.

Gronnik und Schöffer waren die Letzten in der Kolonne. Ich verabscheute sie für das, was sie meiner Familie antaten. Ich wünschte mir, sie würden irgendwo falsch abbiegen und sich in dem Labyrinth verirren und nie mehr den Weg nach draußen finden. Warum konnten sie uns nicht einfach in Ruhe lassen? Ich sah sie an mir vorbeiziehen, hörte ihr Schnaufen, sah im Schein einer Taschenlampe die lange Narbe quer über Gronniks Wange, die querliegenden Blitze auf Schöffers Kragenspiegel und die Schweißperlen auf seiner Stirn. Hätte ich ein Messer gehabt, ich hätte mich einfach auf ihn stürzen und es ihm in den Hals rammen können. Doch ich hatte kein Messer und wahrscheinlich hätte ich mich auch nicht getraut. Mit meinem Heldenmut war es ja nicht allzu weit her. Meine Hosen waren immer noch feucht vom Urin.

Die SS-Offiziere entfernten sich, der Lichtstrahl ihrer Taschenlampen tanzte ein letztes Mal über die rauen Höhlenwände, dann wurde es dunkel. Stockdunkel. Ich blieb liegen und lauschte den Stimmen und Geräuschen, die sich immer weiter entfernten, bis sie sich in dem Wirrwarr der Gänge verloren. Ich wartete reglos in absoluter Stille. Meinen Pulsschlag spürte ich bis in die Zehenspitzen. Meine

Gedanken kreisten um meine Familie. Wie lange hatten Mutter, Cecilia und Mila wohl noch zu leben? Ich wollte gar nicht daran denken. Und wie stand es um David? Hatte er sich von seinem Schock erholt? Und was war mit Susanne und Vater? Hatten sie es rechtzeitig durch den Fluchttunnel geschafft, ohne von den Nazis gesehen zu werden? Waren sie in Sicherheit? Und Yoel und Silas? Meine älteren Brüder waren die Einzigen, die nicht wussten, was geschehen war. Sie würden in der Nacht den Deutschen direkt in die Arme laufen! Denn gewiss würde Schöffer den Höhleneingang bewachen lassen für den Fall, dass noch mehr Juden in der Höhle lebten und zu fliehen versuchten. Außerdem hatte er Cecilia nach einem zweiten Ausgang gefragt. Also vermutete er, es könnte einen geben, und er würde bestimmt danach suchen lassen, womöglich mit Spürhunden. Er wusste, dass da noch mehr Juden waren, und er würde uns jagen, bis er uns gefunden hatte. Bald würde es in der Gegend nur so von Nazis wimmeln.

Ich muss schleunigst von hier verschwinden!, dachte ich.

Und da hörte ich das Weinen.

15 Die Flucht

Ich hörte es klar und deutlich. Irgendwo tief in der Höhle weinte jemand! Und es klang wie ein Kind. *Mila!,* schoss es mir durch den Kopf. Hatte sie sich etwa auch retten können?

Ich wälzte mich aus der Spalte heraus. »Mila?«, rief ich hoffnungsvoll in die Dunkelheit hinein. »Mila, bist du das?«

Das Weinen verstummte kurz. »Onkel Joscha?«

»Mila! Wo bist du?«

Das kleine Mädchen schniefte. »Ich bin hier!«

»Hier« konnte leider überall sein. Es war erstaunlich, über welche Distanzen hinweg man in einer Höhle Stimmen oder das Tropfen von Wasser hören konnte. Ich kannte zwar den Weg vom Lager bis zum Eingang und umgekehrt im wahrsten Sinne des Wortes blind. Aber Mila befand sich womöglich weit ab vom direkten Verbindungspfad zwischen Lager und Außenwelt und konnte in alle möglichen Löcher gekrochen sein. Diese Felsenhöhle war so löchrig wie ein Käse und ich hatte noch längst nicht alles erforscht. Wenn ich mich ohne Licht und Markierungszeichen auf die Suche nach meiner Nichte machte, würde ich mich unweigerlich selbst verirren. Mir fiel Simons Nachtlager ein. Das war nicht weit von hier, und bestimmt gab es dort eine Kerosinlampe und auch etwas, um den Weg zu kennzeichnen. »Mila!«, rief ich. »Ich komm dich holen. Bleib einfach genau da, wo du jetzt bist, ja?«

»Ich habe ... Angst, Onkel Joscha«, hörte ich ihre tränenerstickte Stimme. »Ich habe ... solche ... Angst ...«

»Das brauchst du nicht. Ich bin doch da!« Ich zog meine Lederstiefel aus und wickelte mir die Lumpen von den Füßen ab. Dann stopfte ich die Lumpen in die Stiefel, verknotete die Schnürsenkel und hängte mir die Schuhe über die Schulter. Draußen würde es ohne sie zu kalt sein, wenn wir es denn bis dorthin schaffen sollten. Aber hier drinnen in der Höhle kletterte ich immer noch am liebsten barfuß herum. Die unterschiedliche Beschaffenheit der Felsen unter meinen

Fußsohlen war wie eine spürbare Landkarte, eine Art Blindenschrift, an der ich ablesen konnte, wo ich war. Ich brauchte keine fünf Minuten zu Simons Nachtlager und fand tatsächlich eine Kerosinlampe und Streichhölzer. Ich zündete die Lampe an. Augenblicklich durchflutete warmes Licht die Finsternis. Jetzt brauchte ich nur noch etwas, um den Weg zu markieren. Ich riss dafür sämtliche Knöpfe von einem Hemd ab, das auf Simons Bett lag. Das musste reichen. Sonst würde ich eben noch die Lumpen nehmen, die mir normalerweise als Socken dienten.

Mila hatte aufgehört zu weinen. Jedenfalls hörte ich sie nicht mehr, was nicht gut war, denn ich brauchte ihre Stimme als Wegweiser. Nur wenn ich sie hörte, wusste ich, in welcher Richtung ich nach ihr suchen musste. »Mila! Rede mit mir!«, sagte ich in die Stille hinein. »Mila?«

Nichts. Kein Wimmern und auch keine Stimme. Die Kleine musste furchtbare Angst haben.

»Du musst mit mir reden, Mila, sonst kann ich dich nicht finden!« Ich lauschte, aber immer noch gab Mila keinen Laut von sich. Langsam lief mir die Zeit davon. Die anderen waren bestimmt längst geflohen und hatten das Ausstiegloch offen gelassen. Mit jeder Minute, die wir warteten, stieg das Risiko, dass die Deutschen den Tunnel entdeckten. Ich konnte Mila auf keinen Fall zurücklassen. Aber wie um alles in der Welt sollte ich ihr die lähmende Furcht nehmen und sie dazu bringen, mit mir zu reden? Ihre Mutter war von den Nazis verschleppt worden. Und sie saß ganz allein in dieser pechschwarzen Höhle und musste irgendwie damit klarkommen, dass ihre Mama wahrscheinlich nie mehr zurückkommen würde. Kein Wunder, dass ihre Kehle wie zugeschnürt war. Aber wenn sie weiter schwieg, würde ich sie nie finden!

Vielleicht sollte ich was singen, überlegte ich. *Vielleicht wird sie das beruhigen.* Wenn mein Vater in der Höhle die Gebete vorgesungen hatte, hatte mir sein Gesang immer großen Trost und Hoffnung gespendet. Also sang ich das erstbeste Lied, das mir in den Sinn kam. Es war ein Lied, das seit Ausbruch des Krieges von vielen Juden gesungen wurde. Es handelte von einem Kälbchen, das zur Schlachtbank geführt wird und sich nicht dagegen wehren kann - so wie Cecilia und Mutter und alle anderen, die Schöffer und seine Truppe mitgenommen hatten. Es spiegelte in makabrer Weise unser eigenes Schicksal wider.

Auf dem Wagen liegt ein Kälbchen, ist gefesselt mit 'nem Strick.
Hoch am Himmel fliegt ein Vogel,
fliegt nach rechts und fliegt nach links.
Lacht der Wind im Kornfeld, lacht und lacht und lacht,
lacht den ganzen Tag darüber und noch die halbe Nacht.
Donaj, Donaj, Donaj, Donaj. Donaj, Donaj, Donaj, Daj.
Donaj, Donaj, Donaj, Donaj, Donaj, Donaj, Donaj, Daj.[7]

Ich war noch nicht fertig mit dem Refrain, als ich plötzlich von ferne ein zartes, weinerliches Stimmchen hörte, das in das Lied einstimmte. Ich atmete auf. Mila! Ich hatte sie wieder. Gemeinsam sangen wir weiter. Das Klagelied hallte durch die finsteren Gänge, durch die Tiefen des Labyrinths und wies mir die Richtung, in die ich gehen musste.

Schreit das Kälbchen, sagt der Bauer: »Weshalb bist du auch ein Kalb?
Wenn du willst, dann sei ein Vogel, wie am Himmel diese Schwalb!«
Armes Kälbchen kann man fesseln und zum Schlächter schleppen hin,
frei zu sein bedarf es Flügel, und du fliegst zum Himmel hin.

Ja, eine Schwalbe müsste man sein, dachte ich, während ich Milas Stimmchen folgte, eine Schwalbe, die hoch oben am Himmel fliegt, frei und unabhängig. Flügel müsste man haben, Flügel wie ein Vogel, um hinzufliegen, wohin man wollte, weit weg vom Krieg und den Nazis.

Mindestens zehnmal sangen wir das Lied, bis Milas Stimme ganz nahe war. Und dann endlich fand ich sie, als ich mich durch einen engen Flaschenhals zwängte. Die Arme um ihre Beine geschlungen, kauerte sie völlig verängstigt in einem rauen Felsloch.

7 Das Lied ist heute als »Donna Donna« bekannt. Es wurde zur Zeit des Zweiten Weltkrieges von den jüdischen Künstlern Aaron Zeitlin (Text) und Sholom Secunda (Melodie) geschrieben.

»Da bist du ja«, sagte ich und lächelte.

Mila stürzte sich auf mich, warf sich mir um den Hals und schluchzte hemmungslos.

Ich hielt sie fest, während ihre Tränen meine Wange nässten.

»Sie werden ... sie töten!«, sagte sie mit stockender Stimme und weinte. »Ich will nicht, dass sie ... Mama töten ... und Großmutter!«

O wie gerne hätte ich ihr gesagt, dass sie sich keine Sorgen zu machen brauchte, dass die Gestapo bestimmt niemanden töten und dass alles wieder gut würde. Aber das wäre gelogen gewesen. Wir wussten beide, dass die Lage aussichtslos war. Am liebsten hätte ich selbst geweint. Doch das durfte ich jetzt nicht. Ich musste stark sein für uns beide. Ich musste uns aus der Höhle bringen, bevor die Nazis den zweiten Ausgang entdeckten und es kein Entkommen mehr gab. »Komm«, sagte ich und nahm Mila bei der Hand. »Gehen wir zum Notausstieg.«

Ich hatte keine Ahnung, wie viel Zeit verstrichen war, seitdem die Deutschen uns von der Gruppe getrennt hatten. Eine Stunde? Zwei? Jedenfalls rechnete ich nicht damit, noch irgendjemanden unter dem Einstiegsloch anzutreffen. Umso verwirrter war ich, als ich auf dem Weg dorthin plötzlich aufgeregte Stimmen hörte. Wir liefen schneller, folgten geduckt dem verworrenen Gang, bis wir die Stelle erreichten, wo wir uns nach oben gegraben hatten. Und da traute ich meinen Augen nicht: Sie waren noch da! Dicht gedrängt scharten sie sich um den Schacht. Es herrschte ein Gewimmel und Geschubse wie beim Ansturm auf das letzte Rettungsboot auf einem sinkenden Schiff. Jeder wollte der Erste sein, der in den Tunnel stieg.

»Jetzt macht schon! Beeilung! Warum dauert das denn so lange?«, rief Tante Elisabeth mit halblauter Stimme.

»Schneller, schneller!«, rief Onkel Eli.

Ich verstand die Welt nicht mehr. Sie hätten doch alle längst fort sein müssen! Was taten sie denn noch hier?

»Joscha! Mila!«, hörte ich da Großmutters Stimme. Sie löste sich von der Gruppe und kam auf uns zu. Mit Tränen in den Augen umarmte sie uns, überglücklich, dass wir den Nazis entwischt waren.

Kurz darauf waren auch Susanne, mein Vater und Israel bei uns. Vater humpelte ein wenig. Wir weinten und küssten uns.

»Gelobt sei Adonaj!«, sagte mein Vater immer wieder. »Gelobt sei Adonaj!«

Es tat so unendlich gut, die Arme meines Vaters und seine Küsse auf meiner Stirn zu spüren. Am liebsten hätte ich mich einfach fallen lassen, hätte einfach losgeheult, um die ganze schreckliche Angst, Trauer und Anspannung loszulassen. Aber noch durfte ich nicht schwach sein. Noch waren wir nicht oben, noch waren wir nicht in Sicherheit. Und solange wir in Gefahr schwebten, musste ich einen klaren Kopf bewahren und mich einzig und allein darauf konzentrieren, wie wir hier lebend rauskamen. Also schluckte ich die Tränen hinunter, löste mich aus der Umarmung meines Vaters und deutete mit einem Kopfnicken hinüber zum Tunnel. »Warum seid ihr noch hier? Was ist passiert?«

»Wir haben den Deckel gerade erst aufmachen können«, erklärte mir Susanne nervös.

Ich glaubte, mich verhört zu haben. »Was? Wieso das denn?«

»Er war einfach zu schwer.«

Zu schwer! Aber natürlich war er zu schwer! Die Erde darüber wog mindestens eine halbe Tonne! Ich hätte mich ohrfeigen können, dass wir bei unseren Überlegungen nur an die Pflugschar des Bauern und nicht daran gedacht hatten, dass wir auch irgendwie von unten durch diese sechzig Zentimeter dicke Erdschicht dringen mussten.

»Hinzu kommt, dass die Kinder zuerst in den Tunnel hochkletterten«, meinte Susanne. »Allen voran der kleine Israel. Er hatte keine Chance, mit seinen dünnen Ärmchen den Deckel zu heben. Und unten war der ganze Schacht verstopft, sodass keiner mehr vor oder zurück konnte.«

»Und jetzt sind die Nazis bestimmt schon überall«, sagte ich. »Sie werden uns sehen, sobald wir auf dem Acker rauskommen!«

»Das werden sie nicht«, sagte mein Vater. »Draußen ist es schon dunkel. Es war der Herr, der den Eingang so lange versperrt hat. Er hat verhindert, dass wir bei vollem Tageslicht aus der Erde kommen.«

Da war etwas dran. Hätten sie den Deckel früher aufstoßen können und wären in aller Eile aus dem Loch gekrochen, hätten sie sich den Nazis praktisch auf dem Silbertablett präsentiert. Durch die ungewollte Verzögerung hingegen war es Abend geworden, und die Dunkelheit würde uns vor den feindlichen Blicken schützen. Vielleicht war es wirklich Gott gewesen, der den Deckel zugehalten hatte. Genauso wie er die Nazis mit Blindheit geschlagen hatte, damit sie die kleine Mara-Noomi nicht in der Besenkammer fanden. Gott war auf unserer Seite. Daran wollte, daran *musste* ich einfach glauben.

Ich hörte Hundegebell in der Ferne und zuckte kaum merklich zusammen. Die Nazis waren in der Nähe! Vielleicht hatten die Hunde schon Witterung aufgenommen. Uns lief die Zeit davon. Panik machte sich breit. Hektisch stiegen die Leute in den Schacht hinein. Keiner nahm mehr Rücksicht auf den anderen. Jeder wollte nur noch seine eigene Haut retten. Es kam zu einem Stau, weil die oberen nicht so schnell klettern konnten, wie die unteren nachkamen. Von Grauen gepackt trieben sie sich im Flüsterton an.

Ich hielt nach David Ausschau. Bei meinem letzten Blick auf ihn in der Höhle hatte er mit aufgerissenen Augen auf dem Bett gelegen und gar nicht gut ausgesehen. »Wo ist David? Geht es ihm besser?«

»Leider nein«, sagte Susanne.

Ich sah die Verzweiflung in ihren Augen.

»Wir wissen nicht, was mit ihm los ist. Er hat so eine Art Schock erlitten.«

»Wo ist er?«

»Da hinten.« Sie führte mich zu ihm.

Er lag etwas abseits auf dem Höhlenboden und zitterte unkontrolliert, die Beine angewinkelt, den Kopf nach hinten gebeugt. Seine Augen waren glasig, er hatte die Zähne aufeinandergebissen und sabberte aus dem Mund. Sein Anblick war verstörend.

Ich kniete mich neben meinen Bruder und legte ihm die Hand auf die Brust. »David? Kannst du mich hören, David?«

»Das habe ich auch schon probiert«, sagte Susanne und knetete ihre Hände. »Er spricht nicht mehr, er kann seine Arme und Beine nicht mehr bewegen, und er hört nicht auf zu zittern. Ich denke, er hat einen Nervenzusammenbruch. Vater und ich haben ihn vom Lager hergeschleift. Aber ich weiß beim besten Willen nicht, wie wir ihn den Schacht hinaufschaffen sollen. Vater sagt, er werde ihn tragen.

Aber das geht nicht, weil er sich auf dem Weg hierher übel den Fuß verknackst hat.«

»Dann trage ich ihn eben«, sagte ich kurz entschlossen.

»Er ist viel zu schwer für dich.«

»Er hat mir das Leben gerettet. Ich bin es ihm schuldig.«

»Aber wie willst du ihn tragen? Du brauchst deine Hände zum Klettern.«

Ich warf einen Blick zum Tunnel. Nur noch ein kleines Grüppchen war um das Einstiegsloch versammelt. Gerade kletterten Israel, Mila und meine Großmutter die Leiter hoch. Ich hoffte, dass Großmutter genug Kraft hatte, die fünfundzwanzig Meter an den Sprossen hochzusteigen. Das Hundegebell war noch immer zu hören. Unsere Feinde suchten nach uns. Sie wussten, dass wir irgendwo in der Gegend sein mussten. Wie nah mochten sie schon sein? Würden wir es überhaupt rechtzeitig aus der Höhle schaffen? »Binde mir David auf den Rücken!«, sagte ich, während ich mir schnell die verknoteten Stiefel von der Schulter nahm und wieder anzog. »Da drüben liegen einige Stricke. Schnell!«

Susanne holte die Stricke, ich nahm David huckepack und meine Schwester schnallte ihn wie einen Rucksack an mir fest, damit ich meine Hände noch zum Klettern frei hatte.

Dann gingen wir hinüber zum Schacht. Wir waren die Letzten. Vater war schon vorgegangen, kam allerdings wegen seines verstauchten Knöchels nur langsam voran. Susanne stieg hinter ihm in den Schacht hinein. Jetzt waren nur noch mein Zwillingsbruder und ich übrig. Ich warf einen letzten Blick in die Höhle, meine Höhle, die für hundertdreiunddreißig Tage mein Zuhause gewesen war. Wir hatten es verloren. Unser Zufluchtsort in der Tiefe, der einzige Ort auf der Welt, an dem wir sicher gewesen waren, spuckte uns zurück an die Erdoberfläche, zurück auf das grausame Spielfeld der Nazis. Ich löschte das letzte Kerosinlämpchen und kletterte mit meinem Bruder auf dem Rücken aus der vertrauten Dunkelheit hinauf in die schwarze Finsternis der Welt über uns.

Die Last meines Bruders war schwer. Die Seile schnitten mir in die Schulter. Aber ich kümmerte mich nicht darum. Er war mein Bruder. Ich hätte alles für ihn getan. Nass geschwitzt kam ich oben an. Susanne und Vater hievten uns heraus. Instinktiv legte ich mich flach neben ihnen auf den Boden und spähte über den Acker. Von unseren Verwandten war niemand mehr zu sehen. Und das war gut so. Drüben im Wald sah ich Lichter von Taschenlampen zwischen den Bäumen aufblitzen, hörte die Stimmen der Suchtrupps und das Bellen der abgerichteten Hunde. Sie suchten den Wald um den Höhleneingang gründlich nach uns ab. Aber für den Acker schienen sie sich nicht zu interessieren.

»Nichts wie weg hier!«, flüsterte ich Vater und Susanne zu und richtete mich mühsam auf. »Zu der Baumgruppe da drüben! Los!«

Susanne stützte Vater so gut es ging, und eilte los, ich folgte ihnen mit David auf dem Rücken. Wir rannten quer über den Acker und hielten erst wieder an, als wir ein paar Bäume erreicht hatten, hinter denen wir Schutz suchen konnten. Keuchend blickte ich zurück. Nichts Verdächtiges war zu hören oder zu sehen. Es waren keine Schüsse gefallen, keine Befehle wurden herumgebrüllt, und es wurden uns auch keine Hunde auf die Fersen gehetzt. Sie hatten uns nicht gesehen.

»Wir sollten uns trennen«, sagte ich außer Atem. »Finden sie uns, finden sie wenigstens euch nicht. Außerdem seid ihr viel schneller ohne David und mich.«

Mein Vater dachte kurz nach. »Wir werden versuchen, uns zu den Bunkern durchzuschlagen. Erinnerst du dich an Pecherskii aus Sukhodil?«

Ich nickte. Mein Vater hatte früher jede Woche Kartoffeln an arme Leute verteilt oder sie eingeladen, mit uns zu essen. Pecherskii hatte schon oft mit seiner sechsköpfigen Familie an unserem Tisch gesessen und regelmäßig Kartoffeln von uns bekommen. Einmal hatte ich meinen Vater begleitet, als er ihn in Sukhodil besucht hatte. Das Dorf, in dem er wohnte, war um einiges näher als Bobrka. Bis dahin würde ich es mit David schaffen.

»Sukhodil liegt in dieser Richtung«, erklärte mir Vater und deutete quer über die Felder. »Geh zu Pecherskii. Ich bin sicher, er wird euch Unterschlupf gewähren. Sag ihm, ich werde ihn gut dafür bezahlen, mit Leder, Stiefeln, was auch immer er möchte.«

»Und wenn er nicht aufmacht?«

»Dann klopf bei Tolstogos an. Er kennt uns. Wir haben schon viel Getreide bei ihm malen lassen. Er scheint mir ein anständiger Mensch zu sein. Wenn ihr dort auch nicht unterkommt ... Dann wird der Herr eben ein anderes Versteck für euch finden.« Mein Vater umarmte mich. »Lasst euch nicht erwischen.«

»Ihr euch auch nicht«, sagte ich. Auf einmal spürte ich einen Kloß in meinem Hals aufsteigen. Ich schluckte ihn schnell hinunter.

Meine kleine Schwester hatte ebenfalls Tränen in den Augen, als sie mich zum Abschied drückte. »Pass auf dich auf.«

»Du auch«, sagte ich leise.

16 Der Müller

Eine schwarze Wolkendecke zog sich zusammen. Ein Blitz zuckte über den Himmel, dem ein krachendes Donnergrollen folgte. Kurz darauf fielen die ersten schweren Regentropfen. Mein Vater und meine Schwester entfernten sich und verschwanden in der Dunkelheit.

Hoffentlich schaffen sie es!, dachte ich schweren Herzens.

Ich griff meinem Bruder unter die Beine, die er um meine Taille geschlossen hatte, damit sein Gewicht nicht so stark auf meinen Schultern lastete, und lief los, querfeldein in Richtung Sukhodil. Leider kam ich nur langsam voran. Ich war noch nie besonders kräftig gewesen, und in den vergangenen fünf Monaten in der Höhle hatte ich einiges an Gewicht verloren, da wir das Essen hatten stark rationieren müssen. Alle paar Meter blieb ich stehen, um eine Pause einzulegen. Ein kalter Wind wehte. Der Regen wurde stärker. In kürzester Zeit war ich nass bis auf die Knochen. Schritt für Schritt kämpfte ich mich vorwärts, während David schlaff auf meinem Rücken hing. Mit jedem Schritt wurde er schwerer. Doch ich biss die Zähne zusammen und ging weiter und immer weiter, bis ich die ersten Dächer von Sukhodil sah. Es war ein armseliges kleines Dorf mit ein paar Bauernhöfen und einer rostroten Holzkirche mit vielen silberglänzenden Türmchen.

Ich schleppte mich zu Pecherskiis Haus und polterte an die Tür. Es regnete Bindfäden vom Himmel. Mein Haar hing mir in Strähnen in die Stirn. Die Kleider klebten mir am Leib. »Herr Pecherskii!«, rief ich und polterte erneut gegen die Tür. »Bitte machen Sie auf! Herr Pecherskii!«

Es dauerte eine ganze Weile, bis im oberen Stock das Licht anging. Ein Fenster wurde geöffnet und ein Mann streckte den Kopf heraus. »Wer bist du? Was hast du hier verloren?«

Ich trat einen Schritt zurück und blickte zu ihm hoch. Sein Gesicht konnte ich aber nicht erkennen, nur eine schwarze Silhouette. »Herr Pecherskii, ich bin Joscha Burker, der Sohn von Tomas Burker aus

Bobrka. Sie und Ihre Familie waren früher oft bei uns zu Besuch. Sie erinnern sich bestimmt.«

»Was willst du?«

»Ich brauche dringend einen Ort, wo ich mit meinem Bruder übernachten kann.«

»Sehe ich aus, als wäre ich lebensmüde?«, rief der Mann. »Ich versteck doch keine Juden bei mir! Mach, dass du fortkommst!«

»Bitte helfen Sie uns, wenigstens für eine Nacht! Mein Vater würde Sie auch gut bezahlen! Bitte! Mein Bruder ist krank!«

»Was geht mich das an? Ich kenn dich nicht! Scher dich zum Teufel, Jude!« Das Fenster wurde von innen zugezogen. Das Licht ging aus.

Und ich stand im strömenden Regen, meinen schlaffen Bruder auf dem Rücken, dessen Gewicht ich kaum noch zu tragen vermochte. Ich konnte es nicht fassen. Dabei war ich mir sicher gewesen, dass der Mann uns helfen würde nach allem, was wir für ihn und seine Familie getan hatten. Wie konnte er nur behaupten, er würde mich nicht kennen? Wie konnte er David und mich einfach so stehen lassen? Eigentlich hätte ich es mir denken können. In diesem Krieg hatten wir keine Freunde mehr, nur noch Feinde. Keiner wollte sich an uns die Finger verbrennen. Ob Tolstogos uns ebenfalls abweisen würde? Er war unsere letzte Chance. Wenn er uns nicht aufnahm, dann wusste ich auch nicht mehr weiter.

Tolstogos war Müller. Seine Mühle lag etwas abgelegen an einem Bach und wurde mit einem Wasserrad betrieben. Ich fragte mich, ob ich es überhaupt bis dorthin schaffen würde, so kaputt war ich. Aber hier konnte ich nicht bleiben, und woanders traute ich mich nicht anzuklopfen. Ich musste zu Tolstogos. Wenn mein Bruder nur nicht so schwer gewesen wäre! »Reiß dich zusammen«, sagte ich zu mir selbst. »Du hast es bis hierher geschafft. Du schaffst es auch noch ein paar Kilometer weiter. Bleib in Bewegung. Tolstogos wird dir helfen. Wenn Vater ihm vertraut, dann kannst du ihm auch vertrauen. Geh weiter. Immer einen Schritt vor den anderen. Es ist nicht mehr weit.«

Ich folgte einer matschigen Straße aus Sukhodil heraus. Mein Magen knurrte, und ich hatte fürchterlichen Durst. Meine Kräfte schwanden dahin. Ich spürte förmlich, wie jeder Schritt mir mehr

Energie abverlangte als der vorherige. Ich wurde immer langsamer. Und der Durst immer größer. Schließlich hielt ich es nicht mehr aus, kniete mich neben eine Pfütze und schöpfte mit der hohlen Hand Wasser heraus, das ich gierig schlürfte. Mit David auf dem Rücken wieder aufzustehen, war so anstrengend, als müsste ich einen Felsbrocken hochstemmen. Die Seile, mit denen er an mir festgebunden war, schnitten mir tief in die Schultern ein.

Weiter, trieb ich mich an, *weiter! Nicht stehen bleiben! Weiter!*

Endlich, hinter einem sanften Hügelzug, rückten ein Stück Wald, eine Wiese und ein Bach in mein Blickfeld sowie ein Wohnhaus und eine alte Mühle mit Strohdach, das Wasserrad träge im Bach hängend. Ein Blitz erhellte die Landschaft und tauchte die Mühle für den Bruchteil einer Sekunde in ein gespenstisches Licht. Gleich darauf grollte der Donner. Ich war da! Es war bestimmt weit nach dreiundzwanzig Uhr. Ich hatte das Gefühl, als wäre ich schon Tage unterwegs. Wenn der Müller uns ebenfalls fortschickte, dann wusste ich nicht, was ich tun sollte.

Ich torkelte zur Mühle hinunter und trommelte gegen die Eingangstür des Wohnhauses. »Herr Tolstogos!«, rief ich. »Hier ist Joscha Burker, der Sohn von Tomas Burker aus Bobrka! Ich brauche Ihre Hilfe! Bitte!«

Ich hörte schlurfende Schritte. Ein Schlüssel drehte sich im Schloss und die Tür ging einen Spalt auf. Ein Mann im Nachthemd und mit einer Laterne in der Hand musterte mich skeptisch von Kopf bis Fuß.

»Es tut mir leid, dass ich so spät bei Ihnen anklopfe. Aber mein Vater hat gehofft, Sie könnten mir und meinem Bruder helfen. Sie kennen meinen Vater, Tomas Burker. Er hat hier häufig Korn mahlen lassen.«

»Max? Wer ist da, Max?«, hörte ich eine garstige Frauenstimme im Hintergrund.

»Niemand!«, sagte Tolstogos laut, ohne den Kopf zu drehen. »Schlaf weiter, Ksenia!«

»Mein Bruder ist krank«, erklärte ich. »Wir brauchen nur einen sicheren Unterschlupf, bis es ihm besser geht. Mein Vater bezahlt, was auch immer Sie dafür verlangen.«

Der Müller kratzte sich seinen Stoppelbart und dachte nach. Das war schon mal ein gutes Zeichen. »Ihr könnt in der Mühle schlafen«, brummte er müde.

Ich war unendlich erleichtert. »Danke, Herr Tolstogos! Tausend Dank! Sie haben ja keine Ahnung, wie viel mir das bedeutet. Danke!«

Tolstogos schlüpfte in ein Paar Stiefel und einen Regenmantel.

»Max?«, rief seine Frau erneut von hinten. »Wo gehst du hin, Max?«

»Nirgendwohin!«, antwortete der Müller und schob sich die Kapuze des Regenmantels über die Stirn. »Bin gleich wieder da!« Er stapfte über den aufgeweichten Vorplatz hinüber zur Mühle und entriegelte die Tür.

Ich folgte ihm mit David auf dem Rücken. Wir traten ein. Der Holzboden knarzte. Im Schein der Laterne sah ich das große Mahlwerk in der Mitte des Häuschens, den Getreidetrichter und die ineinander verzahnten Kammräder, die über einen Wellbaum mit dem Wasserrad verbunden waren und so die Mühlsteine in Bewegung setzten. In einer Ecke lehnte ein alter Läuferstein. Er war so groß wie ein riesiger Käselaib mit einem Loch in der Mitte.

»Fasst nichts an«, sagte der Müller kurz angebunden. »Über die Bezahlung reden wir morgen.« Dann drehte er sich um, verließ die Mühle und schlurfte zum Wohnhaus zurück.

Wir hatten weder Licht noch Decken oder etwas zu essen und zu trinken. Und unsere Kleider und Schuhe waren durchnässt. Aber das war mir egal. Hauptsache, wir waren im Trockenen und konnten uns endlich von den Strapazen der vergangenen Stunden erholen. Ich ging in die Nähe eines Fensters, setzte mich auf einen Treppenabsatz und schnallte meinen Bruder vom Rücken. Die Seile hatten meine beiden Schultern wund gescheuert. Vorsichtig legte ich David auf den Boden. Ein greller Blitz flammte über den Himmel und warf ein fahles Licht auf meinen Bruder. Er sah nicht gut aus. David zitterte und zuckte noch immer unregelmäßig. Speichel rann ihm aus dem Mund. Seine Augen waren offen, aber er nahm seine Umgebung überhaupt nicht wahr. Ich sah ihn an, aber er starrte direkt durch mich mit einem verkrampften Gesichtsausdruck hindurch, als würde er mitten in den Rachen einer Bestie hineinblicken. Es schmerzte, ihn so zu sehen. Ich strich das nasse Haar aus seiner Stirn und fragte mich, ob er je wieder zu sich käme oder für immer in diesem Zustand verweilen würde.

»Sag doch was«, flüsterte ich und hielt seine Wangen zwischen meinen Händen. »Erkennst du mich denn nicht wieder? Ich bin's, Joscha!«

Er reagierte nicht.

Ich setzte mich neben David, legte meine Hand auf seine Brust, streckte die Beine aus und lehnte mich an den Mehlkasten hinter mir. Die Sorge um meinen Bruder quälte mich, aber gleichzeitig spürte ich, wie die ganze in mir angestaute Anspannung sich langsam löste. Ich hatte es geschafft. Ich hatte für meinen Bruder und mich ein Versteck gefunden. Fürs Erste waren wir in Sicherheit. Das war alles, was im Augenblick zählte. Ich gab mir selbst die Erlaubnis, die ständige Alarmbereitschaft in mir auszuschalten, denn ich war hundemüde. Am liebsten hätte ich hundert Jahre geschlafen, so müde war ich. Und wenn ich wieder aufwachen würde, wäre der Krieg vorbei, mein Bruder gesund und meine Familie wohlauf. Genauso wie Michal. Ich schloss die Augen und driftete langsam in das Reich der Träume. Endlich konnte ich mich fallen lassen, endlich konnte ich mich entspannen und schlafen ... tief ... schlafen ...

Irgendetwas knabberte an meinem Bein. Schlagartig war ich wieder wach und strampelte wie wild mit den Füßen. Ich sah gerade noch einen kleinen, dunklen Schatten über den Boden huschen und hinter einem Brett verschwinden. Eine Ratte? Ich sprang auf, um zu gucken, ob noch mehr von den Biestern in der Nähe waren – und da machte ich eine äußerst beunruhigende Entdeckung: Drüben im Wohnhaus brannte noch Licht. Ich sah schemenhaft zwei Gestalten, die sich miteinander unterhielten. Zuerst dachte ich, der Müller und seine Frau hätten sich vielleicht unseretwegen in die Wolle gekriegt, weil die Frau – so vermutete ich – uns lieber nicht aufgenommen hätte. Doch dann beobachtete ich, wie die Haustür aufging und der Müller mit Stiefeln und Regenmantel aus dem Haus schlich und sich eilends davonstahl, als hätte er noch etwas Dringendes zu erledigen. Ein kalter Schauer fuhr mir den Rücken hinunter. Es gab nur einen einzigen Grund, warum er mitten in der Nacht und bei strömendem Regen das Haus verlassen sollte: Er wollte uns an die Nazis verraten!

Die Erkenntnis durchfuhr mich wie ein elektrischer Schlag. *Wir müssen weg hier!,* schoss es mir durch den Kopf. *Er hat uns reingelegt!*

Schnell stürzte ich zu meinem Bruder, zog ihn hoch, setzte mich vor ihn und band ihn mir in aller Eile auf den Rücken. Ich hätte heulen können vor Wut und Bestürzung. Doch ich durfte meinen Gefühlen jetzt nicht nachgeben. Ich musste fliehen, solange ich noch konnte. Also nahm ich David wieder huckepack, wartete ein paar Minuten, bis drüben das Licht ausging, und eilte in die Nacht hinaus. Dann steuerte ich auf den Wald zu. Die Bäume würden uns Schutz geben. Und bis der Müller mit einem SS-Mann oder einem ukrainischen Polizisten zurückkäme, hätten wir genug Vorsprung, dass sie uns nicht mehr finden würden. Ich lief, so schnell ich konnte, schräg in den Wald hinein und dann immer geradeaus weiter über Stock und Stein. In diesem Waldgebiet kannte ich mich nicht aus. Mein einziger Orientierungspunkt war die Mühle, die ich einfach nur so weit wie möglich hinter mir lassen wollte.

Die Verschnaufpause bei Tolstogos war viel zu kurz gewesen, um wieder zu Kräften zu gelangen. Ich taumelte durch den Wald, während mir die Tränen die Wangen hinunterliefen. Ich war fix und fertig. Meinen Bruder zu tragen, forderte Kräfte von mir, die ich nicht mehr besaß. Ich hatte keine Reserven mehr, weder körperlich noch psychisch. Doch ich musste weiter und tiefer in den Wald hinein! Sie durften uns nicht finden, nicht, nachdem wir es so weit geschafft hatten! Obwohl der Erschöpfung nahe, zwang ich mich weiterzugehen, mit jener Verbissenheit und Entschlossenheit, die aus purer Verzweiflung geboren wird.

Irgendwann konnte ich nicht mehr. Vor einer Felswand sackte ich in die Knie, band David los, und dann brachen in mir alle Schleusen. Ich musste bitterlich weinen. Alles, was in den letzten Stunden passiert war, stürzte mit voller Wucht auf mich nieder. Sie hatten uns aufgespürt, Mutter und Cecilia waren vielleicht schon tot, Großmutter, Vater und Susanne auf der Flucht, und ich war hier mit meinem kranken Bruder irgendwo mitten in diesem riesigen Wald, mutterseelenallein und mit einer entsetzlichen Angst. Ich ertrug das alles nicht länger und konnte nicht länger stark sein. Ich war kein Held, sondern bloß ein kleines Häufchen Elend, völlig am Ende und ohne irgendeine Perspektive, wie es jetzt weitergehen sollte. Wie viel Leid musste ich denn noch ertragen? Wann war es genug? Wann war dieser Albtraum endlich vorbei?

Ein Knacken riss mich aus meiner Gedankenwelt. Ich zuckte zusammen wie ein aufgescheuchtes Reh, hob den Kopf und lauschte. Mein Herz pochte wie wahnsinnig, mein ganzer Körper verkrampfte sich. Hatten sie mich etwa gefunden? Nein, so schnell konnten sie nicht sein. Sie wussten ja nicht mal, in welche Richtung ich gelaufen war. Aber vielleicht durchstreiften noch andere Nazis den Wald auf der Suche nach Juden. Sie hatten ihre Augen und Ohren überall. Ich spähte in die Dunkelheit, konnte aber nichts erkennen. Es knackte erneut. Ich presste mich an die Felswand und grub meine Hände in den Waldboden. Da! Ein Schatten! Noch ein Schatten! Ich sah undeutlich etwas zwischen den Bäumen, wie es hin und her huschte. Wieder raschelte es, ein Strauch bewegte sich ... und aus dem Unterholz tauchte ein Dutzend kleiner dunkelbrauner Ferkel mit hellbraunen Streifen auf.

Wildschweine! Die Frischlinge waren zwar niedlich, aber sie schnüffelten neugierig in der Luft herum und tänzelten geradewegs auf mich zu. Das war alles andere als gut. Wo Frischlinge waren, war auch ihre Mutter nicht weit, und nichts war gefährlicher, als zwischen eine Bache und ihre Jungen zu geraten. Da kam sie auch schon aus dem Dickicht, ein gewaltiges Tier, das bestimmt über hundert Kilogramm wog. Unsere Blicke kreuzten sich. Ich wagte es kaum, zu atmen. Vielleicht, wenn ich ganz ruhig sitzen blieb, würde die Bache mich ignorieren und friedlich weiterziehen. Ansonsten hatte ich schlechte Karten. Wildschweine hatten große, rasiermesserscharfe Zähne, die durch ihre Kaubewegungen ständig nachgeschliffen wurden. Bei einem Angriff schlugen sie ihre Zähne direkt in die Schenkelinnenseiten ihres Opfers, um wichtige Blutbahnen zu treffen. Mit einer Bache, die ihre Frischlinge beschützen wollte, war nicht zu spaßen. Davonlaufen hatte wenig Sinn. Wildschweine waren schneller als jeder Jogger. Sich mit einem Stock zu bewaffnen, würde das Muttertier umso aggressiver machen. Ich konnte nur hoffen, dass sie mich nicht als Bedrohung für ihre Jungen wahrnahm. Doch genau das schien der Fall zu sein. Das massige Schwein verharrte zwei Sekunden, schnaubte und schlug die Eckzähne aufeinander. Mir schoss das Blut in den Kopf.

Das war's. Ich bin erledigt.

Ohne Vorwarnung preschte das Wildschwein los, bremste jedoch drei Meter vor mir scharf ab und blieb erneut schnaubend stehen. Der Scheinangriff verlängerte meine Galgenfrist nur um Sekunden. Wütend senkte die Bache den Kopf und galoppierte aus dem Stand auf mich zu. Ich sah ihr fürchterliches Gebiss weiß in der Dunkelheit aufblitzen und wusste, dass es um mich geschehen war. Ich streckte meine Hände schützend nach vorn, auch wenn es nichts bringen würde, und wartete auf den Todesstoß.

Da fiel ein Schuss.

17 Der Engel

Oktober 2015

Nasse Herbstblätter klatschten gegen die Fensterscheibe der Cafeteria. Natalie hielt sich die Hände vor den Mund und starrte Mr Burker mit weit aufgerissenen Augen an. »Wie schrecklich. Galt der Schuss etwa Ihnen?«

»Für den Bruchteil einer Sekunde habe ich das auch gedacht«, antwortete der Neunundachtzigjährige. »Doch dann hörte ich ein hässliches Quieken aus der Kehle der Bache. Sie schlitterte über den Boden und sackte unmittelbar vor meinen Füßen tot zusammen. Mausetot.«

»Wow«, flüsterte die Höhlenforscherin. »Und wer hat geschossen?«

»Sind Sie schon einmal einem Engel begegnet, Miss Richardson?«

»Einem Engel? Wie meinen Sie das?«

Ein Glänzen kam in die Augen des alten Mannes. »Ich sage Ihnen eins: Der Mann, der mir dort im Wald das Leben gerettet hat, war ein Engel. Er muss ein Engel gewesen sein. Denn was er für mich und meinen Bruder getan hat ...« Er hielt inne und schüttelte langsam den Kopf, als staunte er noch immer über das, was er gerade erzählte. »Er war der einzige Mensch, der meinem Bruder und mir geholfen hat. Der Einzige, der meiner Familie geholfen hat. Wir waren umgeben von Feinden. Aber er ... er hat sein Leben für uns riskiert. Ohne Gegenleistung. Einfach so. Er war ein Engel. Anders kann ich es nicht sagen. Sein Name war Ilja Nowak.«

***

April 1943

Die Bache lag tot vor mir. Die Frischlinge stoben auseinander und ich saß da, mein Puls auf hundertachtzig. Zitternd wie Espenlaub starrte ich in den Wald hinein, um herauszufinden, wer der geheimnisvolle Schütze war, der das Wildschwein erlegt hatte.

»Wszystko ok?«, hörte ich eine männliche Stimme aus einer unbestimmten Richtung. Das war Polnisch! Es war also ein Pole, der geschossen hatte, kein Deutscher, und er fragte mich, ob alles in Ordnung sei. Mein unbekannter Retter schälte sich aus der Dunkelheit heraus, ein Gewehr in der Hand. Er sah aus wie ein Jäger, trug Wildlederstiefel, einen knielangen Mantel und eine Filzmütze. Der Mann machte einen etwas verwilderten Eindruck, er hatte einen Bart und schulterlanges, strähniges Haar.

Ich brachte keinen Ton heraus. Der Schrecken saß mir noch in allen Gliedern.

Der Pole trat auf die Bache zu und kickte sie mit dem Stiefel an, um zu sehen, ob sie auch wirklich tot war. Dann musterte er meinen Bruder und mich.

Ich brauchte nichts zu sagen. Unser erbärmlicher Anblick sprach für sich selbst.

»Ich wohne nicht weit von hier«, sagte er. »Wollt ihr mitkommen?«

Eifrig nickte ich.

Unaufgefordert bückte sich der Jäger, legte seine Arme unter Davids Kniekehlen und hob ihn hoch. Schweigend machten wir uns auf den Weg. Der Mann stellte mir keinerlei Fragen, worüber ich sehr froh war. Ich war viel zu erschöpft zum Reden. Nach einer halben Stunde Fußmarsch quer durch den Wald erreichten wir eine kleine Waldlichtung mit einer Blockhütte und einem Schuppen. Ein paar Hasenfelle und getrocknete Pflanzenbüschel hingen neben dem Eingang an einer gespannten Schnur. Der Jäger war anscheinend ein Einsiedler.

Die Tür war nicht abgeschlossen, und wir traten ein. Der Pole legte David auf den Boden. Ich setzte mich in meinen nassen Klamotten daneben und streckte meine müden Glieder. Es kam mir vor, als fiele eine gewaltige Last von meinen Schultern. Zum ersten Mal, seitdem die Nazis die Höhle gestürmt hatten, schien es mir, als wäre die Bedrohung vorüber - zumindest für den Moment. Ich wusste zwar herzlich wenig über meinen Lebensretter, außer dass er allein hier draußen im Wald lebte. Dennoch hatte ich den Eindruck, dass ich ihm vertrauen konnte. Es war ein unglaubliches Gefühl. Endlich konnte ich wieder durchatmen. Endlich musste ich mich nicht mehr mit David auf dem Rücken durch den Regen schleppen und jeden Moment damit rechnen, von hinten erschossen zu werden. Endlich waren wir in Sicherheit. Und wenn es nur für eine Nacht war. Das reichte mir vollkommen.

Der Mann zündete eine Laterne an und machte ein Feuer im Kaminofen. Dann brachte er mir etwas Wasser zu trinken und ein großes Stück Brot mit Pökelfleisch zu essen.

Ich schlang alles gierig hinunter. Das Wasser war herrlich frisch und löschte meinen brennenden Durst. Auch das Brot und das gepökelte Fleisch schmeckten vorzüglich. Ich konnte mich nicht erinnern, wann ich das letzte Mal so viel und so gut gegessen hatte. Mit jedem Bissen spürte ich förmlich, wie ich wieder zu Kräften kam.

»Ich bin Ilja«, sagte der Pole schließlich. »Ilja Nowak.«

»Joscha Burker«, antwortete ich mit vollem Mund. »Und das ist mein Bruder David.«

Mehr gab Ilja nicht von sich preis, was mich bei seinem zurückgezogenen Leben nicht weiter verwunderte. Er hatte wohl eher selten Besuch.

Das Feuer knisterte im Kaminofen. Langsam wurde es gemütlich warm in der Hütte. Sie war sehr schlicht eingerichtet, ein Tisch, ein paar Stühle, eine Sitzeckbank, Holzschränke, ein alter Herd und eine Spüle standen darin. Es gab zwei Nebenräume, vermutlich ein Schlafzimmer und eine Vorratskammer. Die Wände waren geschmückt mit ausgestopften Hirsch- und Wildschweinköpfen.

Während ich meinen Hunger stillte und meinen Durst löschte, brachte Ilja ein paar Decken und Felle. »Schlaft, so lange ihr wollt«, sagte er. »Hier wird euch niemand belästigen. Klopft, falls ihr was braucht.«

»Danke«, sagte ich, obwohl ein einfaches Danke nicht annähernd widerspiegeln konnte, wie dankbar ich wirklich war.

Der Pole verschwand im Nebenzimmer und schloss die Tür hinter sich zu.

Ich wandte mich meinem Bruder zu. Sein Zustand war unverändert. Er zitterte und sabberte und rollte die Augen.

»Hab keine Angst, mein Bruder«, sagte ich und strich ihm über den

Kopf. »Hier sind wir sicher. Es wird alles gut.« Ich war so erschöpft, dass ich auf der Stelle hätte einschlafen können. Aber ich wollte zumindest noch unsere nassen Kleider trocknen. Also entkleidete ich mich und meinen Bruder bis auf die Unterhose und hängte alles an eine Wäscheleine, die neben dem schwarzen Ofenrohr aufgespannt war. Davids und meine Stiefel stellte ich zum Trocknen neben den Kamin. Dann legte ich mich neben meinen Bruder, kuschelte mich an ihn, zog mir die Decke über die Ohren und schlief innerhalb von Sekunden ein.

Ich hatte keinen Schimmer, wie lange ich geschlafen hatte, ob erst zwanzig Minuten oder drei Stunden. Jedenfalls wachte ich plötzlich von leisen Stimmen auf. Es waren zwei Männer, die sich auf Polnisch unterhielten. Ich rieb mir die Augen und sah mich um. Es war dunkel bis auf das Licht einer Laterne, das die Hütte in ein goldenes Licht tauchte. Ich brauchte einen Moment, um zu kapieren, dass ich nicht mehr in der Höhle, sondern in der Blockhütte im Wald war, und einen weiteren Moment, bis mir wieder einfiel, wie ich hier gelandet war. Schöffer und Gronnik, der Tunnel, die Flucht, der Müller, der Jäger, mein kranker Bruder ... Ich tastete nach David, doch meine Hand griff ins Leere. David lag nicht mehr neben mir! Ruckartig setzte ich mich auf. *Der Einsiedler hat uns doch verraten!,* war das Erste, was mir durch den Kopf schoss. *Es war eine Falle!*

Vor dem Tisch, auf dem die Laterne brannte, standen die beiden Männer. Der eine war Ilja, den anderen kannte ich nicht. Er war älter als der Jäger, vielleicht um die fünfzig, und trug einen langen Mantel. Mir fielen sofort seine Glatze und eine Brille mit kleinen runden Brillengläsern auf seiner kantigen Nase auf. Ich beobachtete, wie sie sich die Hand reichten und einer dem anderen Geld zusteckte. Allerdings war es zu dunkel, um zu erkennen, wer hier wen bezahlte.

»Tun Sie, was auch immer nötig ist«, hörte ich Iljas Stimme.

Mir standen alle Nackenhaare zu Berge. Was um alles in der Welt ging hier vor sich? Hatte Ilja uns etwa an diesen Mann verkauft? Wer war der Kerl? Und wo war mein Bruder? War er bereits tot? Wie von der Tarantel gestochen sprang ich auf und ging in Verteidigungsstellung. »Wo ist mein Bruder?«, rief ich mit geballten Fäusten. »Ich will zu meinem Bruder!«

»Er liegt drüben in meinem Bett«, sagte Ilja und deutete auf seine Kammer. »Ich habe einen Arzt geholt, damit er rausfindet, was ihm fehlt. Das ist Dr. Wojtek, ein guter Freund von mir.«

Der ältere Mann wandte sich mir zu und musterte mich durch seine Brille. »Du bist dann wohl der Bruder des Patienten. Was ist mit deiner Schulter passiert?«

»Was?«, fragte ich verwirrt und blickte an mir herunter. Erst jetzt bemerkte ich, dass ich ja immer noch bis auf die Unterhose nackt war. Meine Schultern waren so wund gescheuert, dass sich die Haut abgelöst hatte. Jede kleinste Bewegung tat höllisch weh. »Das kommt von den Seilen«, murmelte ich beschämt. »Ich ... ich habe meinen Bruder getragen.«

»Darf ich mir das kurz ansehen?«

Zögerlich trat ich näher. Es war mir auf einmal furchtbar peinlich, wie aggressiv ich mich verhalten und dass ich ausgerechnet Ilja für einen Verräter gehalten hatte. Dabei hatte der Pole mir nicht nur das Leben gerettet und uns bei sich aufgenommen, er hatte sogar einen Arzt für David hergeholt und ihn aus eigener Tasche bezahlt, damit er sich um meinen Bruder kümmerte! Ich war sprachlos. Nachdem ich so vielen Wölfen im Schafspelz begegnet war, hätte ich nicht gedacht, dass es in dieser finsteren Welt tatsächlich noch Menschen gab, denen unser Schicksal nicht egal war. Ilja riskierte hier eine ganz Menge für uns. Dabei kannte er uns nicht mal.

Dr. Wojtek öffnete seine schwarze Arzttasche und holte Wundauflagen, Klebeband und eine Salbe hervor. Während er meine Schultern verarztete, fragte er mich über David aus. Ich erzählte ihm die ganze Geschichte. Ilja und er hörten mir aufmerksam zu. Der Arzt erkundigte sich, wann genau mein Bruder den Schock erlitten habe.

»Gestern Nachmittag«, sagte ich, worauf Ilja mich korrigierte und meinte, gestern Nachmittag seien wir beide schon hier gewesen. Wir seien vorgestern Nacht so gegen zwei Uhr hier angekommen und ich hätte danach dreiundzwanzig Stunden wie ein Stein durchgeschlafen. Ich war nicht wirklich überrascht. In der Höhle hatten wir jeweils zwanzig Stunden am Stück geschlafen. Und so erschöpft, wie ich gewesen war, hätte ich bestimmt noch viel länger geschlafen, wäre ich nicht von dem Gespräch aufgewacht.

»Dann liegt der Vorfall also eineinhalb Tage zurück«, meinte der Arzt.

Ich nickte. Das kam ungefähr hin.

Ilja führte Dr. Wojtek nach nebenan. Ich schnappte mir Hose und Hemd von der Wäscheleine - sie waren in der Zwischenzeit trocken -, zog mich an und folgte ihnen.

David lag in Iljas Bett, ein Kissen im Rücken. Er hatte aufgehört zu zucken und zu sabbern. Und nicht nur das. Er wirkte, als wäre er geistig wieder anwesend, als wäre er aus einer Art Koma erwacht und wüsste nicht genau, wo er war und was um ihn herum vor sich ging. Als ich das Zimmer betrat, nahm er sogar Augenkontakt mit mir auf. Er erkannte mich! Ich lächelte ihn an. Sein Mundwinkel zuckte ein klein wenig, als wollte er mir etwas sagen, was ihm aber nicht gelang. Immerhin war er mit seinem Geist nicht mehr im Nirgendwo gefangen. Das war ein gutes Zeichen.

Dr. Wojtek setzte sich zu ihm ans Bett. »Verstehst du mich, David?«

Mein Bruder nickte schwach.

»Kannst du deinen Arm heben?«

David rührte sich nicht.

Der Arzt nahm seinen Arm und hob ihn etwas an. »Halte ihn in der Luft.« Er ließ den Arm los, worauf Davids Arm schlaff zurück auf die Bettdecke sackte.

Mein Bruder schien keinerlei Kraft in seinem Körper zu haben, fast so, als wäre er durch den Schock gelähmt worden. Ich biss nervös auf der Unterlippe herum, während Dr. Wojtek einige weitere Tests durchführte, Davids Brust abhörte und ihm mit einer kleinen Taschenlampe in die Augen leuchtete. Dann holte er ein dickes Buch aus seiner Arzttasche hervor und blätterte darin.

»Er wird doch wieder gesund, nicht wahr, Herr Doktor?«, fragte ich, nachdem er eine ganze Weile in sein Buch vertieft gewesen war.

Der Arzt drehte sich mir zu und schob sich seine Brille auf die Nasenwurzel zurück. »Nun, was deinem Bruder widerfahren ist, nennt man eine akute Belastungsreaktion. Wenn jemand einer extremen psychischen Belastung ausgesetzt ist, kann dieses traumatische Erlebnis zu körperlichen Begleiterscheinungen führen. Deswegen kann David im Moment weder sprechen noch sich bewegen. Seine Motorik ist gestört.«

»Und wie lange dauert so was?«

»Das ist von Person zu Person unterschiedlich. Bei manchen halten die Symptome nur Minuten oder Stunden an, bei anderen mehrere Tage. Ich werde dir ein paar Pillen für ihn geben, die sollten den Genesungsprozess ein wenig beschleunigen.« Er klappte das Buch zu, verstaute es in der Arzttasche und fischte eine kleine Arzneischachtel heraus, die er mir reichte. »Das sind zwölf Pillen. Gib ihm jeden Tag eine davon. Und hier ist noch die Wundsalbe für deine Schürfwunden. Streich deine Schulter täglich damit ein.«

»Danke«, sagte ich und nahm die Schachtel und die Salbe entgegen.

»Das ist alles, was ich tun kann«, sagte Dr. Wojtek und klappte seine Tasche zu. »Der Rest liegt nicht in meinen Händen.« Er stand auf, nickte mir zu und schüttelte Iljas Hand. »Gebt ihm auf jeden Fall etwas zu essen und zu trinken. Er ist auch körperlich sehr schwach.«

»Ich weiß. Machen wir«, sagte der Pole und begleitete seinen Freund zur Tür. »Danke nochmals, dass Sie mitten in der Nacht hergekommen sind, Herr Doktor.«

Nachdem der Arzt gegangen war, kehrte Ilja mit etwas Brot und Milch zu David zurück. Ich setzte mich an den Bettrand und fütterte meinen Bruder wie ein kleines Kind. Das Brot riss ich in kleine Stückchen und steckte sie ihm in den Mund. David hatte große Schwierigkeiten zu kauen. Jede Bewegung schien eine ungeheure Anstrengung für ihn zu sein. Er brauchte mehrere Minuten für einen kleinen Brotbrocken. Das Trinken aus dem Becher funktionierte überhaupt nicht. Die Hälfte der Milch rann ihm einfach übers Kinn, ohne dass er etwas dagegen tun konnte. Ilja gab mir einen Löffel, damit ich ihm die Milch besser einflößen konnte.

Tränen rollten meinem Bruder über die Wangen. Ich sah ihm an, wie erbärmlich er sich fühlte. Er, der sonst immer der Stärkere von uns beiden war, konnte nun nicht einmal mehr einen Becher Milch trinken.

»Nur Geduld«, sagte ich zu David, während ich spürte, wie sich in meinem Hals ein Knoten bildete. »Das wird schon. In ein paar Tagen bist du wieder ganz der Alte.«

David bewegte seinen Mund. Er versuchte zu sprechen. Seine Lippen formten ein Wort, das er schließlich mit Mühe und Not aussprach: »Die Höhle.«

Der Kloß in meinem Hals schwoll an. »Du kannst dich an nichts erinnern, nicht wahr?«

Er schüttelte kaum merklich den Kopf.

Meine Augen wurden feucht, während meine Gedanken zurück in die Höhle wanderten und an jenem schrecklichen Moment hängen blieben, als die Gestapo plötzlich da war. »Sie haben uns gefunden«, erzählte ich David. »Sie haben neun von uns mitgenommen, Mutter, Cecilia, Simon, Jael, Onkel Moshe, Mariam, Zippora, Mila und mich. Mila und mir gelang es unterwegs abzuhauen. Wir sind zusammen mit allen anderen aus dem Notausstieg geklettert und geflohen. Aber ich weiß nicht, was aus den Gefangenen geworden ist. Ich weiß nicht, ob Mutter und Cecilia ...« Ich konnte es nicht aussprechen. Meine Mundwinkel zitterten. Mit einem Mal war alles wieder präsent, all die Panik, die Furcht, die Sorge um meine Familie. Es schnürte mir die Kehle zu. Ich musste an Vater, Susanne und Großmutter denken und fragte mich, ob sie es unversehrt zu den Bunkern geschafft hatten. Dann wanderten meine Gedanken zu Mutter und Cecilia. Die Vorstellung, sie könnten vielleicht nicht mehr am Leben sein, raubte mir schier den Verstand. Und da wurde es mir auf einmal klar: Ich musste zurück nach Bobrka und herausfinden, ob meine Familie in Sicherheit war! Ich konnte nicht länger hierbleiben, sonst würde die Ungewissheit mich zerfressen. Aber wie um alles in der Welt brachte ich David nach Bobrka?

»Du solltest nach Hause gehen«, sagte der Pole plötzlich, als hätte er meine Gedanken gelesen. »Von hier bis Bobrka sind es ungefähr zehn Kilometer. Wenn du jetzt aufbrichst, schaffst du es noch vor dem Morgengrauen. Ich versorge David, bis du eine Möglichkeit findest, ihn nachzuholen.«

Ich sah Ilja verdutzt an und wischte mir eine Träne fort. »Das würdest du tatsächlich tun?«

»Ich begleite dich zum Waldrand. Von dort findest du den Weg allein.«

Was sollte ich dazu sagen? Ilja hatte schon so viel für uns getan. Und jetzt war er sogar bereit, meinen Bruder weiterzupflegen, obwohl er damit Kopf und Kragen riskierte. Es beschämte mich, wie sehr sich dieser Mann für uns einsetzte, und das, ohne uns zu kennen und ohne irgendeine Gegenleistung zu erwarten. Nie zuvor war ich einem Menschen wie ihm begegnet. Seine Hilfsbereitschaft und Selbstlosigkeit waren beispiellos.

Der Jäger verließ das Zimmer, und ich umarmte David und drückte seinen schlaffen Körper, so fest ich konnte. »Ich gehe nach Bobrka und hole Hilfe«, sagte ich leise. »Keine Sorge, du bist bei Ilja in guten Händen.«

David sah mich ängstlich an. Seine Hilflosigkeit führte mir meine eigene Hilflosigkeit vor Augen, und die Verzweiflung in seinem Blick ließ auch in mir wieder jene Verzweiflung aufsteigen, die ich eigentlich versucht hatte zu verdrängen, um für uns beide stark zu sein.

Ich küsste David auf die Stirn. »Ich lieb dich, Bruder. Halte durch.« Dann wandte ich mich ab, bevor mein Herz noch schwerer wurde und ich noch mehr weinen musste.

Ilja wartete bereits auf mich. Ich schlüpfte in meine Stiefel und meinen Mantel und folgte ihm in die Nacht hinaus. Er führte mich durch den Wald, über eine alte Landstraße bis zum Waldrand. Von hier aus konnte man das ganze Tal überblicken. »Folge einfach der Bahnlinie nach Norden. Dann triffst du auf Voloshchyna. Und von dort, nehme ich an, kennst du den Weg.« Er reichte mir einen Lederbeutel. »Für deine Familie.«

Ich zog die Schnur auf und sah in dem Beutel einen Laib Brot und etwas Pökelfleisch. Mir kamen die Tränen. »Wieso tust du das für uns?«, fragte ich ihn mit belegter Stimme. »Wieso hilfst du uns?«

»Ich bin Christ«, antwortete er nur. »Und jetzt geh, du hast einen weiten Weg vor dir.«

Ich wischte mir über meine feuchten Augen. Keine menschlichen Worte vermochten auszudrücken, was ich in diesem Moment empfand. Es war viel mehr als Dankbarkeit. Es war ein Gefühl von Unwürdigkeit, Ergriffenheit, tiefstem Respekt. Wie würde ich diesem Mann je zurückgeben können, was er für uns tat? Er war zweifelsohne ein Engel, von Gott gesandt, um uns zu helfen. Kurzerhand warf ich mich Ilja um den Hals. »Danke«, flüsterte ich, während mir die Tränen über die Wange liefen. »Für alles ... danke ...« Ich löste die Umarmung, sah Ilja ein letztes Mal an und trabte davon.

18 Die Zuflucht

Die Morgendämmerung brach an. Unser Gut lag still und verlassen da. Nichts deutete darauf hin, dass hier noch irgendjemand lebte. Der Innenhof war übersät mit Ästen von der alten Eiche. Ein loser Fensterladen klapperte im Wind. Die Haustür war nicht mehr vorhanden. Jeder, der wollte, konnte einfach ins Haus spazieren und sich nehmen, was er wollte - obwohl Plünderer wahrscheinlich schon alles geklaut hatten, was es zu holen gab.

Ein mulmiges Gefühl beschlich mich, als ich nach meiner langen Nachtwanderung durch das offene Hoftor schritt. Dies war einmal mein Zuhause gewesen. Es war ein Ort der Geborgenheit und Sicherheit gewesen, ein Ort, an dem ich mich wohlgefühlt hatte. Jetzt war es ein Geistergehöft, eine Ruine, getränkt von all den schlimmen Erinnerungen der vergangenen Kriegsjahre. Vor fünf Monaten war ich zum letzten Mal hier gewesen. Es kam mir wie ein ganzes Leben vor. Was mich wohl erwartete? Ob meine Eltern und meine Geschwister die vergangenen Tage überlebt hatten? Oder ob ich irgendwo hinter den Ställen auf ihre Leichen stoßen würde?

Mit Bangen und Hoffen schlich ich mich am Wohnhaus vorbei hinüber zur Scheune. Ich stieg die Leiter zum zweiten Boden hoch, kletterte über die Strohballen zur versteckten Falltür in der Decke und klopfte mit dem geheimen Zeichen an. Ein kurzer Moment der Stille folgte. Ich befürchtete das Schlimmste.

Doch dann wurde die Tür von oben geöffnet, und zwei kräftige Arme zogen mich durch die Öffnung in den Bunker hoch. Ich sah mich um und hätte am liebsten laut geschrien vor Freude: Sie waren alle da! Großmutter, Vater, Susanne, Yoel, Silas, Israel und Mila! Und auch Mutter und Cecilia waren da! Sie lebten! Sie waren nicht tot! Meine ganze Familie lebte. Nicht einer von ihnen fehlte, nicht ein Einziger. Es war ein Wunder! Ich verstand nicht, wie das überhaupt möglich war. Wie hatten Mutter und Cecilia Schöffer und Gronnik entkommen können? Ich fing an zu weinen und umarmte einen nach dem anderen, Mutter zuerst, und weinte und weinte. Wir alle weinten, aber nur leise, um ja keine verdächtigen Geräusche zu machen. Lange lagen wir uns in den Armen und feierten stumm unser Wiedersehen, ein Wiedersehen, an das niemand mehr geglaubt hatte.

Nachdem wir uns alle einigermaßen beruhigt hatten, brachten wir uns gegenseitig und im Flüsterton auf den neusten Stand. Ich berichtete von meiner Flucht mit David, wie Pecherskii uns davongejagt und Tolstogos uns beinahe den Nazis ausgeliefert hätte. Dann erzählte ich von Ilja, wie er mich vor dem Wildschwein gerettet und sich um David und mich gekümmert hatte. Ich holte den Brotlaib und das gepökelte Fleisch aus dem Beutel. Wieder bekamen alle feuchte Augen, diesmal vor Rührung über so viel Barmherzigkeit uns gegenüber.

Mutter schnitt das Brot und das Fleisch in Scheiben und reichte jedem ein Stück. Wir aßen, während Cecilia mich darüber informierte, dass Simon nicht mehr am Leben war. Schöffer hatte ihn gleich beim Höhleneingang erschossen. Einfach so. Ohne Vorwarnung.

Mich schauderte. Die Nachricht von seiner Ermordung traf mich mit voller Wucht. Mein Cousin war so furchtlos und so mutig gewesen. Dass die Nazis die meisten von uns nicht gefunden hatten, verdankten wir einzig und allein ihm. Hätte er uns nicht rechtzeitig gewarnt, hätte die Gestapo uns alle im Schlaf überrascht. Simon hatte sich immer für andere eingesetzt, er war für keinen noch so gefährlichen Job zu feige gewesen. Ich hatte ihn bewundert, zu ihm hochgeschaut. Und jetzt war er einfach nicht mehr da. Das durfte nicht wahr sein. Nicht Simon. Nicht ausgerechnet Simon! »Aber warum hat er nur ihn erschossen und euch verschont?«, fragte ich.

Cecilia schüttelte den Kopf. »Ich weiß es nicht. Vielleicht wollte Schöffer uns nur einschüchtern. Jedenfalls brachte er uns nach Bobrka und übergab uns der ukrainischen Polizei. Sie sollten uns am nächsten Morgen hinrichten. Aber Mutter hat sie bestochen, und da haben sie uns laufen gelassen.«

Ich schluckte. Wie dankbar war ich, dass meine Familie lebte. Aber dass Simon nicht mehr da war, wollte ich einfach nicht glauben. Es war zu grauenvoll. »Was ist mit den anderen?«

»Sie verstecken sich in Scheunen und Bunkern«, sagte Silas. »Fürs Erste sind alle in Sicherheit.«

»Fragt sich nur, für wie lange«, meinte Mutter. »Irgendwann fliegen wir hier auf. Wir brauchen dringend einen neuen Unterschlupf.«

»Ich werde mich umhören«, sagte Yoel. »Sobald ich etwas Geeignetes finde, gebe ich Bescheid.«

»Der Herr wird einen Ort für uns vorbereiten«, meinte Vater zuversichtlich. »Er hat uns bis hierher geholfen. Er wird uns auch in Zukunft nicht im Stich lassen.«

Ich wünschte mir sehnlichst, dass er recht hatte.

In der darauffolgenden Nacht ritten Yoel und ich mit Oscar und eingespanntem Wagen zu Ilja, um David abzuholen. Es ging meinem Bruder schon bedeutend besser. Er konnte sogar wieder laufen, wenn auch nur ganz langsam und nur, wenn ihn jemand stützte. Bevor wir den weiten Rückweg antraten, servierte uns der polnische Jäger eine Tasse Kaffee. Ich half David beim Trinken, da er die Tasse noch nicht selbst halten konnte. Yoel und Ilja unterhielten sich über die aktuelle Kriegslage und die prekäre Situation der Juden in Bobrka.

Ich war erstaunt, wie gut Ilja informiert war. »Die Nazis gehen immer brutaler vor. Sie wollen euch gänzlich auslöschen. In Lemberg haben sie im Januar an die zwanzigtausend Juden erschossen. Es heißt, sie wollen alle Städte judenfrei machen. Ich weiß nicht, wann die nächste Aktzia in Bobrka geplant ist. Aber sie wird kommen. Schon bald, fürchte ich. Und diesmal wird bestimmt keiner überleben.«

Mein Herz krampfte sich zusammen, als ich das hörte. Die Aktzia im vergangenen August war mir noch sehr lebhaft in Erinnerung. Ich musste an Michal denken. Wenn sie noch lebte - und an diesen Gedanken klammerte ich mich wie an einen Rettungsanker -, dann mussten sie und ihre Familie schleunigst aus dem Getto verschwinden, bevor es zu spät war. Wenn ich sie nur irgendwie hätte warnen können!

»Wir sind zwar nicht im Getto. Aber lange werden wir in den Bunkern auch nicht mehr bleiben können«, sagte Yoel. »In die Höhle können wir nicht zurück. Dort wird es nur so von SS-Männern wimmeln. Ich bin ziemlich ratlos, um ehrlich zu sein. Wir sind fast dreißig Leute. Wo findet man ein Versteck für so viele Menschen?«

»Vielleicht kann ich helfen«, sagte Ilja. »Möglicherweise gibt es da eine weitere Höhle.«

Yoel und ich spitzten die Ohren.

»Wo?«, fragte ich neugierig.

»In der Nähe des Dorfes Berezyna.«

»Wie groß?«

»Ich bin mir nicht sicher, ob es überhaupt eine Höhle ist. Vor ein paar Jahren habe ich einen Fuchs gejagt, und er ist mir entwischt und verschwand in einem Loch am Ende einer kleinen Schlucht. Ich habe ihn nicht mehr gefunden. Vielleicht ist es der Einstieg in eine Höhle. Wenn ihr wollt, führe ich euch hin und wir sehen nach.«

»Das wäre fantastisch!«, meinte Yoel. »Wie weit ist es von hier?«

»Zu Fuß eine halbe Stunde«, sagte Ilja.

Yoel rechnete ganz kurz nach, dann nickte er eifrig. »Bitte zeig sie uns!«

Wir machten uns unverzüglich auf den Weg. David ließen wir in der Hütte zurück. Eine halbe Stunde später - es mochte um Mitternacht sein - stießen wir mitten auf einem weiten Feld auf eine enge Felsschlucht. Sie sah aus, als hätte jemand mit einem Beil die Erde gespalten. Stark überwucherte Felsen ragten auf drei Seiten zehn bis fünfzehn Meter senkrecht in die Tiefe. An der Vorderseite der Schlucht bildete die Wiese ein v-förmiges Tal mit Bäumen und Büschen und einer steilen Böschung. Rundherum war offenes Weideland. Es gab eine Landstraße und links einen Wald, wobei es bis zum Waldrand mindestens fünfhundert Meter waren. Wir traten an den Rand der Senke und blickten in die Schlucht hinunter.

»Da wären wir«, sagte Ilja. »Bereit?«

Wir kletterten und rutschten den bewachsenen Steilhang hinunter. Ungefähr auf der Hälfte stolperten wir über ein totes Schaf. Es war schon stark verwest und sah ziemlich gruselig aus. Wir hangelten uns weiter nach unten und landeten schließlich in einer knietiefen Schlammgrube, umgeben von steilen Felsen. Das v-förmige Tal verwandelte sich wohl bei Regen in eine Wasserrinne, und alles Wasser sammelte sich genau hier, am Fuße der Felsen. Auf einer Seite der Schlammbrühe war ein Loch, gerade groß genug, um sich hindurchzuzwängen.

Ilja hatte ein paar Kerzen und ein Seil dabei. Er zündete eine Kerze an, beugte sich mit dem Oberkörper etwas vor und leuchtete in die Spalte hinein.

Ich war ganz aufgeregt. »Und? Was siehst du?«

»Eine Gruft mit Felsblöcken«, sagte Ilja. »Etwa eineinhalb Meter unter uns. Schwer zu sagen, ob das alles ist.«

»Ich sehe mir das mal genauer an«, meinte Yoel. Er band sich das Seil um den Bauch und kletterte mit den Stiefeln voran in das Loch hinein.

Ilja hielt das Seil fest, um ihn aufzufangen, falls Yoel den Halt verlor.

Vorsichtig seilte sich mein Bruder in die Dunkelheit ab, bis er komplett in der Spalte verschwunden war und wieder Boden unter den Füßen hatte. »Gibst du mir mal die Kerze?«

Ilja reichte sie ihm. Ich stand neben dem Polen und spähte neugierig in die leicht vertiefte Höhle hinab. Yoel stand mit der Kerze in der Hand in einer Steinkammer. Große schwarze Felsbrocken waren darin verteilt wie abgebrochene Riesenzähne. Mein Bruder ging ein paar Schritte und verschwand hinter einem der Felsblöcke. Ich sah seinen großen Schatten, den die flackernde Kerze an die Wand projizierte. Die Stunde der Wahrheit war gekommen. Entweder war die Höhle nur ein einzelner Raum von der Größe eines Wohnzimmers und für unseren Zweck ungeeignet oder sie reichte tiefer in den Felsen hinein. Sie musste einfach tiefer reichen! Sie musste - oder wir waren verloren.

Da hörte ich Yoels Stimme, und was er uns mitteilte, zauberte ein breites Grinsen auf mein Gesicht. »Da ist ein Tunnel!«, rief er. »Mindestens zehn Meter lang! Die Höhle geht weiter! Hier geht es definitiv weiter!« Yoel kam zurück und schaute freudig zu uns hoch. »Leute, ich glaube, wir haben unseren Unterschlupf. Das könnte hinhauen! Wer weiß sonst noch von dieser Höhle?«

»Niemand, denke ich«, sagte Ilja. »Der Eingang ist gut versteckt. Und die Weide wird lediglich von Hirten für ihre Schafe genutzt.«

»Hervorragend!« Yoel reichte Ilja die Kerze durch die Öffnung, hakte sich mit den Stiefeln in den Felsen und zog sich hoch.

Wir halfen ihm aus der Spalte heraus. Die Euphorie hing spürbar in der Luft, als wir den kraterförmigen Steilhang zurück zur Wiese hochkletterten. Wir konnten es kaum erwarten, unserer Familie von diesem neuen Versteck zu erzählen.

Ich stellte mir vor, wie wundervoll es wäre, auch Michal und ihre Familie mit in die Höhle zu nehmen. Wenn es doch nur irgendeine Möglichkeit gegeben hätte, sie zu kontaktieren und aus dem Getto zu befreien! Ich hätte alles dafür gegeben, Michal bei mir zu haben. Ich vermisste sie so sehr. Am 12. August 1942 hatte ich sie zum letzten Mal gesehen. Und jetzt war bereits der 7. April 1943. Knapp acht Monate waren seit unserer letzten Begegnung vergangen, knapp acht lange Monate ohne ein Lebenszeichen von ihr, ohne zu wissen, wie es ihr ging oder ob sie überhaupt noch lebte. Ich durfte nicht zu oft an sie denken, sonst wurde ich ganz verrückt vor Sehnsucht nach ihr.

Wir kehrten zur Hütte im Wald zurück, halfen David auf die Ladefläche des Fuhrwerks und verabschiedeten uns von Ilja. Am frühen Morgen, immer noch im Schutz der Dunkelheit, erreichten wir Bobrka. War das eine Freude, als wir David in den Bunker brachten. Und als wir von der Höhle erzählten, flammte in allen neue Hoffnung auf. Wir beschlossen, die Höhle nochmals genauer unter die Lupe zu nehmen, um zu wissen, worauf wir uns einstellen mussten.

Am Abend desselben Tages, nachdem es draußen dunkel genug war, machten wir uns zu fünft auf den Weg mit etwas Proviant, Schaufeln, Pickeln, einer schweren Seilrolle und Kerosinlampen. Yoel, Silas und ich waren dabei, außerdem Gershon und Daniel. Wäre Simon noch da gewesen, er hätte sich bestimmt als Erster freiwillig für das Höhlenteam gemeldet. Es stimmte mich ganz melancholisch, wenn ich daran dachte, wie er wahrscheinlich immer noch vor dem Höhleneingang unserer ersten Höhle lag, erschossen von Schöffer, dem Schwein, dem Monster, dem ich hoffte, nie mehr über den Weg zu laufen. Vielleicht hatte Schöffer ihn nur deshalb ermordet und vor dem Höhleneingang liegen gelassen, um uns daran zu erinnern, dass es keinen Ort auf Erden gab, an dem er uns nicht aufspüren würde.

Doch du täuschst dich!, dachte ich mit einer Mischung aus Wut und Triumph im Bauch. *Aus einer Höhle hast du uns vertrieben. Aber es gibt noch eine zweite, und die wirst du nie und nimmer finden! Simon hat uns gewarnt und sein Leben dafür gelassen. Aber sein Opfer war nicht vergeblich. Wir werden diesen Krieg überleben, egal wie lange wir dafür unter die Erde kriechen müssen. Du wirst uns nicht kriegen!*

Wir erreichten die Schlucht und kletterten in die Trichtersenke hinunter, vorbei an dem verwesten Schaf und bis zum Fuß der Felsen. Von hier stiegen wir durch die Eingangsspalte und seilten uns in die Höhlenkammer ab. Dann zündeten wir die Kerosinlampen an und beschwerten ein Seilende mit einem Stein, damit wir auf jeden Fall den Weg zurück wiederfinden würden, und entrollten das mitgebrachte Seil. Hinter einem der Felsen ging ein Tunnel ab. Er war etwa ein Meter zwanzig hoch und verlor sich irgendwo in der Dunkelheit. Wir folgten ihm gebückt. Bereits nach zwölf Metern kamen wir in einen gewaltigen Höhlensaal. Er war mindestens sechs Meter hoch und hatte einen Durchmesser von über fünfzehn Metern. Man hätte darin locker ein kleines Haus hineinbauen können! Uns klappte der Mund auf.

»Schaut euch das an!«, flüsterte Gershon fasziniert. »Schaut euch das nur an! Wir sind gerettet!«

Es war ein unglaublicher Anblick. Voller Ehrfurcht schritten wir in die steinerne Halle. Der Boden war nicht aus Stein, sondern von einer vielleicht drei Zentimeter dicken, roten, aufgeweichten Lehmschicht bedeckt, sodass jeder Schritt schmatzte. Es gab keinerlei Spuren, weder von Tieren noch von Menschen. Wie es aussah, waren wir die allerersten Lebewesen, die diese Höhle überhaupt betraten. Und die Halle war noch nicht das Ende der Höhle. Ich zählte insgesamt neun Tunnel, die sich in alle Richtungen davon abspalteten. Wir wählten willkürlich einen der Stollen und krochen hinein. Nach wenigen Metern teilte er sich, und je weiter wir vordrangen, desto mehr verästelte sich die Höhle. Manchmal waren die Gänge eng wie Maulwurfslöcher, dann wieder gab es Abschnitte wie kleine Gebirgszüge mit rauen Felsblöcken, über die wir klettern mussten. An einer solchen Stelle löste sich plötzlich ein Stein unter meinen Füßen, purzelte davon, und kurz darauf war ein Platschen zu hören. Augenblicklich hielten wir inne.

»War das etwa Wasser?«, fragte Silas aufgeregt. »Leuchtet mal da rüber!«

Yoel ging ein Stück nach links und leuchtete mit seinem Kerosinlämpchen über eine Felsnase hinunter. Und da blieb uns zum zweiten Mal in dieser Nacht die Spucke weg: Unter uns lag ein unterirdischer See! Ein richtig großer See, so groß, dass man locker darin schwimmen oder mit einem kleinen Boot darauf herumrudern konnte! Er war von hohen, rauen Felsen umgeben, und das Wasser war glasklar und schimmerte in der Tiefe grün.

»Das glaub ich nicht«, murmelte ich. »Das gibt's doch gar nicht!« Sofort hangelte ich mich zwischen den Felsen hinunter, hielt mich mit der linken Hand an einem Vorsprung fest und tauchte die rechte ins Wasser. Es war eiskalt. Ich hob die Hand an meinen Mund und kostete von dem Wasser. Es schmeckte herrlich! »Es ist frisches Wasser!«, rief ich und lachte. »Jede Menge davon!« Ich sah zu den anderen hoch, und wir strahlten um die Wette.

Klares, frisches Trinkwasser! Genug, um für sehr lange Zeit hier unten überleben zu können! Wie oft hatten wir in der ersten Höhle Durst gelitten, weil das Wasser hinten und vorne nicht ausgereicht hatte. Ein drittel Becher Wasser pro Tag und pro Person. Das war unsere Ration gewesen. Manchmal, wenn meine Kehle so trocken gewesen war, dass ich es kaum noch aushielt, wäre ich beinahe allen Gefahren zum Trotz aus der Höhle gelaufen, um irgendwo in einer schmutzigen Regenpfütze meinen Durst zu stillen. Und hier hatten wir einen ganzen See, nur für uns allein! Was für ein unbezahlbarer Schatz! Was für ein Geschenk des Allmächtigen!

Wir kletterten weiter und kamen in einen weiten Raum, nur wenige Meter oberhalb des Sees. Und da machten wir gleich die nächste unglaubliche Entdeckung: Wir fanden die perfekte Kochstelle. Zuerst war uns das nicht klar. Alles, was wir sahen, war eine flache, etwas erhöhte Felsnische in der Form eines großen Backofens.

»Das wäre ideal zum Kochen«, meinte Daniel. »Wenn nur das Rauchproblem nicht wäre.«

»Allerdings«, meinte Silas.

Uns allen war noch lebhaft in Erinnerung, wie viel Rauch das offene Feuer in der ersten Höhle verursacht hatte und wie Mila beinahe daran erstickt wäre.

Mein Bruder wollte sich die Plattform etwas näher ansehen, als sein Kerosinlämpchen plötzlich wie verrückt flackerte, so als hätte jemand ein Fenster geöffnet und die Flamme stünde im Durchzug. »Eigenartig«, murmelte Yoel. Er bewegte das Lämpchen in verschiedene Richtungen, um herauszufinden, woher der Luftzug kam. Je näher er sich der Höhlendecke über der Felsnische näherte, desto stärker wurde das Flackern. »Halt mal die Lampe, Joscha.« Er gab mir die Lampe, während er selbst in die Nische hochkletterte, die Finger seiner rechten Hand mit Spucke benetzte und über die Felsen strich. »Hier!«, sagte er plötzlich. »Hier ist eine winzige Ritze im Felsen. Hier wird die Luft hochgesogen. Ich spür's ganz deutlich!« Er blickte fasziniert zu uns herunter. »Wir können hier kochen, Leute! Wir können hier tatsächlich Feuer machen, und der Rauch wird automatisch nach oben gezogen! Ist das zu fassen?«

Es war ein Phänomen. Keiner von uns hatte eine Erklärung dafür. Es kam mir so vor, als hätte Gott höchstpersönlich die Höhle für uns vorbereitet. Sie war wie geschaffen für uns: Der Höhleneingang war gut versteckt. Die Höhle war groß genug, dass sich eine ganze Armee hätte darin einquartieren können. Wir hatten Trinkwasser, wir konnten sogar in der Höhle kochen. Es war die perfekte Zuflucht. Höchste Zeit, die Familien zusammenzutrommeln und wieder in den Schoß der Erde abzutauchen. Wir mussten schleunigst die finstere Welt der Dämonen und Bestien verlassen und in die sichere Dunkelheit einer Höhle zurückkehren, dahin, wo niemand uns finden würde. Nicht einmal Schöffer.

19 Die Kette

Es war die Nacht auf den 13. April 1943, eine Nacht, die ich mein Leben lang nicht vergessen werde. Alles war vorbereitet. Alle waren informiert. Alle hielten sich in ihren Verstecken bereit: unsere Familie und meine vier Onkel mit deren Familien. Es war ausgemacht, dass jede Familie sich auf eigene Faust zur Höhle durchschlagen würde. Yoel und Silas hatten jeder Gruppe eine genaue Wegbeschreibung gegeben, damit sich keiner unterwegs verirrte. Außerdem hatten sie in den vergangenen Tagen alles, was sich irgendwie zu Geld machen ließ, verkauft und von dem Geld Nahrungsmittel, Speiseöl, Waschpulver, Streichhölzer und Kerosin gekauft. Eine Ladung Ware hatten sie bereits in der Nacht zuvor zur Höhle gebracht: Geschirr und Kochtöpfe, Decken, Kleider, dazu Werkzeug, Holzleisten und Strohballen für die Betten. Viel war es nicht mehr, was wir besaßen. Praktisch alles, was in der neuen Höhle hätte von Nutzen sein können, war in der alten Höhle liegen geblieben.

Als bei den neugierigen Nachbarn endlich das Licht ausging, kletterten wir leise aus dem Bunker. David hatte sich vollständig erholt von seinem Schock und konnte wieder sprechen, essen und sich normal bewegen.

Wir luden unser restliches Hab und Gut auf den eingespannten Wagen, pferchten uns dazwischen und Yoel versteckte uns und unseren Hausrat unter einer Plane. Yoel und Silas saßen vorne. Yoel schnalzte mit der Zunge, und Oscar und das Fuhrwerk setzten sich in Bewegung. Über holprige Nebenstraßen fuhren wir in Richtung Voloshchyna. Dicht zusammengedrängt saßen wir auf dem Wagen und hofften, dass wir nicht entdeckt würden.

Meine Gedanken schweiften zu Michal. Schon die ganzen Tage musste ich ständig an sie denken. Ich wünschte so sehr, sie wäre bei mir gewesen und hätte mit uns in die Höhle kommen können. Und wenn Iljas Befürchtung zutraf und die Nazis ein weiteres Mal in Bobrka zuschlagen sollten, um es judenfrei zu machen, dann gab es kein Entkommen mehr, weder für sie, ihre Familie noch für sonst jemanden. Wenn es doch nur irgendetwas gegeben hätte, was ich hätte tun können! Ich hatte sogar mit Yoel darüber geredet und ihn gefragt, ob er mich ein zweites Mal zum Getto begleiten würde, so absurd sich das auch anhörte.

»Joscha, ich weiß, wie sehr du Michal liebst. Aber es ist zu gefährlich«, hatte mein Bruder mir geantwortet. »Die Stacheldrahtzäune sind nun durchgehend. Da kommst du nicht mehr rein. Und ich würde es auch nicht zulassen. Du musst sie vergessen, Joscha. Du musst sie loslassen.«

Loslassen ... wie konnte ich sie jemals loslassen?

Ein ruckartiger Stopp riss mich aus meiner Gedankenwelt. Mucksmäuschenstill hockten wir unter der Plane und lauschten, ob jemand in der Nähe war.

»O nein«, hörte ich Yoels Stimme. Kurz darauf schlug er die Plane zurück.

»Was ist los?«, fragte Vater.

»Seht selbst. Dort unten beim Bahnhof.« Er deutete mit dem Finger ins Tal hinunter.

Wir waren auf einer Anhöhe am Waldrand und konnten von hier aus mehrere Dörfer überblicken. Voloshchyna lag schräg unter uns. Ich spähte zum Bahnhof, der eigentlich menschenleer hätte sein sollen, und was ich dort sah, ließ mir das Blut in den Adern gefrieren: Da waren Soldaten mit Hunden. Und dort stand ein langer Zug bestehend aus aneinandergehängten Viehwaggons.

Belzec!, durchfuhr es mich.

Sie waren da! Sie waren hier, um die Leute aus dem Getto ins KZ zu bringen! Die Viehwagen standen schon bereit!

»Adonaj, hab Erbarmen«, hauchte Vater.

In meinem Kopf gab es nur noch einen Gedanken: Michal! Ich musste sie warnen! Ich musste sie aus dem Getto rausholen! Jetzt gleich! Panik erfasste mich und schaltete meinen Verstand komplett aus. »Ich muss zu ihr«, murmelte ich, sprang vom Wagen und spurtete los.

»Joscha!«, flüsterte mir Mutter hinterher. »Komm zurück, Joscha!«

Ich hörte nicht auf sie, sondern rannte einfach weiter, ignorierte die Stimmen hinter mir und lief, so schnell ich konnte. Ich musste zu Michal. Alles andere war egal. Wenn ich schnell genug rannte, war ich vielleicht beim Getto, bevor die Nazis eintrafen. Dann hörte ich jemanden hinter mir schnaufen.

»Joscha! Du kannst sie nicht retten! Halt an!« Es war Yoel, der mir hinterherlief und versuchte, mich zur Vernunft zu bringen.

Aber ich hatte nicht vor, mich umstimmen zu lassen. Mein Entschluss stand fest, und nichts und niemand würde mich davon abbringen. Deshalb beschleunigte ich meinen Schritt, damit mein Bruder mich nicht einholte. Ich war schon immer ein guter Läufer gewesen, schnell wie der Wind und flink wie ein Fuchs. Als ich mir sicher war, dass ich Yoel abgehängt hatte, warf ich im Laufen einen Blick über meine Schulter. Mein Bruder war stehen geblieben und schien unschlüssig zu sein, ob er mich verfolgen oder gehen lassen sollte. Meine Eltern standen neben dem Wagen und winkten mich zurück. Ihre Bestürzung war selbst aus dieser Distanz noch zu erkennen. Doch ich konnte nicht umkehren. Ich konnte nicht. Meine Liebe zu Michal und das Wissen um die drohende Gefahr, die wie ein Damoklesschwert über ihr hing, trieben mich unweigerlich nach Bobrka.

Die Strecke zum Getto legte ich in knapp dreißig Minuten zurück. Nass geschwitzt ließ ich mich in der Nähe des Stacheldrahtzaunes hinter einem großen Stein nieder und musste erst mal zu Atem kommen. Außer meinem eigenen Pulsschlag, der wild gegen meine Brust hämmerte, war alles ruhig. Die Deutschen waren noch nicht da. Ich war also nicht zu spät gekommen. Solange ich keine Schüsse, kein Hundegebell und kein Brummen von Lastwagen hörte, gab es noch Hoffnung.

Plötzlich packte mich jemand von hinten an der Schulter. Erschrocken drehte ich mich um. Es war Yoel. Ich hatte gar nicht bemerkt, dass er mir den ganzen Weg gefolgt war. Irgendwie fand ich es tröstlich, dass er da war.

»Bist du wahnsinnig geworden?!«, sagte er mit gedämpfter Stimme. »Du weißt nicht mal, ob sie überhaupt noch lebt! Hast du irgendeinen Plan, was du jetzt tun willst?«

Ich schüttelte den Kopf. Natürlich hatte ich keinen Plan. Mein Gehirn hatte aufgehört zu denken, als ich die Viehwaggons am Bahnhof gesehen hatte. Ich war getrieben von meiner Liebe zu Michal und wollte verhindern, dass sie in einem dieser Viehwagen landete und ins KZ gebracht wurde.

Mein Bruder kniff die Augen leicht zusammen und ließ seinen Blick am Stacheldrahtzaun entlanggleiten. Weit und breit war kein Wächter zu sehen. Zwei Meter hinter dem Zaun befand sich eine heruntergekommene Häuserreihe. »Da drüben hinter der Mülltonne!«, flüsterte Yoel und deutete auf die andere Seite des Stacheldrahtes. »Da ist jemand.«

Jetzt sah ich es auch. An der Hausecke hinter einer rostigen Mülltonne kauerte eine Person. Die nackten Füße schauten hinter der Tonne hervor. Es waren kleine Füße wie von einem Kind.

»Wie weit ist es von hier bis zu Fischers Haus?«

»Nicht weit«, sagte ich. »Ein paar Minuten.«

»Gut. Rühr dich nicht von der Stelle.« Yoel huschte zum Zaun und machte das Kind auf sich aufmerksam.

Die Gestalt kam hinter der Mülltonne hervor. Es war ein kleiner Junge, nicht älter als acht Jahre alt. Er trug einen grauschwarzen Mantel und zitterte vor Kälte. Zögerlich näherte er sich Yoel. Ich konnte nicht hören, was die beiden redeten, aber ich sah, wie der Junge nickte und etwas entgegennahm, was ihm Yoel durch den Zaun hindurchstreckte. Dann rannte der Kleine davon, und mein Bruder kam zu mir zurück. »Er kennt den alten Lebensmittelladen«, raunte er. »Er wird versuchen, Michal herzuholen.«

»Wirklich?«

»Wenn sie nicht in der nächsten Viertelstunde auftaucht, müssen wir los. Ich habe nicht vor, heute Nacht wegen der Sturheit meines kleinen Bruders draufzugehen.«

Ich umarmte Yoel. »Danke«, flüsterte ich.

Die nächsten Minuten waren eine echte Zerreißprobe. Es war jene berüchtigte Ruhe vor dem Sturm, die ich nur allzu gut kannte. Jeden Moment würden die Deutschen eintreffen. Jeden Moment würde die Aktzia beginnen und Michal wäre für immer verloren. Jeden Moment würde der erste Schuss fallen, der erste Jude tot zusammenbrechen.

Dann würde die Stille sich in entsetzliches Geschrei verwandeln, die Menschen würden aus ihren Häusern gezerrt und hingerichtet oder verschleppt, Männer, Frauen, Kinder. Ich erinnerte mich noch lebhaft an all die Leichen in den Gassen, all das Blut, all das Wehklagen bei der letzten Aktzia. Und diesmal würde es bestimmt noch schlimmer werden, da die Nazis ja anscheinend vorhatten, Bobrka judenfrei zu machen. Anschließend würde es kein Wehklagen mehr geben, da es niemanden mehr geben würde, um die Toten zu beklagen. Oh, hätte ich doch die Zeit anhalten können. Hätte ich doch Michal und ihre ganze Familie aus dem Getto schmuggeln können, bevor die Nazis anrückten!

Da! Eine Hitzewelle schoss durch meinen Körper. Ich sah eine Gestalt zwischen den Häusern auftauchen. Sie rannte sehr schnell und kam direkt auf mich zu! War das Michal? Mir war so heiß, als hätte ich einen ganzen Vulkan verschluckt. Und da trat sie auch schon aus dem Schatten heraus, und der Vulkan in mir explodierte in einem Feuerwerk aus tausend Emotionen. Sie war es! Sie war es wirklich! Meine Michal! Sie lebte! Wir rannten beide aufeinander zu, erreichten gleichzeitig den Zaun und streckten unsere Hände durch den Stacheldraht.

»Michal!«, hauchte ich.

»Joscha!«, antwortete sie leise.

Wir verhakten unsere Finger und lächelten, während uns beiden die Tränen kamen. Ich blendete alles andere aus und hatte nur noch Augen für Michal, so glücklich war ich, sie zu sehen. Ich wollte sie umarmen, sie küssen, ich wollte sie nie mehr loslassen! Sie war abgemagert bis auf die Knochen, und in ihren Augen spiegelte sich das unsägliche Leid der vergangenen Monate im Getto. Wie gerne hätte ich sie in den Arm genommen und getröstet, aber der Stacheldraht zwischen uns erlaubte es mir nicht. Für ein paar Sekunden sahen wir uns einfach nur an und weinten vor Freude und Trauer gleichzeitig.

Alles, was ich ihr in den vergangenen acht Monaten hatte sagen wollen, verdickte sich zu einem Knoten in meinem Hals, und Tränen flossen in Strömen meine Wangen hinunter. »Hör zu, Michal«, sagte ich dann. »Ich habe beim Bahnhof in Voloshchyna Viehwaggons gesehen. Die kommen, um euch zu holen! Wahrscheinlich sind sie schon fast da! Ihr müsst weg hier! Jetzt gleich!«

Michal sah mich verstört an. »Was?«

»Wir haben eine Höhle gefunden, südlich von Voloshchyna«, fuhr ich hektisch fort. »Meine Familie ist in diesem Moment unterwegs dorthin. Wenn du willst ...« Mitten im Satz erstarrte ich. Da war es! Das Geräusch, vor dem mir gegraut hatte: das unverkennbare Brummen von Lastwagen in der Ferne. Die glühende Lava in meiner Brust gefror augenblicklich zu Eis. Sie waren bereits hier!

Michal hörte es auch.

Nein! Nein! Nein! Noch nicht!, dachte ich.

Wir wussten beide, was als Nächstes kam.

»Ich muss zurück zu meiner Familie«, flüsterte Michal, die nackte Panik in den Augen. »Wir müssen in den Bunker!«

»Komm mit mir!«, sagte ich flehend. »Steig durch den Zaun und komm mit mir in die Höhle!« Ich löste meine Finger aus den ihren und machte mich unverzüglich am Stacheldraht zu schaffen, versuchte verzweifelt, mit den Händen zwei Drähte weit genug auseinanderzureißen, damit Michal hindurchschlüpfen konnte. Die Drähte waren extrem straff gespannt, und obwohl ich meine ganze Kraft aufwendete, gaben sie kaum nach. Und dann rutschte mir auch noch der Draht aus der Hand und die Widerhaken rissen mir die rechte Handfläche auf. Die Wunde begann sofort hässlich zu bluten, aber ich kümmerte mich nicht darum und wagte einen weiteren Versuch.

»Hör auf, Joscha, es hat keinen Sinn!«

»Ich gehe nicht ohne dich, Michal!«, rief ich und zerrte wie verbissen an dem Zaun herum.

»Du musst!«, weinte sie.

Das Brummen der Lastwagen wurde lauter. Uns lief die Zeit davon!

Auf einmal stand mein Bruder neben mir und packte wortlos mit an. Er presste den einen Draht mit seinem Stiefel nach unten und zog den anderen mit beiden Händen nach oben. Die Lücke war noch immer sehr eng. Doch mit ganz langsamen, vorsichtigen Bewegungen sollte ein Hindurchschlüpfen möglich sein, ohne sich im Stacheldraht zu verheddern. Es musste einfach klappen!

»Komm!«, sagte ich und streckte meine blutende Hand durch die Öffnung. »Du schaffst das!«

»Ich kann das nicht!«, schluchzte Michal. Sie zitterte am ganzen Leib.

»Bitte!« Die Tränen strömten mir übers Gesicht. »Bitte, Michal! Versuch es!«

Zögerlich reichte sie mir ihre Hand. Doch genau in diesem Augenblick fiel ein Schuss. Ein Schrei folgte, der mir durch Mark und Bein ging.

Michal zuckte zusammen und zog ihre Hand zurück. Alle Farbe wich aus ihrem Gesicht. »Sie sind da!«, hauchte sie. »Sie ... sind da! Wir werden alle sterben!«

»Du wirst nicht sterben! Gib mir deine Hand!«

»Es ist zu spät. Ich schaff es nicht ...«

»Ich helfe dir rüber!«

Ihre Lippen bebten. Sie sah mir direkt in die Augen und schluckte. »Du musst gehen, Joscha!«

»Nein! Ich lass dich nicht zurück!«

Yoel ließ den Stacheldraht los und legte mir die Hand auf die Schulter. »Sie hat recht, Joscha. Es geht nicht.«

»Nein!«, rief ich verzweifelt, während mir die Tränen die Wange herunterliefen. Immer noch streckte ich meine Hand auf der anderen Seite des Zauns nach Michal aus. »Wir gehen zusammen! Wir schaffen das!«

Michal schüttelte den Kopf. Ein merkwürdiger Ausdruck lag in ihren Augen, eine Mischung aus Furcht, Resignation und tiefstem Kummer. Mit zittrigen Fingern griff sie nach ihrer Halskette, öffnete den Verschluss und legte mir die Kette in meine blutende Hand. Dann schloss sie meine Finger darum und küsste weinend meine Faust. »Damit du mich nie vergisst.«

Ein höllischer Schmerz jagte durch mein Herz. Sie war dabei, sich von mir zu verabschieden! Das konnte, das wollte ich nicht akzeptieren. So durfte es nicht enden. Nicht hier, nicht jetzt! Nicht ohne die Hoffnung, uns jemals wiederzusehen. Wir waren so nah beieinander, und doch trennte uns dieser furchtbare Stacheldraht! Warum konnten wir nicht zusammen fliehen? Ich griff mit der linken Hand durch den Zaun und berührte ihre Wange. Sie schmiegte sich an mich, hielt meine Faust mit beiden Händen fest und küsste sie immer wieder.

Ich spürte ihre Küsse, das goldene Herz in meiner blutenden Hand, das Metall in meiner Wunde, und mit einem Mal flossen Worte aus meinem Mund wie ein Gebet, an das ich mich festklammern wollte, um nicht den Verstand zu verlieren. »Wenn neben dir auch Tausende sterben, wenn um dich herum Zehntausende fallen«, flüsterte ich mit tränenerstickter Stimme.

»Kann dir doch nichts geschehen«, wisperte Michal stockend, während ihre warmen Tränen meine Hände nässten.

Mit schreckensbleichen Gesichtern blickten wir einander hilflos an und ließen diesen einen Vers des Psalms 91 auf uns wirken. Es war das letzte Versprechen, das wir uns geben konnten, der letzte Funken Hoffnung, der uns blieb, bevor uns der Krieg auseinanderreißen würde. Womöglich für immer.

Erneut fielen Schüsse. Das Getto erwachte zum Leben - oder vielmehr zum Tod. Die SS-Männer hatten ihre grausame Mission begonnen. Unsere Zeit war abgelaufen. Wir wussten es beide.

Ich zog meine Hände zurück, auch wenn ich es nicht wollte. Doch ich musste sie gehen lassen. »Ich komme zurück. Wir sehen uns wieder! Versprochen!«

»Ich liebe dich, Joscha«, flüsterte sie wimmernd. »Ich liebe dich!«

»Ich liebe dich auch, Michal! Und jetzt lauf! Lauf um dein Leben!«

Sie wischte sich über die Augen. Dann drehte sie sich um und rannte davon.

Yoel zog mich am Arm vom Zaun weg und rannte mit mir in die entgegengesetzte Richtung. Alles in mir sträubte sich dagegen, wegzulaufen, weg von Michal, der Liebe meines Lebens. Aber Yoel zerrte mich weiter und ließ mich erst wieder los, als wir den Wald erreicht hatten. Hinter mir hörte ich die Schüsse, die Schreie, die ganze Grausamkeit der Aktzia. Ich stellte mir das Massaker in den Gassen vor und es zog mir die Brust zusammen. Die Chance, dass Michal es rechtzeitig zum Bunker geschafft hatte, war äußerst gering. Und selbst wenn sie es geschafft hatte, niemand konnte garantieren, dass ihr Versteck diesmal nicht aufflog. Ich wusste, dass ich sie verloren hatte. Ich würde meine Michal nie mehr wiedersehen. Auf dem Waldboden brach ich schließlich zusammen und weinte mir die Seele aus dem Leib.

Am 13. April 1943 fand die dritte und letzte »Aktzia« in Bobrka statt. Über tausend Juden wurden auf dem Friedhof des benachbarten Dorfes umgebracht. Die restlichen hundertneunundfünfzig Juden kamen ins Arbeitslager Janowska in Lemberg. Nur vier von ihnen überlebten. Bobrka wurde für »judenfrei« erklärt.

***

Oktober 2015
Vor dem Fenster der Cafeteria regnete es Bindfäden vom bleigrauen Himmel. Obwohl immer noch Nachmittag, war es so dunkel, als wäre es Nacht. Die Bäume drohten, unter dem peitschenden Wind einzuknicken.

»Es tut mir so unendlich leid, Mr Burker«, murmelte Natalie erschüttert. Etwas Besseres fiel ihr nicht ein, auch wenn sie wusste, dass es keine Worte gab, die wiedergutmachen konnten, was damals geschehen war.

Der Neunundachtzigjährige betrachtete die goldene Halskette in seiner Hand und atmete tief durch, sodass sich sein Brustkorb hob und senkte. Es war ihm anzusehen, wie viele Erinnerungen in ihm hochkamen, wie viel Schmerz, Leid und Trauer. Auch wenn jene schrecklichen Ereignisse über zweiundsiebzig Jahre her waren, so schien das Erzählen die alte Wunde wieder aufzureißen und Mr Burkers Herz erneut bluten zu lassen. Der alte Mann umschloss die Kette, hob die Faust zu seinem Mund und küsste sie. »Ich habe dich nie vergessen, Michal«, flüsterte er, während ihm die Tränen übers Gesicht kollerten. »Ich liebe dich. Bis in alle Ewigkeit.«

Natalie kam sich fehl am Platz vor. Es war ihr nicht recht, dass die Erzählung Mr Burker derart aufgewühlt hatte.

Er saß schweigend da, die Halskette in der Faust verborgen, und starrte wie durch ein unsichtbares Loch in den Wald zurück, in dem er gekniet und um Michal getrauert hatte. Der alte Mann schien noch immer die Geräusche im Getto zu hören, schien noch immer seine eigene Verzweiflung zu spüren und die Machtlosigkeit, nichts tun zu können, um seine geliebte Michal vor ihren Mördern zu retten. Die Tränen tropften auf seine Faust. Er sagte kein Wort. Seine Mimik war getränkt von Kummer und tiefster Seelennot.

»Ich glaube, ich sollte jetzt besser gehen«, sagte Natalie nach einer langen Pause. »Sie können mir die Geschichte ein andermal zu Ende erzählen.«

Mr Burker blickte mit verweinten Augen geradeaus und nickte. »Ja, ich denke, das ist eine gute Idee.«

Die Studentin erhob sich. Sie streckte Mr Burker die Hand zum Abschied entgegen, aber er war noch immer derart durcheinander, dass er sie gar nicht bemerkte.

»Also, ich ... ich lasse Sie dann mal allein«, sagte Natalie. »Ich rufe Sie an.«

»Danke, dass Sie mir die Kette gebracht haben«, murmelte der alte Mann, ohne die junge Frau anzusehen. »Sie haben keine Ahnung, wie viel mir das bedeutet.«

Natalie lächelte. »Sehr gerne geschehen. Auf Wiedersehen, Mr Burker.«

20 Die Kornmühle

Am 20. Oktober 2015 besuchte Natalie Joscha Burker erneut. Sie hatte Chris' Bericht über die Höhle dabei, den Bericht, den er für das National Geographic geschrieben und an dem er fast zwei Monate lang herumgeschliffen hatte, damit er absolut perfekt war.

Mr Burker hatte Natalie gebeten, direkt auf sein Zimmer zu kommen. Sie nahm den Fahrstuhl in den dritten Stock. Beim Aussteigen erinnerte sie sich an den ersten Nachmittag, als sie hier gewesen war, und den Tumult vor Zimmer 314. Diesmal war der Flur menschenleer und so still, dass Natalie die Absätze ihrer Schuhe auf dem Boden klacken hörte. Als sie das Zimmer 314 passierte, kam eine Schwester aus dem Raum heraus. Bevor sie die Tür hinter sich zuzog, erhaschte Natalie einen kurzen Blick auf die Frau im Rollstuhl. Sie saß am Fenster und blickte hinaus. Sie wirkte traurig.

Die Studentin blieb vor der Nachbarstür stehen und klopfte an. Mr Burker öffnete und bat sie herein. Das Zimmer war ausgestattet mit einer Bücherwand, einer antiken Kommode, einem Kleiderschrank, einem Badezimmer, einem Bett und zwei gemütlichen Sofasesseln, vor denen ein Kaffeetisch stand. An der Wand hingen ein paar Bilder und Urkunden und eine geschnitzte Wanduhr mit unglaublich detaillierten Verzierungen.

»Dreimal dürfen Sie raten, wer die geschnitzt hat«, sagte der alte Herr.

»Ihr Bruder David?«

»Beeindruckend sein Talent, nicht wahr?«

»Allerdings«, meinte Natalie voller Bewunderung. »Lebt Ihr Bruder noch?«

»Ja«, sagte Mr Burker. »Von unserer Familie sind er und ich die Einzigen aus der Höhle, die heute noch leben. Nehmen Sie doch Platz, Miss Richardson.«

Natalie ließ sich in einem der Sessel nieder und kramte in ihrer Umhängetasche herum. »Mein Freund wollte, dass ich Ihnen seinen

Artikel gebe«, sagte sie. »Er hat ihn für das National Geographic geschrieben. Die wollen in ihrer nächsten Ausgabe etwas über die Höhle bringen.«

»Oh«, sagte Mr Burker und nahm die zusammengehefteten Blätter entgegen. »Es wird mir ein Vergnügen sein, den Bericht durchzulesen. Danke.« Er legte die Blätter auf die Kommode und setzte sich in den zweiten Sessel. »Ich muss mich bei Ihnen entschuldigen, Miss Richardson.«

»Wofür denn?«, fragte Natalie verdutzt.

»Für mein Verhalten letztes Mal. Ich war selbst überrascht, dass mir alles wieder hochkam, auch nach so vielen Jahren noch. Und als ich Ihnen erzählte, was sich dort beim Stacheldrahtzaun zugetragen hat, da ...« Seine Brust wölbte sich schwer. »Ich war wieder mittendrin, verstehen Sie? Es war, als durchlebte ich alles noch einmal, die Schreie ... die Schüsse ... den Verlust von Michal ...« Er stockte, griff in seine Hemdtasche und fischte die Goldkette mit dem Herzanhänger heraus.

»Mr Burker, Sie müssen sich ganz bestimmt nicht bei mir entschuldigen«, antwortete ihm die Höhlenforscherin. »*Mir* tut es leid. Wenn es Sie zu sehr aufwühlt, mir Ihre Geschichte weiterzuerzählen, dann sagen Sie es mir und wir hören sofort auf. Wir müssen das nicht tun.«

»Doch.« Der Alte sah Natalie direkt an. »Doch, *ich* muss das tun. Ich bin es Ihnen schuldig, Miss Richardson. Sie haben mir etwas zurückgebracht, was ich für immer verloren geglaubt habe. Es wäre nicht richtig, Sie nicht an der Geschichte hinter dieser Kette teilhaben zu lassen, denn Sie sind nun selbst ein Teil davon. Also lassen Sie mich die Geschichte zu Ende erzählen.« Er runzelte die Stirn, sammelte sich und begann dann zu berichten.

***

1943

Als wir am 13. April 1943, acht Tage nach unserer Flucht, in die neue Höhle krochen, ahnte keiner von uns, wie lange wir diesmal im Erdboden verschwinden würden, wie lange die Frauen und Kinder die

Höhle nicht mehr verlassen und die Sonne nicht mehr sehen würden. Wahrscheinlich war das auch besser so.

In den ersten Wochen in der zweiten Höhle war ich kaum ansprechbar. Ich trauerte um Michal, weinte mich in den Schlaf und wachte weinend auf. Ständig hatte ich das Gefühl, als könnte ich nicht mehr atmen. Sie fehlte mir so sehr, dass ich glaubte, vor Sehnsucht zu sterben. Ich wollte einfach nicht wahrhaben, dass sie nicht mehr da war. Ich versuchte mir einzureden, dass sie es vielleicht doch bis zum Bunker geschafft hatte und noch lebte, obwohl ich wusste, wie naiv es war, so zu denken. Irgendwann rang ich mich durch, ihren Tod zu akzeptieren. Ich musste das tun, wenn ich weiterleben wollte. Irgendwie musste ich damit klarkommen und stark sein. Für mich und die anderen. Das Leben musste weitergehen. Ich würde Michal niemals vergessen, und gleichzeitig hatte ich keine andere Wahl, um den Kopf für unseren täglichen Überlebenskampf frei zu haben. Den Luxus von Schwäche und Trauer konnte ich mir einfach nicht leisten. Nicht in dieser Zeit. Nicht, solange über uns die Nazis wüteten.

Nachdem die gesamte Gegend als judenfrei deklariert worden war und Juden bei Sichtkontakt erschossen werden durften, waren auch die grünen Aufnäher mit der Aufschrift »Brauchbarer Jude« nichts mehr wert. Yoel und Silas wurden somit nicht mehr als Schrottsammler anerkannt und konnten auch nicht mehr tagsüber mit Pferd und Wagen unbehelligt durchs Land reiten und unter der Nase der Nazis Handel treiben. Sie blieben von nun an bei uns in der Höhle. Das Fuhrwerk verkaufte Silas einem Bauern, der ihm dafür Mehl, Bohnen und ein paar gute Stiefel gab. Mein Pferd, den treuen Oscar, verkaufte Yoel an Ilja, der ihm dafür Felle, Kleider und Werkzeug gab. Der Pole bestand allerdings darauf, uns das Pferd nach dem Krieg zurückzugeben. Und er versprach Yoel, dass er die Höhle und Umgebung für uns im Auge behalten würde.

Die zweite Höhle war im Vergleich zur ersten Höhle geradezu luxuriös. Wir hatten einen unterirdischen See als Wasserreservoir und eine Feuerstelle mit natürlichem Rauchabzug, und auch die Schlafquartiere waren um einiges besser. Die meiste Zeit verbrachten wir in kompletter Dunkelheit. Mit dem Licht gingen wir äußerst sparsam um. Wir machten die Kerosinlämpchen nur zum Kochen an oder wenn es unbedingt nötig war. Manchmal setzten wir uns in Gruppen um eine Lampe und erzählten uns Geschichten aus dem Tanach. Mich beeindruckte vor allem die Geschichte von Mose und wie Gott das Volk Israel aus der Sklaverei in Ägypten befreit hatte. Wenn er ein ganzes Volk aus der Hand des mächtigen Pharao gerissen hatte, dann würde er auch uns aus der Hand Hitlers befreien, dachte ich. Wir würden diesen schrecklichen Krieg überleben. Daran hielt ich mich eisern fest.

Nach kurzer Zeit fanden wir einen riesigen Gang, so groß wie ein Eisenbahntunnel. Er war mindestens sechzig Meter lang und vier Meter breit, ein geeigneter Ort, um ein Lager aufzuschlagen. Allerdings war er etwas niedrig, an manchen Stellen gerade mal einen Meter fünfzig hoch. Damit wir nicht ständig gebückt darin gehen mussten, gruben wir in der Mitte eine Gehrinne. Wir ebneten den Boden mit Schaufeln und errichteten Wände aus Stein und Lehm. So hatte jede Familie ihren eigenen Raum und eine gewisse Privatsphäre. Die Wände halfen außerdem gegen den kühlen Wind, der in der Höhle zirkulierte. Wir bauten auch Tische und Bänke. In einiger Entfernung vom Lager hoben wir Toiletten aus und konstruierten Duschen.

Für die Gemeinschaftsbetten für zwei bis sechs Personen rammten wir wieder Pflöcke in den Boden und befestigten Latten darauf. Wir hatten Stroh, Felle, Kissen und sogar Daunendecken. Verglichen mit anderen Juden, die irgendwo von Ungeziefer bedeckt auf dem Waldboden oder auf dem nackten Erdboden unter irgendeinem Stall schlafen mussten, schliefen wir in unseren Betten wie Könige. Und wir schliefen wie in der anderen Höhle viel, zwanzig Stunden am Tag. Das sparte Kalorien und bewahrte uns bei der konstanten Höhlentemperatur von zehn Grad vor Unterkühlung. Außerdem ließ es uns unseren Hunger vergessen.

Hunger – den hatten wir alle. Das Essen war streng rationiert und die Portionen kläglich. Sie vermochten den nagenden Hunger kaum eine halbe Stunde lang zu stillen. Jeden Tag gab es Suppe aus gestampften Kartoffeln und dazu dünnes, ungesäuertes Fladenbrot, auf einem Blech gebacken. Manchmal gab Mutter im Mörser zerkleinerte Möhren dazu oder etwas Mais oder Bohnen. Doch unsere mitgebrachten Lebensmittelvorräte schrumpften viel zu schnell, vor allem das Mehl, um Suppe zu kochen oder Brot zu backen. Jedes Kilogramm Mehl war für uns so kostbar wie ein einziger Diamant. Ohne Mehl war ein Überleben undenkbar. Aber es war teuer geworden, seitdem die Nazis die Mühlen beschlagnahmt hatten, um ihre Soldaten zu versorgen, unerschwinglich teuer. Mein Vater zahlte einem Bauern ein halbes Vermögen, damit er uns hundert Kilogramm Mehl beschaffte. Als Vater drei Nächte später mit Onkel Moshe zum vereinbarten Treffpunkt ging, um das Mehl abzuholen, eröffnete ihm der Bauer, die Deutschen seien gekommen und hätten es mitgenommen. Vater und Moshe kamen ziemlich niedergeschlagen in die Höhle zurück und erzählten, was passiert war.

Daraufhin wurde Yoel völlig wütend. »So ein Dreckskerl! Was für eine Lüge! Steckt das Geld ein und das Mehl obendrein. Da hat er sich mit dem Falschen angelegt! So nicht! Das lassen wir uns nicht bieten!«

»Und was willst du tun?«, fragte Vater resigniert. »Vielleicht waren es ja wirklich die Nazis.«

»Blödsinn!« Yoel war stinksauer. »Der Mann hat unser Mehl! Und ich hole es uns jetzt! Immerhin haben wir dafür eine Menge Geld hingeblättert. So leicht kommt er uns nicht davon.«

»Yoel, wir sollten nichts überstürzen.«

Aber Yoel hörte nicht auf Vater und nickte David zu. »David, zieh deine Schuhe an! Wir machen einen Ausflug!«

Meine Brüder zogen los und tauchten drei Stunden später wieder in der Höhle auf - mit zwei Fünfzig-Kilogramm-Mehlsäcken auf den Schultern. Wir waren alle sprachlos.

»Ich sagte doch, er hat gelogen! Hier ist unser Mehl«, erklärte Yoel.

Sie schleppten die Säcke zur Kochstelle. Ich zog David beiseite und fragte ihn neugierig, wie um alles in der Welt sie das hingekriegt hatten.

»Ich habe gar nichts hingekriegt, das ist allein Yoels Verdienst«, sagte David und klopfte sich etwas Mehl von seinem Mantel. »Wir haben uns auf den Hof geschlichen. Yoel hat sich ein Stück Eisenrohr geschnappt. Ich wollte an der Tür klopfen, aber Yoel ging schnurstracks ums Haus rum, schlug die Scheibe des Schlafzimmers ein, und wir kletterten hinein. Der Bauer war starr vor Schreck, als er uns sah, und Yoel hat ihn so lange bedroht und angeschrien, bis er die Säcke herausrückte. So wütend habe ich ihn noch nie erlebt. Du hättest ihn sehen sollen. Zornig wie eine Bärin, der man die Jungen geklaut hat. Wahnsinn. Einfach nur Wahnsinn.«

Ich konnte mir die Szene lebhaft vorstellen. Yoel war nicht gerade zimperlich. Und wenn es um das Wohl unserer Familie ging, verstand er keinen Spaß. Wie gut, dass wir ihn hatten. Ohne seinen Kampfgeist, seine Furchtlosigkeit und seinen Löwenmut hätten wir es niemals bis hierher geschafft.

Die hundert Kilogramm Mehl sicherten unser Überleben für mindestens einen Monat. Aber wir fragten uns alle, wie es danach weitergehen sollte. Beim nächsten Handel würden wir vielleicht wieder übers Ohr gehauen. Und Yoel konnte sich nicht jedes Mal mit dem Bauern um das Mehl prügeln. Es musste eine Alternative geben. Bloß welche?

Ende Mai neigte sich der Mehlvorrat wieder dem Ende zu. Die Brotfladen wurden von Tag zu Tag kleiner. Cecilia hatte sogar begonnen, das Brot für ihre Kinder in kleine Brocken zu reißen, damit es nach mehr aussah, als es in Wirklichkeit war. Unsere Mägen verlangten nach Brot, das wir bald nicht mehr haben würden, wenn uns nicht schleunigst etwas einfiel.

Eines Nachts hatte Yoel einen Vorschlag: »Wir bauen uns unsere eigene Mühle. Getreide ist ohnehin viel günstiger als Mehl und leicht zu bekommen. Alles, was wir brauchen, sind zwei Mühlsteine.«

»Und wo willst du die auftreiben?«, fragte Cecilia.

»In der Mühle der Tolstogos liegt ein Läuferstein«, sagte ich. »Den sollten wir uns holen. Allein schon, weil der Mann uns reingelegt hat.«

»Gute Idee, Joscha. Wie weit ist das von hier?«

»Querfeldein schätzungsweise fünf Kilometer. Ich kann dir den Weg zeigen.«

»Ihr wisst schon, was so ein Stein wiegt«, meinte Silas. »So ein Teil bringt um die siebzig Kilo auf die Waage. Und du kannst ihn dir nicht einfach wie einen Mehlsack über die Schulter werfen.«

»Glaubst du, das weiß ich nicht?«, fragte Yoel ein wenig gereizt. »Aber wir haben hier neunundzwanzig Menschen zu ernähren! Und das letzte Mehl ist fast aufgebraucht. Entweder bauen wir uns unsere eigene Mühle und mahlen unser eigenes Mehl oder wir werden den nächsten Monat nicht überleben. So sieht's aus. Wenn du eine bessere Idee hast, nur zu. Ich habe jedenfalls keine.«

Silas zog betreten den Mund schief und schwieg. Natürlich hatte er keine bessere Idee, keiner von uns. Yoel hatte recht: Wir brauchten eine Mühle.

»Morgen Nacht holen wir uns diesen Läuferstein«, sagte Yoel. »Und wenn ich den Stein bis nach China tragen müsste, ich würd's tun. Ich würde alles tun, damit wir hier unten überleben. Alles.«

Am nächsten Abend begleitete ich meinen Bruder zu den Tolstogos. Dort angekommen huschten wir in die Mühle. Der Läuferstein lag noch am selben Ort, wo ich ihn vor fast zwei Monaten gesehen hatte. Es war ein komisches Gefühl, wieder hier zu sein. Die Wut über den scheinheiligen Müller, der uns der Gestapo hatte ausliefern wollen, kam wieder hoch. Was hatte der Krieg nur aus den Menschen gemacht. Sie tauschten Menschlichkeit und Mitgefühl einfach gegen Geld ein, ohne vermutlich ein schlechtes Gewissen dabei zu haben. Dass wir Tolstogos den Mühlstein klauten, war nicht mal annähernd ausgleichende Gerechtigkeit für seinen hinterhältigen Verrat.

Geschieht ihm ganz recht, dachte ich schadenfroh, als Yoel den schweren Läuferstein mit zusammengebissenen Zähnen und einem Stöhnen hochstemmte. Ich hätte den Stein nicht mal von der Stelle rücken können, geschweige denn aus der Mühle schleifen. Ich fragte mich, wie weit mein Bruder kam, bevor ihn das massive Gewicht in die Knie zwingen würde. Es war ein mörderisches Unterfangen. Schritt für Schritt quälte sich Yoel vorwärts, den runden Läuferstein mit dem Loch in der Mitte vor sich hertragend.

Ich erinnerte mich, wie ich David auf dem Rücken aus der Mühle getragen hatte, obwohl ich selbst völlig am Ende gewesen war. Die Liebe und das Verantwortungsgefühl meinem Bruder gegenüber hatten mir schier übermenschliche Kräfte verliehen. Und genauso erging es jetzt Yoel. Was er in dieser Nacht vollbrachte, hätte selbst einem durchtrainierten Muskelprotz das Äußerste abverlangt. Yoel war eigentlich kräftig gebaut, aber der Hunger hatte seine Spuren hinterlassen. Alles, was ihm blieb, war der zähe Wille, um jeden Preis durchzuhalten. Er wusste, dass von diesem Stein unser aller Leben abhing. Aufgeben oder scheitern kam für ihn nicht infrage. Verbissen kämpfte er sich voran und trug den siebzig Kilogramm schweren Mühlstein über Stock und Stein.

Wir kamen nur sehr langsam voran und legten viele Pausen ein. Zwischendurch blickte ich hinauf zu den Sternen, um zu sehen, wie viel Zeit uns noch blieb, bevor die Sonne aufging. David hatte mir den Trick beigebracht. Man suchte den Großen Bären und beobachtete, wie er sich drehte. Wenn er sich dreimal gedreht hatte und fast wieder in der Horizontalen lag, wusste man, dass es bald Morgen war. Das war sehr hilfreich, wenn man keine Uhr hatte. So sehr ich mich nach dem Sonnenlicht sehnte, der Tag war unser Feind. Nur im Schatten der Nacht waren wir vor feindlichen Blicken geschützt.

Wir erreichten die Höhle, kurz bevor der Himmel sich rot färbte. Waren das eine Erleichterung und ein Staunen, als Yoel den Mühlstein in die Höhle schleifte! Vater hatte sogar Tränen in den Augen. Keiner hätte es für möglich gehalten. Niemand hatte damit gerechnet, dass Yoel es tatsächlich schaffen würde. Aber er hatte es geschafft. Mein Bruder war ein Held.

»Einen Läuferstein haben wir also«, meinte Yoel und tätschelte stolz seine Trophäe. »Jetzt fehlt uns nur noch der Bodenstein.«

»Es gibt in der Nähe einen Geröllhang mit jeder Menge großer Steinblöcke«, erklärte David. »Da finden wir bestimmt einen passenden, den ich zurechtmeißeln kann.«

»Du vergisst, dass unser Meißel in der ersten Höhle geblieben ist«, sagte ich.

»Daran soll es nicht scheitern. Ich treibe einen neuen auf«, sagte Yoel, immer noch außer Atem. »Ich habe da so eine Idee.«

In der nächsten Nacht machten sich Yoel und David auf den Weg, einen passenden Bodenstein für unsere Mühle zu finden. Sie schleppten einen großen Brocken mit flacher Oberseite in die Höhle und platzierten ihn in einem Raum in der Nähe der Kochstelle. Einen Meißel hatte Yoel auch dabei. Es war nicht wirklich ein Meißel, sondern ein fünfzehn Zentimeter langer und zwei Zentimeter dicker Nagel, den Yoel aus einer Eisenbahnschiene gehebelt hatte. Aber er erfüllte seinen Zweck und wurde sogar zu unserem wichtigsten Werkzeug in der Höhle.

David machte sich sofort an die Arbeit. Er raute die Oberfläche des Steins auf und meißelte eine Rille für das Mehl hinein. Dann baute er aus Holz ein stabiles Gerüst für die Mühle, schnitzte einen Hebel, um den Läuferstein damit zu drehen, und baute einen Mehlkasten, um das Mehl damit aufzufangen. Yoel half ihm, die beiden Steine aufeinanderzusetzen. Fertig war die Kornmühle. Yoel, David, Susanne und ich versammelten uns feierlich vor der Mühle, um sie zu testen. David stellte sich an den Hebel, Susanne schüttete durch das große Loch in der Mitte etwas Korn und ich hielt die Kerosinlampe. Die schweren Steine rieben sich geräuschvoll aneinander, als David den Läuferstein drehte. Wie gebannt starrten wir auf die Rille des Bodensteins ... und da rieselte es auch schon heraus: feinstes weißes Mehl! Susanne kreischte vor Freude und machte ein paar Luftsprünge. Wir klatschten uns gegenseitig ab und lachten.

»Wir haben Mehl!«, rief ich begeistert, sodass es alle hören konnten. »Die Mühle funktioniert! Wir haben Mehl!«

Unsere eigene Mühle zu haben und unser eigenes Mehl mahlen zu können, war ein gewaltiger Triumph, genau wie damals die Fertigstellung des Tunnels. Die Mühle war unser ganzer Stolz. Sie war ein Symbol des Widerstands, ein Zeichen dafür, dass wir uns nicht unterkriegen ließen, egal, was passierte.

21 Die Dorfbewohner

Die Herausforderungen unseres unterirdischen Lebens waren zahlreich. Da war zum Beispiel die Sache mit dem matschigen Höhlenboden. Was auch immer wir in der Dunkelheit fallen ließen, verschwand meist auf Nimmerwiedersehen im schwammigen Lehm. Wir verloren so viel Essbesteck, dass David ständig neue Löffel schnitzen musste.

Ein weiteres Problem war, dass sich unsere Schuhe beim Klettern in der Höhle sehr schnell abnutzten. Deswegen beschlossen wir, in der Höhle nur noch barfuß zu gehen. Wir zogen lediglich dann Schuhe an, wenn wir die Höhle zum Holzfällen oder Essenauftreiben verließen. David wurde zu unserem offiziellen Schuster ernannt. Es war mir immer wieder ein Rätsel, wie geschickt er mit Holz umgehen und wie er aus einem einfachen Stück Holz die genialsten Gegenstände hervorzaubern konnte. Er war ein begnadeter Künstler. Zum Beispiel flickte er kaputte Schuhsohlen mit geschnitzten Holznägeln. Waren Nähte aufgerissen, nähte er sie mit gesponnenen Flachsfasern. Der Flachs wurde von Cecilia auf einem Spinnrad gesponnen, das David selbst konstruiert hatte.

Immer bei Neumond - weil es da am dunkelsten war - verließ eine Männergruppe die Höhle, um Nahrungsmittel aufzutreiben. Mutter wusste stets, wann Neumond war, und das, obwohl sie die Höhle nie verließ. Sie hatte einen kleinen jüdischen Kalender in die Höhle mitgenommen und zählte damit die Tage. Jedes Mal bangten die Zurückgebliebenen um das Leben der Männer, zu denen auch ich gehörte, und beteten, dass wir unversehrt zurückkehrten. Es war ein gefährliches Unterfangen. Wir bestahlen absichtlich nie die Bauern in unmittelbarer Nähe. Nicht, dass sie Verdacht schöpften und uns die Nazis auf den Hals hetzten. Stattdessen suchten wir uns die etwas weiter entfernten Scheunen, Vorratshäuser und Felder aus. Wir klauten vor allem Mais, Bohnen und Kartoffeln und tauschten einiges davon bei befreundeten Bauern gegen Korn, Salz, Seifenpulver, Streichhölzer und Kerosin ein.

Kartoffeln zu stehlen, war relativ leicht, da die Bauern die geernteten Kartoffeln in großen Bergen auf den Feldern auftürmten und wir uns nur zu bedienen brauchten. Weit riskanter als das Beschaffen von Nahrung war das Beschaffen von Brennholz. Und davon brauchten wir fürs Kochen leider jede Menge. Alle drei bis vier Wochen schlichen wir uns unter Lebensgefahr in den fünfhundert Meter entfernten Wald zum Bäumefällen. Es war unglaublich gefährlich und machte einen fürchterlichen Krach. Die Angst, jemand könnte uns hören und die ukrainische Polizei oder die Gestapo verständigen, saß uns die ganze Zeit im Nacken und trieb uns zu Höchstleistungen an. Zehn hohe Bäume von ungefähr fünfundzwanzig Zentimeter Durchmesser fällten wir pro Nacht. Wir zersägten sie in Stücke, nicht länger als ein Meter fünfzig, damit sie durch die engen Gänge passten, und schafften sie so schnell es ging in die Höhle. Dort spalteten wir das Holz mit dem Beil in kleine Scheite.

Eines Nachts Anfang Juni passierte es. Ich schlug gerade mit dem Beil die Äste von einem gefällten Baum ab, als wie aus dem Nichts eine Gestalt auftauchte. Sie stand zwischen den Bäumen und sah direkt zu uns rüber. Es war gespenstisch. Vermutlich hatte die Person uns gehört und wollte nun wissen, wer mitten in der Nacht einen solchen Lärm veranstaltete.

»Da ist jemand«, flüsterte ich, auch wenn es lächerlich war zu flüstern, da wir ohnehin wie eine trampelnde Elefantenherde klangen.

Augenblicklich hielten alle in ihrer Tätigkeit inne und starrten zu der Gestalt. Es war kein Nazi, sonst hätte er gleich geschossen. Es musste ein Bauer aus der Gegend sein. Yoel und Silas ließen die Säge im Baum stecken, bewaffneten sich mit einer Axt und gingen auf den Mann zu. David und ich standen nebeneinander und beobachteten die Szene mit großer Unruhe.

»Sie sollten ihn töten«, sagte ich. »Wenn der Kerl uns verrät, sind wir alle verloren.«

»Das ist nicht gut«, murmelte David nervös. »Das ist gar nicht gut.«

Das Gespräch dauerte nur wenige Sekunden. Dann drehte sich der

Mann um und verschwand zwischen den Bäumen. Meine Brüder kamen zu uns zurück.

»Warum habt ihr ihn gehen lassen?«, fragte ich besorgt und vorwurfsvoll zugleich. »Er könnte uns alle in große Gefahr bringen!«

»Er hat versprochen, nichts zu sagen«, erklärte Silas.

»Und das kaufst du ihm ab?«

Silas sah mich ernst an. »Ich habe in diesem Krieg schon genug Grausamkeit gesehen, Barmherzigkeit hingegen selten.« Er streckte mir die Axt entgegen. »Wenn du ihn töten willst, tu es. Aber dann bist du genauso wie die.«

Ich blickte auf die Axt in seiner Hand, dann in den Wald, dorthin, wo der Bauer eben noch gestanden hatte, und zurück auf die Axt. Ich traute dem Fremden nicht über den Weg. Und meine Brüder vermutlich auch nicht. Dennoch hatten sie ihn verschont. Ich schluckte und ließ beschämt die Schultern sinken.

»Lasst uns verschwinden«, sagte Yoel. »Nehmt mit, was ihr tragen könnt. Beeilt euch!«

Das taten wir. Wir hatten zwar erst sechs Bäume gefällt und zerteilt, aber keiner wollte es riskieren, noch länger hierzubleiben. Also traten wir den Rückweg an und spähten dabei häufiger als sonst in alle Richtungen, um sicherzugehen, dass uns niemand heimlich beobachtete. Mir kam es so vor, als hätten die Felder, Wiesen und Wälder um uns herum auf einmal Augen und Ohren. Wir konnten nur hoffen, dass der Bauer uns nicht bei den Nazis verpetzte und die Gegend sich nicht schon bald in ein tödliches Wespennest verwandelte. Ich hatte ein ganz mulmiges Gefühl bei der Sache.

Als wir in der Höhle ankamen und den anderen von dem Bauern erzählten, schlug Onkel Eli vor, zwei Wachen mit Äxten beim Höhleneingang zu postieren. »Wenn einer versucht reinzuklettern, hackt ihm in die Füße. Nochmals lassen wir die Gestapo nicht in unsere Burg marschieren!«

Keiner widersprach ihm, so brutal und rücksichtslos es auch klang. Uns allen war klar, dass wir die Höhle um jeden Preis verteidigen mussten. Wenn wir überleben wollten, durften wir nicht zimperlich sein. Wir mussten unseren kostbaren Zufluchtsort vor

Eindringlingen beschützen, und zwar mit allen uns zur Verfügung stehenden Mitteln.

Mehrere Tage verstrichen, ohne dass etwas geschah. Hätte der Bauer die Nazis verständigt, hätten sie längst die Felder und Wälder nach uns abgesucht, und wir hätten Hundegebell und Stimmen hören müssen. Aber alles blieb still. Vielleicht hatte der Mann ja tatsächlich Wort gehalten.

Parallel zum Wachdienst bauten wir im niedrigen Tunnel, der von der ersten Kammer abzweigte, eine Steinblockade. Nachdem sie fertig war, stellten wir den Wachdienst ein, verschlossen den Tunnel vollständig und sperrten uns damit selbst ein. Yoel schlug nur ein paar Meter dahinter sein Nachtlager auf. Falls die Nazis uns doch noch entdecken sollten, würde das Geröll sie lange genug aufhalten, damit Yoel uns warnen und wir in den Tiefen der Höhle verschwinden konnten. In diesem Labyrinth hätten sie keine Chance gehabt, uns zu finden. Der Plan war gut. Falls die Gestapo die Höhle stürmte, waren wir diesmal auf sie vorbereitet. Allerdings waren wir nicht auf das vorbereitet, was stattdessen geschah ...

Es war der 26. Juni. Der Mond war eine schmale Sichel, wie Mutter behauptete. Zeit, unsere Lebensmittelvorräte aufzustocken. Einige von uns Männern zogen ihre Schuhe an, warfen sich die leeren Kartoffelsäcke auf den Rücken und krochen zur Steinblockade. Nachdem wir sie entfernt hatten, krabbelten wir weiter.

Aaron war uns ein paar Meter voraus. Plötzlich hörten wir ihn aufschreien. »Nein! Nein! Nein!« Er kam zu uns zurück, schreckensbleich im Gesicht.

»Was ist los?«, fragte David.

»Der Eingang ist zu! Sie haben ihn zugeschüttet!«

»Was?!«

»Wir sind verloren!«

Wir robbten so schnell wir konnten zur Kammer mit dem engen Einstiegsloch. Und tatsächlich: Die Öffnung war blockiert. Ich hangelte mich hoch und untersuchte die Spalte. Sie war komplett mit Erde ausgefüllt. Ich schabte mit den Fingern darin herum, worauf sich mehrere Erdbrocken lösten und in die Grotte hinabbröselten. Graben hatte keinen Zweck. Die Erde war zu frisch. Genauso gut hätte man versuchen können, einen Tunnel in einen Sandberg zu bohren. Hier kamen wir nicht mehr raus. Wir waren lebendig begraben. Mir wurde es heiß und kalt bei dieser Erkenntnis. Dies war unser einziges Ausstiegsloch, der einzige Zugang zur Höhle. Es gab keinen zweiten! Wir wussten sehr wohl, was das bedeutete: Wir würden alle eines langsamen und qualvollen Hungertodes sterben. Entsetzt blickte einer zum anderen.

»Was machen wir jetzt?«

»Wir suchen einen anderen Weg nach oben«, sagte Yoel und ließ seinen Blick über die Steindecke der Gruft gleiten. »Irgendwo gibt es eine Lücke und wir werden sie finden und uns nach oben graben wie in der letzten Höhle.«

»In der letzten Höhle haben wir zwei Monate lang gegraben«, meinte Aaron. »Unsere Vorräte reichen höchstens noch für eine Woche, maximal zwei.«

»Dann müssen wir eben schneller graben!«

»Vorausgesetzt, wir finden eine Lücke«, murmelte ich. »Wenn wir keine finden ...«

»Wir finden eine Lücke!«, sagte Yoel energisch, hob eine Handvoll Erde vom Boden auf und schleuderte sie wütend gegen die Wand. »Die können uns gar nichts! Ein bisschen Erde wird uns nicht aufhalten. Wir finden einen Weg raus. Wir werden hier unten nicht sterben, hört ihr?!«

Wir kehrten zu den anderen zurück und informierten sie über die Lage. Die Nachricht schockierte alle. Aber Vater ließ es nicht zu, dass Panik aufkam, und machte uns Mut, nicht aufzugeben. Wir hatten schon andere ausweglose Situationen gemeistert. Wir würden auch diese Aufgabe bewältigen.

Dann teilte Yoel die Männer in Zweiergruppen, wir packten Seile und aus Stofffetzen gebastelte Markierungsfähnchen ein und schwärmten aus, um die Höhle nach Erdspalten abzusuchen. Und siehe da: Schon nach zwei Stunden wurden Onkel Yosl und Daniel fündig. Unverzüglich begannen wir zu graben.

Tag und Nacht arbeiteten wir an dem Schacht. Wir gruben, bis unsere Hände bluteten. Wie die Wahnsinnigen schaufelten und hackten wir in der Erde herum. Erstaunlicherweise kamen wir besser voran als erwartet. Die Erde war nicht ganz so hart und ließ sich mit weniger Kraftaufwand lockern als bei unserem letzten Tunnelbau. Dennoch standen wir unter enormem Zeitdruck. Immerhin galt es, neunundzwanzig Menschen zu ernähren! Unsere Vorräte schwanden schneller dahin, als wir graben konnten. Und da keiner mit Sicherheit wusste, wann und ob wir überhaupt oben rauskommen würden, rationierte Mutter die Mahlzeiten noch strenger als zuvor. Bisher hatten wir zweimal pro Tag gegessen. Jetzt erhielten nur noch diejenigen zwei Suppen und zwei Brotfladen am Tag, die am Tunnel arbeiteten. Alle anderen mussten mit einer Portion auskommen.

Im Schnitt wuchs der Schacht einen Meter am Tag. Endlich, nach dreizehn langen Tagen, erreichten wir die Erdoberfläche. Wir waren draußen! Keinen Tag zu spät, denn vor einem Tag hatte es die letzte Kartoffelsuppe und am Morgen das letzte Fladenbrot gegeben. Es war höchste Zeit, neue Vorräte zu besorgen.

Der Tunnel endete in einer leichten Bodenvertiefung direkt neben einem Baum, nur wenige Meter von der Felsenschlucht entfernt. Gershon kletterte als Erster aus dem Loch. Er robbte auf den Ellbogen durch das hohe Gras hinüber zur Schlucht, um sich ein Bild zu machen, wie tief man uns eingebuddelt hatte. Wieder zurück im Tunnel berichtete er uns fassungslos, was er gesehen hatte. »Das glaubt ihr nicht. Die Nazis haben den gesamten Trichter mit Erde aufgefüllt! Er ist randvoll bis hinauf zur Wiese!«

»Das ist gut«, meinte Yoel.

»Wieso ist das gut?«, fragte Gershon verwirrt.

»Weil sie sich damit selbst ausgesperrt haben. Überlegt doch mal: Sie haben eigenhändig dafür gesorgt, dass sie nicht mehr in die Höhle reinkommen können. Drinnen sind wir somit wieder in Sicherheit. Und draußen ...« Er verzog den Mund zu einem Grinsen. »Draußen werden sie auch nicht mehr sein, jetzt, wo sie denken, sie hätten uns für immer unter der Erde begraben. Ich würde sagen: Sie haben uns mit dem Zuschaufeln einen großen Gefallen getan.«

Da hatte er eigentlich recht. Wir blickten uns an, und Zuversicht keimte in uns auf.

»Ich mache mich dann mal an die Arbeit«, sagte David. »Wir brauchen einen Deckel, um das neue Ausstiegsloch zu tarnen.«

»Tu das«, sagte Yoel. »Und wir anderen sollten die Gunst der Stunde nutzen, um unseren Vorrat aufzustocken.«

Gesagt, getan. Wir teilten uns auf. Meine Onkel und Cousins schlichen sich auf die Felder, um Kartoffeln und Mais einzusammeln. Vater und Yoel wollten versuchen, Korn einzukaufen. Ich half David beim Deckelbauen. Diesmal konstruierten wir etwas Leichtes. Es ging ja nur darum, das Loch zu tarnen, und nicht, einen Ochsen mit Pflugschar zu tragen. In einer Ecke des zusammensteckbaren Deckels war eine Öffnung, durch die eine Hand passte. Somit konnte der Letzte, der in den Schacht kletterte und den Deckel zuzog, von unten durch die Öffnung greifen und feine Erde auf dem Deckel verstreuen. Kam zufällig jemand an der Mulde mit dem Baum vorbei, würde er weder das Loch noch den Deckel sehen, sondern nur eine Mulde mit Erde.

Alles lief nach Plan: der Bau des Deckels, das Auftreiben von Nahrungsmitteln. Nur mit einem hatten wir nicht gerechnet: dass unsere vermeintlich gewonnene Narrenfreiheit alles andere als das war.

Vater und Yoel hatten einen Abstecher zu Ilja gemacht und dort etwas Ungeheuerliches in Erfahrung gebracht. Sie trommelten uns alle bei der Kochstelle zusammen und eröffneten uns unverblümt: »Wir lagen falsch. Es waren nicht die Nazis, die uns hier unten eingesperrt haben. Es waren die Dorfbewohner von Berezyna. Der Mann im Wald hat sie alle gegen uns aufgehetzt.«

Ein aufgeregtes Raunen ging durch die Reihen. Besorgte Blicke wurden getauscht, während Yoel fortfuhr: »Am Sonntag vor zwei Wochen sind sie laut Ilja mit Schaufeln und Hacken hergekommen, Männer, Frauen, Alte und Kinder und haben die Doline gemeinsam zugeschüttet.«

Mich schauerte, als ich das hörte. Ein ganzes Dorf hatte sich gegen uns verschworen? Ein ganzes Dorf wollte geschlossen unseren Tod? Nicht mal in meinen kühnsten Träumen hätte ich mir so etwas ausgemalt. Dass es unter der ukrainischen Bevölkerung viele willige Helfer der Nazis gab, die nach Spuren suchten und die Juden mit Freuden an sie verrieten, war mir sehr wohl bewusst. Aber das waren alles Einzelpersonen, niemals eine geschlossene Gruppe von Leuten, und erst recht nicht ein ganzes Dorf!

Yoel fand diese Tatsache genauso beängstigend. »Wir haben es hier nicht mehr mit sporadischen Nazipatrouillen zu tun, sondern mit einem hasserfüllten Dorf, das unseretwegen einen zwölf Meter hohen Krater aufgefüllt hat. Es würde mich nicht wundern, wenn bereits das halbe Dorf und die ukrainische Polizei nach einem zweiten Höhlenausgang suchen. Dass wir es überhaupt unbemerkt über die Wiese geschafft haben, ist ein Wunder. Keine Ahnung, was uns beim nächsten Mal da oben erwartet. Wenn wir Pech haben, kriegt der Erste, der seinen Kopf aus dem Loch steckt, eine Kugel verpasst.«

»Du meinst, sie lauern uns auf?«

»Die werden überall ihre Späher haben. Ganz bestimmt.«

Ein bedrückendes Schweigen legte sich über unsere Höhlenfamilie.

Ich starrte auf das flackernde Kerosinlämpchen in der Mitte und wollte das alles nicht wahrhaben. Hatte sich eigentlich die ganze Welt gegen uns verschworen? Reichte es nicht, dass die Deutschen hinter uns her waren? Warum konnten uns die Ukrainer nicht einfach in Frieden lassen? Was hatten wir ihnen getan? Vielleicht hätte ich den Fremden im Wald doch erschlagen sollen, als ich die Gelegenheit dazu hatte. Er hatte uns schließlich in diese missliche Lage gebracht. Hätte er die Dorfbewohner nicht gegen uns aufgebracht, wäre das alles nicht passiert. Ich fühlte mich schuldig, so zu denken, und dennoch tat ich es. Hier waren wir nun also, gefangen in unserer Höhle, eine erbärmliche Gruppe Juden im Visier eines feindseligen Dorfes. Selbst wenn wir die Vorräte über ein paar Tage oder Wochen strecken konnten, um so lange wie möglich im Untergrund zu bleiben, würde es nichts helfen. Irgendwann mussten wir doch wieder an die Erdoberfläche. Und dort würden sie auf uns warten.

Die Stimmung war gedrückt, unser Überlebenswille gebrochen. Wir fragten uns alle, wie das noch enden sollte.

»Und was machen wir jetzt?«, fragte Daniel.

Die Frage blieb unbeantwortet im Raum hängen. Wir kamen uns

vor wie Mäuse in ihrem Loch, vor dem die Katze hockt und nur darauf wartet, zuzupacken. Die Luft war geschwängert von Angst und Ratlosigkeit. Nicht einmal Yoel hatte einen Plan.

Schließlich trat mein Vater vor und ergriff das Wort. »Ihr Lieben«, sagte er mit ruhiger Stimme. »Hat uns nicht Adonaj, der Herr, diese Höhle geschenkt? Hat er nicht immer wieder bewiesen, dass er zu uns steht?« Er schaute sich in der Runde um. »Erinnert euch an Gideon und wie er die Midianiter besiegt hat. Sie waren nur dreihundert Leute gegen eine Übermacht von Midianitern, die sich wie ein Heuschreckenschwarm im Tal ausgebreitet hatten.«

Ich kannte die Geschichte aus dem Tanach. Mein Vater hatte sie uns schon oft erzählt. Aber noch nie hatten wir uns in derselben Lage befunden wie damals Gideon: ein kleiner Haufen gegen eine Übermacht an Feinden.

»Alles, was Gideon und seine Leute hatten, waren Signalhörner, Tonkrüge und Fackeln«, erzählte Vater weiter. »Sie verteilten sich damit bei Nacht auf dem Berg rund um das feindliche Lager. Auf Gideons Zeichen bliesen sie alle in die Hörner und zerschlugen die Krüge mit den Fackeln darin. Überall leuchteten in der Dunkelheit plötzlich Lichter auf, und Hörner und Schlachtrufe erschallten von den Bergen. Die Midianiter glaubten, von einem gewaltigen Heer umzingelt zu sein, liefen durcheinander und ergriffen schreiend die Flucht.« Vater machte eine bedeutungsvolle Pause und ließ seinen Blick über jeden von uns gleiten. Hoffnung lag darin und jene bewundernswerte innere Stärke, die er einzig und allein aus seinem Glauben schöpfte. »Wir sind vielleicht nur eine Handvoll Leute. Aber wir können diese Schlacht gewinnen. Mit der Hilfe des Herrn werden wir diese dunkle Zeit überstehen. Habt keine Angst vor dem Feind da oben. Seid mutig und stark, denn der Herr, euer Gott, wird für uns streiten!«

Seine Stimme war klar und kräftig. Ich spürte, wie die Worte etwas in mir zum Leben erweckten, von dem ich geglaubt hatte, es wäre durch die Ereignisse der vergangenen Tage längst erstickt worden: der Wille, dem Feind allen Umständen zum Trotz die Stirn zu bieten. Als ich mich umsah, merkte ich, dass es den anderen genauso ging. Die Geschichte von Gideon und der unerschütterliche Glaube meines

Vaters, dass Gott uns helfen würde, gaben uns neuen Mut. Wir waren keine in die Ecke gedrängten, wehrlosen Opfer mehr. Wir waren nicht nur bereit, uns zu verteidigen, sondern auch zurückzuschlagen, wenn es sein musste.

»Wir brauchen Gewehre«, sagte David plötzlich.

Alle sahen ihn verdutzt an. »Gewehre? Wie willst du an Gewehre kommen?«

»Ich schnitze uns welche.«

»Du *schnitzt* uns Gewehre?«, fragte Daniel skeptisch. »Und was soll das bringen?«

»In der Dunkelheit wird niemand merken, dass es nur Attrappen sind«, sagte David. »Wir färben sie mit Kohle schwarz ein, hängen sie uns mit einem Riemen über die Schulter und tragen sie bei jedem Ausflug mit uns herum. Sollen die ruhig denken, wir wären bewaffnet. Das wird sie abschrecken und auf Distanz halten.«

»Clever«, meinte Yoel und nickte David anerkennend zu. »Mach das!«

»Wie wär's mit einer Vogelscheuche?« Unsere Blicke wanderten von David hinüber zu meiner gleichaltrigen Cousine Jael. »Na ja«, sagte sie und zuckte die Achseln. »Wir könnten eine Vogelscheuche basteln. Bevor jemand aus dem Schacht klettert, hält er die Vogelscheuche hoch. Falls irgendwelche Schützen in der Nähe sind, werden sie darauf schießen und wir sind gewarnt.«

»Das ist eine wirklich gute Idee«, meinte mein Vater. Er ging zur Kochstelle und zog zwei verkohlte Holzstücke unter der dreibeinigen Feuerschale hervor. Dann reichte er seinem Schwager Caleb eine Kohle und behielt die andere für sich. »Es wird Zeit, dass wir ein Zeichen setzen«, sagte er, hob das Kerosinlämpchen vom Boden auf und gab es mir. »Folgt mir!« Er schritt durch den Raum bis zu einer Stelle, an der die Decke niedrig genug war, um sie mit ausgestreckter Hand berühren zu können. Dann nahm er das Holzkohlestückchen und schrieb mit großen lateinischen Buchstaben unseren Familiennamen an die Decke: Burker.

»Wieso schreibst du den Namen nicht in kyrillischer Schrift?«, fragte Susanne.

»Ich will, dass jeder es lesen kann«, sagte Vater. »Jeder, der jemals diese Höhle betritt, soll wissen, dass die Burkers und die Heizels hier unten gelebt haben. Dies ist unsere Kampfansage an den Feind da oben, dass wir uns niemals und von niemandem brechen lassen.«

Er nickte Caleb zu. Mein Onkel trat vor und kritzelte den Namen Heizel an die Decke. Zum Schluss setzte Vater das Jahr 1943 daneben. Es war eine feierliche Zeremonie und gab uns ein Gefühl von Zusammengehörigkeit und Ehre. Mein Vater bedeckte mit der rechten Hand seine Augen und begann ein Gebet zu singen. Seine wundervolle Stimme hallte von den Höhlenwänden wider, während wir anderen schweigend dastanden und im flackernden Lichtschein unsere Familiennamen betrachteten. Wohl waren sie bloß mit Kohle an die Höhlendecke geschrieben, doch in unseren Herzen brannten sie wie Feuer. Das waren unsere Namen, das waren wir, die Burkers und die Heizels. Und weder die Deutschen noch die Ukrainer oder die Polen würden diese Namen jemals vom Angesicht dieser Erde auslöschen können.

Nachdem mein Vater das Gebet beendet hatte, gingen wir auseinander, um uns auf unseren nächsten Höhlenausstieg vorzubereiten.

Einen Moment noch blieb ich mit dem Kerosinlämpchen in der rechten Hand stehen, während ich mit der linken Hand nach der goldenen Halskette an meinem Hals griff. Ich schloss die Faust darum und drückte das Goldherz so lange, bis es heiß wurde. Dabei musste ich an Michal denken und daran, dass sie nicht mehr da war. Zweieinhalb Monate waren es her, und der Schmerz war noch genauso groß wie am ersten Tag. Ich schloss die Augen, um mir ihr Gesicht vorzustellen, ihr Lächeln, ihre verspielten braunen Locken, ihre grünen Augen mit den goldenen Sprenkeln. Wäre sie doch nur mit mir gekommen! Hätten wir doch den Stacheldraht weit genug auseinanderreißen können, damit sie hätte hindurchkriechen können! Nie würde ich ihren letzten Blick vergessen, diesen hilflosen Blick, in dem sich die Furcht vor dem Tod und die Trauer um mich vermischten, weil sie wusste, dass sie mich niemals wiedersehen und die Aktzia nicht überleben würde. Jedes Mal, wenn ich an sie dachte, kämpfte ich gegen die Tränen. Es tat furchtbar weh, sie verloren zu haben. Aber ich wusste, dass ich deswegen nicht das Recht hatte, selbst aufzugeben.

Im Gegenteil. Ich musste weiterleben. Um ihretwillen und um meinetwillen. Ein Kloß bildete sich in meinem Hals. »Ich werde überleben«, flüsterte ich entschlossen, hob die Faust mit der Kette zu meinem Mund und küsste sie. »Ich verspreche es dir.« Schließlich warf ich einen letzten Blick an die Höhlendecke und auf die Inschrift, die mit Kohle daraufgekritzelt war:

Burker. Heizel. 1943.

Dann drehte ich den Kopf und ließ die Buchstaben und Zahlen hinter mir in der Dunkelheit.

22 Die Vorräte

Etwas hatte sich in mir verändert seit jener Nacht, als wir unsere Namen an die Höhlendecke geschrieben hatten. Ein Kampfgeist war in mir erwacht, den ich vorher nicht besessen hatte. Klar hatte ich Angst. Diese widerwärtige Angst vor dem Tod saß mir jedes Mal in den Knochen, wenn ich nur schon daran dachte, die Höhle verlassen zu müssen. Und dennoch war da auf einmal eine Kühnheit und Unerschrockenheit, die mich fast ein wenig an Simon erinnerten und mich zuweilen selbst überraschten. Ich hatte Michal und mir geschworen, diesen Krieg zu überleben, und das hatte ich auch vor. Ich war nicht der Einzige, der so dachte. Es schien, als schweißte jeder Rückschlag unsere Höhlengemeinschaft noch enger zusammen. Natürlich hatten wir unsere Krisen, klar standen wir psychisch die ganze Zeit unter Hochspannung und wussten oft nicht mehr weiter. Aber interessanterweise war Selbstmord nie eine Option. Im Gegenteil. Je verzweifelter die Lage wurde, desto stärker wurde unser Überlebenswille. Wir waren bereit, alles füreinander zu riskieren, sogar unser eigenes Leben, wenn es sein musste.

Der Trick mit der Vogelscheuche und den falschen Gewehren funktionierte einwandfrei. Zumindest wurde nicht auf uns geschossen, als wir das nächste Mal zum Bäumefällen nach oben stiegen. Meine Nerven waren trotzdem zum Zerreißen gespannt.

Yoel schwenkte die Vogelscheuche mehrmals hin und her. Kein Schuss fiel. »Die Luft ist rein«, flüsterte er zu uns in den Tunnel hinunter.

Wir kletterten aus dem Schacht und spurteten über die ungeschützte Wiese in Richtung Wald. Es war der 15. Juli und Vollmond. Mutter hatte uns gewarnt. Aber was sollten wir tun? Wir brauchten Brennholz und konnten nicht länger warten.

Die Strecke vom Höhlenausgang bis zum Waldrand erschien mir doppelt so lang wie sonst. Und im Mondlicht waren wir deutlich zu sehen. Wenn uns bloß niemand beobachtete! Wir suchten uns ein etwas entfernter liegendes Waldstück und begannen mit der Arbeit. Ich war diesmal nur als Wache mit dabei. Das geschnitzte Gewehr in beiden Händen haltend, spähte ich nach allen Richtungen, während meine Brüder, Cousins und Onkel wie die Weltmeister an den Baumstämmen herumsägten und hackten.

Tok - tok - tok ... krrrtsch - krrrtsch - krrrtsch ...

O Mann, war das laut! Als wäre ein ganzes Orchester am Werk. Und es gab keine Möglichkeit, die Geräusche zu dämpfen.

Tok - tok - tok ... krrrtsch - krrrtsch - krrrtsch ...

Selbst wenn wir bisher für tot gehalten worden waren, in dieser Nacht wusste bestimmt jeder in der Umgebung, dass wir noch quietschlebendig waren. Es war nicht zu überhören.

Wir schafften das Holz zurück in die Höhle, ich verschloss den Eingang über mir, streute durch das faustgroße Loch Erde oben auf den Deckel und tauchte in die Dunkelheit ab. Geschafft. Mein Herz pochte immer noch wie ein Heer von Spechten gegen meine Brust. Aber wir waren in Sicherheit. Keiner hatte uns gesehen, keiner war uns gefolgt, und keiner hatte unseren neuen Höhlenausstieg entdeckt. Wir konnten nur hoffen, dass es so bleiben würde.

Von den sommerlichen Temperaturen draußen bekamen wir drinnen bei den konstanten zehn Grad Höhlentemperatur nicht viel mit. Dafür war die Nahrungsmittelbeschaffung viel einfacher geworden als im Frühling. Es gab alles in Hülle und Fülle: Mais, Bohnen, Kartoffeln. Wir brauchten uns nur auf den Feldern zu bedienen. Normalerweise hatten wir immer nur gerade so viel zu essen, dass wir nicht verhungerten. Aber während des Sommers gab es vermehrt wieder zwei Suppen pro Tag für alle, was die Stimmung in der Höhle erheblich verbesserte.

Eines Nachts, als ich neben David im Bett lag, sagte ich zu ihm: »Weißt du, worauf ich Lust hätte?«

»Nein, worauf denn?«

»Auf Konfitüre!«

»Konfitüre?«

»Ja«, sagte ich. »Alles, was wir dazu brauchen, sind Zuckerrüben und Äpfel. Ich weiß auch, wo wir die finden. Kommst du mit?«

Natürlich kam er mit. Gershon und Daniel waren ebenfalls mit von der Partie. Sie schlichen sich zu einem Bauern, der eine Menge Apfelbäume besaß, und David und ich machten uns mit Kartoffelsäcken und Schaufeln auf den Weg zu einem Zuckerrübenfeld. Die Erde, in der die Rüben steckten, war hart wie Beton. Doch wir gruben eine Rübe nach der anderen aus und füllten unsere Säcke damit.

Wieder zurück in der Höhle übergaben wir die Äpfel und die Zuckerrüben meiner Mutter, die daraus eine leckere süße Masse zubereitete. Das schmeckte vielleicht gut! Wir schlugen uns die Bäuche voll und fühlten uns wie Könige.

Ein paar Wochen später erzählte Ilja uns bei einem unserer nächtlichen Ausflüge, dass in dem nahe gelegenen Dorf Vybranivka am nächsten Tag eine Hochzeit auf einem Gutshof stattfinde. Bei Hochzeiten auf dem Lande war es üblich, dass die Nachbarn und Freunde Hühner und Enten als Geschenk vorbeibrachten.

»Die Chance sollten wir uns nicht entgehen lassen«, meinte ich, als ich mit meinen Brüdern darüber redete. »Da können wir fette Beute machen!«

Yoel, David und ich waren uns einig und machten uns am nächsten Abend gleich auf den Weg. Das Fest war nicht zu verfehlen. Man hörte die Musik und das fröhliche Gelächter der geladenen Gäste schon von Weitem. Sich freiwillig in die Nähe von so vielen Menschen zu begeben, war schon ziemlich gewagt. Aber wir sagten uns, dass wohl alle viel zu heiter und zu dieser späten Stunde auch viel zu betrunken waren, um uns zu bemerken.

Die Hochzeitsgesellschaft hielt sich im Garten hinter dem Wohnhaus auf. Es wurde getanzt und gefeiert. Niemand achtete auf uns. Wir schlichen uns hinüber zum Hühnerstall. David stand Schmiere, während Yoel und ich den Stall betraten. Augenblicklich erfüllte ein lautes Geschnatter und Gackern die Luft. Der Stall war randvoll mit Hühnern und Enten.

»Schnell!«, flüsterte Yoel. »Ich halte den Sack auf. Schnapp dir so viele du kannst!«

Das war leichter gesagt als getan. Ich versuchte eine Ente zu packen, doch sie entschlüpfte meinen Händen, watschelte energisch quiekend davon und versetzte den ganzen Hühnerstall in helle Panik. Die Tiere flatterten davon und machten einen furchtbaren Lärm. Einige waren so verwirrt, dass sie mich anflogen und mir ihre Flügel ums Gesicht schlugen. Federn, Stroh und Staub wirbelten durch die Luft.

»Beeil dich, Joscha!«, rief Yoel. »Bevor hier die ganzen Hochzeitsgäste auftauchen!«

»Ich mach ja schon!« Ich bekam eine Ente am Bein zu fassen und stopfte sie in den Kartoffelsack, den Yoel mir entgegenhielt. Dann erwischte ich eine zweite und eine dritte Ente. Ich füllte den ganzen Sack mit dem schnatternden Federvieh, bis David den Kopf zur Tür hereinstreckte und uns sagte: »Sie kommen! Wir müssen weg hier! Los!«

Yoel warf sich den heftig zuckenden Sack über die Schulter. Wir stürmten nach draußen und rannten los. Hinter uns hörten wir aufgeregte Stimmen und Schritte.

»Da sind die Diebe!«, rief jemand. »Haltet sie!«

Natürlich konnte uns keiner halten. Im Rennen waren wir gut. Wir liefen zur Höhle zurück, kletterten durch den Schacht in unser unterirdisches Zuhause und präsentierten den anderen stolz unseren Fang. Fünfzehn Enten hatten wir erobert! Sie waren allerdings erbärmlich mager. Viel mehr als Federn und Knochen war nicht an ihnen dran. Das Kräftigste an ihnen war ihr Stimmorgan, das durch die ganze Höhle hallte.

»Viel Fleisch geben die aber nicht her«, meinte Cecilia.

Daraufhin sagte Susanne: »Warum mästen wir sie nicht? Dann haben wir was davon.«

Der Vorschlag gefiel uns. David baute ein paar Käfige für die Tiere, und fertig war unser Mastbetrieb. Wir fütterten die Enten mit Maiskörnern, bis sie dick und fett waren und wir sie schlachten konnten. Gebratenes Entenfleisch – war das ein Festschmaus! Es war das erste Fleisch, das wir seit über einem Jahr aßen, und die erste Mahlzeit seit Ewigkeiten, die uns wirklich satt machte.

Als David und ich ein anderes Mal zusammen unterwegs waren, fanden wir in einer Scheune einen Korb voller guter, robuster Bauernkleider,

Hosen, Hemden und Westen. Unsere Kleider waren durch das ständige Klettern über die Felsen schon richtig durchgescheuert und zerlöchert und das, obwohl Cecilia täglich die Kleidung flickte. Die gefundenen Kleider waren ein echter Segen. Als ich in meine neue Hose und mein neues Baumwollhemd schlüpfte, kam ich mir vor wie ein Prinz.

Leider waren Triumphe wie diese selten. Nur allzu rasch holte uns die Wirklichkeit wieder ein und erinnerte uns daran, dass unser Leben an einem seidenen Faden hing ...

Als wir eines Abends nach draußen klettern wollten, war der Tunnel komplett dicht. Die Dorfbewohner hatten den neuen Einstieg offenbar gefunden und den ganzen Schacht mit Geröll und Erde zugeschüttet. Wir saßen wieder in der Falle. Zum zweiten Mal machten wir uns auf die Suche nach einem Riss in der steinernen Höhlendecke, um uns irgendwie nach oben zu graben. Eine Woche lang krochen wir durch jeden Gang, drangen tiefer in die Höhle hinein als je zuvor, durchleuchteten jede Ritze auf der Suche nach Erde. Doch wir fanden keine. Das Einzige, was wir fanden, war eine Stelle mit blauem Lehm.

»Meint ihr, wir kommen hier oben raus?«, fragte Silas.

Yoel, Silas, David und ich standen wie Ingenieure vor einem Bauprojekt und blickten mit kritischem Auge an die niedrige Decke.

»Selbst wenn nicht, haben wir eine Wahl?«, sagte Yoel nüchtern. »Neunundzwanzig Menschen müssen essen. Eine Woche haben wir schon verloren. Fangen wir besser an zu graben, bevor uns die Vorräte ausgehen.«

Wir machten uns ans Werk. Dies war bereits der dritte Tunnelbau. Und es war bei Weitem der frustrierendste und mühsamste von allen. Die Lehmschicht war sechs Meter dick. Darüber begann die Erdschicht, durchzogen mit sehr bröckeligem Gestein. Ich hatte beim Graben ständig die Befürchtung, die ganze Decke würde mir auf den Kopf fallen.

In einer Nacht, als ich mit Graben an der Reihe war und in zehn Meter Höhe in der Erde herumstocherte, brach der Tunnel ein. Ich hörte ein auffälliges Rumpeln unter mir. Mir blieb schier das Herz stehen. Zu gut erinnerte ich mich an den Moment, als in der ersten Höhle alles eingestürzt war. Damals waren es vier Meter gewesen, die ich in die Tiefe gesegelt war. Jetzt befand ich mich in *zehn* Meter Höhe! Ein Sturz aus dieser Höhe wäre tödlich gewesen. Ich klammerte mich an die obersten Sprossen und wartete auf den Fall. Aber nichts passierte. Das Rumpeln hörte auf, und ich stand immer noch sicher auf den Holztritten. Allerdings zitterten meine Hände und meine Knie waren butterweich. Ich wagte es nicht, die Klettersprossen loszulassen. »David?«, rief ich verunsichert in die Dunkelheit hinab. »Was war das eben?«

Es blieb einen Moment still. Dann hörte ich das Geräusch einer Schaufel und kurz darauf die Stimme meines Bruders, der nervös zu mir hochschrie: »Joscha? Joscha, bist du in Ordnung?«

»Ich denke schon«, sagte ich. Mein Körper war verkrampft, mein Herz trommelte im Rekordtempo. »Was ist passiert?«

»Der Tunnel ist eingestürzt!«

Das hatte ich vermutet. Ich verstand nur nicht, warum mir nichts passiert war. Vorsichtig nahm ich den Kartoffelsack vom Kopf und schaute nach unten. Davids Gesicht erschien mit der Kerosinlampe beim Einstieg. Von der Öffnung war nur noch ein Spalt übrig, der Rest war vollständig mit Erde aufgefüllt. Eine gewaltige Erdlawine war heruntergekommen und hatte den unteren Teil des Schachts wie mit einer riesigen Baggerschaufel ausgehöhlt. Die Holztritte waren alle weg. Ich kam also gar nicht mehr runter. »Ach du Schande«, murmelte ich.

»Ich hole Hilfe!«, sagte David. »Bleib, wo du bist!«

»Habe nichts anderes vor. Beeil dich bitte!«

Wenig später hörte ich, wie David mit einigen Männern zurückkam. Sie brauchten über eine Stunde, um den Berg wegzuschaufeln. Geduldig harrte ich in zehn Meter Höhe aus und hoffte inständig, es würde nicht noch ein weiteres Stück des Tunnels einbrechen. Ich kam mir vor wie ein kleines Kätzchen, das sich nicht mehr von einem Baum heruntertraute und von der Feuerwehr befreit werden musste. Nur dass Feuerwehrleute für solche Rettungsaktionen lange Leitern zur Verfügung haben. Wir hatten so etwas natürlich nicht, und ich fragte mich, wie ich überhaupt wieder nach unten kommen sollte, da die ersten sieben Meter durch den Einsturz teilweise überhängend geworden waren.

Als meine Brüder und Cousins den Einstieg endlich freigelegt hatten, bat mich David, eine Faser aus dem Jutesack zu lösen und eine zehn Meter lange Schnur daraus zu machen. Ich tat es.

»Fertig?«

»Ja«, sagte ich.

»Dann lass sie zu mir runter. Ich knote dir ein Seil dran. Das ziehst du hoch, befestigst es an einem der Tritte und seilst dich damit ab. So müsste es eigentlich klappen.«

Genau so machten wir es. Und es klappte tatsächlich. Mit wackeligen Beinen erreichte ich den Höhlenboden, heilfroh, dass ich nicht abgestürzt war.

Wir kehrten ins Lager zurück und holten ein paar Holzsparren als Stützpfeiler für die ausgebrochenen Stellen. Einige rammten wir als schräge Verstrebungen überkreuzt in den Schacht. Für die überhängenden Abschnitte bastelte David Strickleitern. Es war eine mühselige Arbeit und wir kamen nur langsam voran.

Nach ein paar Tagen brach der Tunnel erneut ein. Wieder verkeilten wir die Hohlräume mit Holzpflöcken, wieder warf uns der Einsturz um Tage zurück.

Eine Woche später stieß Gershon beim Graben auf eine Wurzel. Es konnte also nicht mehr weit bis zur Erdoberfläche sein. Wir rackerten wie die Irren Tag und Nacht im Schichtdienst, damit der Bau nie stehen blieb. Drei Wochen arbeiteten wir schon an dem Notausstieg, als eine neue Erdlawine durch den Tunnel donnerte. Unsere Frustration war kaum noch in Worte zu fassen. Es schien, als regneten für jeden Kubikmeter Graben zwei Kubikmeter Erde auf uns herab. Und anders als in der ersten Höhle standen wir unter enormem Zeitdruck. Keiner von uns konnte rausgehen, um neues Essen aufzutreiben. Wir waren hier unten eingesperrt. Wären die Vorräte aufgebraucht und der Tunnel nicht fertig, würde keiner von uns überleben.

Am 1. Oktober, am zweiten Tag des neuen Jahres nach dem jüdischen Kalender, schafften wir endlich den Durchbruch. Wir hatten selbst kaum noch daran geglaubt. David konstruierte einen neuen Deckel, und Jael bastelte eine neue Vogelscheuche, diesmal sogar mit Hut. Die alte lag irgendwo unter dem Schutt des zweiten Notausstiegs begraben. Es war höchste Zeit, dass wir den neuen Ausgang hatten. Nicht nur, weil unsere Vorratskammer praktisch leer war, auch weil der Sommer vorbei war. Der Herbst war da, und das bedeutete, dass wir schleunigst Vorräte für den Winter sammeln mussten.

Meine Mutter trommelte alle zusammen. »In einer Woche ist Jom Kippur. Bis dahin sollten wir so viele Kartoffeln einsammeln und so viele Bäume fällen, wie es geht. Der Kornspeicher ist auch leer. Wir müssen alle mit anpacken. Falls sie den zweiten Ausstieg auch noch entdecken, sind wir wenigstens für den Winter gewappnet.«

Wir teilten uns auf. Die Hälfte der Männer fällte Bäume, die andere Hälfte, ich eingeschlossen, schlich sich auf die Felder zum Kartoffelsammeln. Die Kartoffelernte war schon fast vorbei, aber wir fanden noch genügend Kartoffelberge, um unsere Jutesäcke damit zu füllen. Jede Nacht gegen zweiundzwanzig Uhr stiegen wir mit Jutesäcken und den falschen Gewehren über der Schulter aus unserem Schacht und schwärmten aus. Die Frauen und Kinder warteten unter dem Einstiegsloch, bis wir mit prall gefüllten Säcken zurückkehrten. Wir kippten die Kartoffeln in den Tunnel, die Frauen und Kinder schaufelten sie mit den Händen zur Seite und füllten sie in Körbe, während wir mit den leeren Säcken zurück zu den Feldern rannten, um sie erneut mit Kartoffeln vollzustopfen. Eine Woche lang schleppten wir Kartoffeln und gefällte Baumstämme zur Höhle. Vater und Yoel kauften zweihundert Kilogramm Korn ein und Onkel Caleb und Onkel Eli besorgten uns neues Kerosin und Seifenpulver.

Mutters Antrieb zur Eile war leider nicht unbegründet. Sechs Tage nach Jom Kippur hörten wir mitten am Tag - wir schliefen alle - einen ohrenbetäubenden Knall, gefolgt von einem dumpfen Grollen, als hätte jemand einen Teil der Höhle weggesprengt. Schnell sprangen wir aus den Betten und zündeten die Lampen an.

»Was war das?«

»Es kam aus dieser Richtung!«

»Der Tunnel!«

»O nein! Sie werden doch nicht etwa ...«

Yoel, David und ich sahen uns an und schienen alle dasselbe zu denken. Wir stürmten los, gefolgt von Aaron, Daniel und Gershon.

Als wir in die Nähe des Tunnels kamen, sahen wir vor lauter Staub kaum noch zwei Meter weit. Wir husteten und wedelten mit den Händen in der Luft herum. Ich zog mir das Hemd über den Mund, um besser atmen zu können. Wir gingen weiter bis zum Tunneleinstieg - oder dem, was davon übrig war. Es war alles eingestürzt. Unser schöner neuer Tunnel, an dessen Bau wir uns beinahe die Zähne ausgebissen hatten, existierte nicht mehr. Und er war eindeutig nicht von selbst eingebrochen. Hier hatte jemand mutwillig nachgeholfen, vermutlich mit einer Handgranate. Die Dorfbewohner hatten uns zum dritten Mal lebendig begraben.

Mir kamen vor Wut und Bestürzung die Tränen. »Diese Schweine«, knurrte ich, während ich den Schutthaufen zu meinen Füßen betrachtete. Nahm diese Boshaftigkeit denn nie ein Ende?

23 Das Wunder

Langsam, aber sicher gingen uns die Optionen aus. Der ursprüngliche Höhleneinstieg war zugeschüttet, die beiden Tunnel, die wir mühsam gegraben hatten, ebenfalls. Wir hatten eine Woche lang gebraucht, bis wir die Stelle mit dem blauen Lehm gefunden hatten. Wie lange müssten wir diesmal einen neuen Ausgang suchen? Und was, wenn wir nicht fündig wurden? Deprimiert blickte einer zum anderen.

»Wir sollten versuchen, den ersten Einstieg freizulegen«, meinte Yoel nach einem langen Moment des Schweigens.

»Das bringt doch nichts«, sagte Aaron. »Die Erde ist viel zu locker. Wir würden es keinen Meter weit schaffen.«

Yoel gab nicht so schnell auf. »Vielleicht doch. Es war Mitte Juni, als die Dorfbewohner den Krater zuschaufelten. Jetzt haben wir Mitte Oktober. Die Erde hatte vier Monate Zeit, sich zu setzen. Ich denke, sie ist fest genug.«

»Probieren wir's«, meinte David und knackte zornig seine Knöchel. »Und wenn sie uns hundertmal verschütten und wir uns hundertmal nach oben wühlen müssen, wir lassen uns nicht unterkriegen. An die Arbeit, Leute!«

Da wir jetzt sowieso alle hellwach waren, legten wir auch gleich los. Wir gingen ins Lager zurück, erzählten den anderen, was sie im Grunde schon wussten, bewaffneten uns mit Schaufeln und Hacken und kraxelten zum ersten Ausstieg. Yoels Überlegung stellte sich als richtig heraus. Die Erde bröckelte uns tatsächlich nicht entgegen. Sie war fest genug zum Graben und weich genug, um schneller voranzukommen als bei den vorherigen Tunnel. Emsig machten wir uns ans Werk. Tag für Tag schaufelten wir uns wie Maulwürfe durch die Erde senkrecht nach oben. Yoel meißelte außerdem ein Stück von dem Felsen über der Einstiegskammer weg, damit man besser durchkam. Die Lücke war immer noch eng, aber nicht mehr so eng, dass jemand stecken bleiben würde. Das war nämlich Mutter passiert, als sie das erste Mal in die Höhle gekommen war. Mit ihren breiten Hüften war sie doch tatsächlich darin hängen geblieben. Ich war zu diesem Zeitpunkt mit Yoel beim Getto gewesen. Aber anscheinend hatten sie zu viert von beiden Seiten eine ganze Viertelstunde an ihr herumgehebelt, bis sie endlich in die Höhle geplumpst war.

Wir erreichten die Erdoberfläche nach nur neun Tagen, ein neuer Rekord. Wieder konstruierte David einen Deckel und Jael baute eine Vogelscheuche. Doch diesmal trafen wir weitere Vorsichtsmaßnahmen. Zwei Meter unterhalb des Ausstieglochs gruben wir eine kleine Plattform aus, auf die man sich setzen konnte. Tag und Nacht postierten wir hier eine Wache mit einem Speer in der Hand. Schritte und Stimmen über uns waren in dem Schacht sehr gut zu hören. Kam jemand von einem nächtlichen Ausflug zurück, klopfte er dreimal gegen den Holzdeckel und sagte »Licht«, das vereinbarte Passwort. Sollte jemand den Deckel heben, ohne das Passwort zu nennen, wusste der Wächter automatisch, dass es ein Fremder war, der versuchte einzudringen, und würde durch die Luke zustechen.

Der Winter war im Anmarsch. Draußen fielen die letzten farbigen Herbstblätter zu Boden. Es roch nach Schnee. Vor knapp einem Jahr waren wir in die erste Höhle gegangen. Ich hätte nicht gedacht, dass ich einen zweiten Winter in einer Höhle verbringen müsste. Meine größte Sorge war nicht das feindliche Dorf oder das Verwischen der Spuren im Schnee, sondern ob wir genug Nahrung finden würden, um uns alle durch den Winter zu bringen. Wir waren sowieso schon ausgehungert und hatten keine Reserven mehr, weder körperlich noch psychisch. Wenn die täglichen Portionen noch kleiner ausfallen würden, dann wusste ich nicht, wie lange wir durchhielten, bevor der Hunger einen nach dem anderen dahinraffte.

In der Nacht vom 7. auf den 8. November hatte ich Wachdienst. Vater, Yoel und David hatten sich am Abend davor zu Alexei, einem alten Freund der Familie, aufgemacht, der uns während der vergangenen eineinhalb Jahre immer mal wieder mit Lebensmitteln geholfen hatte. Vater hoffte, Alexei könnte ein paar Hundert Kilogramm Getreide für uns auftreiben. Es war geplant, dass mein Vater und meine

Brüder bei ihm übernachten und dann am nächsten Abend mit dem Korn zurückkehren würden.

Ich saß mit dem Speer in der Hand in der Nische unter dem getarnten Einstiegsloch und wartete ungeduldig auf ihre Rückkehr. Leider hatte ich keine Uhr, aber mir kam es so vor, als hätten sie längst zurück sein müssen. Wenn ihnen nur nichts zugestoßen war! Und dann war auch noch fast Vollmond! Mutter hatte ihnen wie immer davon abgeraten, die Höhle bei Vollmond zu verlassen. Aber die knurrenden Mägen hielten sich nun mal nicht an den Mondkalender. Das Mehl war uns schon vor ein paar Tagen ausgegangen, und wir brauchten dringend Nachschub.

Ich wusste nicht, was schlimmer war: die Angst um mein eigenes Leben, wenn ich draußen war, oder die Angst um das Leben der anderen, wenn ich in der Höhle saß. Allein bei dem Gedanken, mein Vater und meine Brüder könnten unterwegs erschossen worden sein, stockte mir der Atem. Und die Möglichkeit war nur allzu real.

Da! Ich hörte Geräusche über mir. Es waren keine Schritte, aber irgendetwas oder irgendjemand trieb sich eindeutig beim Eingang herum. Vielleicht war es nur ein Tier? Mein Puls stieg an, während ich instinktiv den Speer nach oben richtete, bereit, jeden zu erstechen, der es wagte, in unsere Festung einzudringen.

Ein paar Sekunden später kam die Entwarnung. Jemand klopfte dreimal gegen den Deckel, und eine Stimme, die eindeutig David gehörte, sagte das Passwort. Mein ganzer Körper entspannte sich. Sie waren zurück. Gott sei Dank. David hob den Deckel und blickte zu mir herunter. Sein Haar und sein Mantel waren voller Schnee.

»Habt ihr das Korn?«, fragte ich.

»Ja«, sagte David außer Atem und schob einen Fünfundzwanzig-Kilogramm-Sack Getreide über die Kante. »Alexei hat es extra mit Pferd und Wagen für uns bis zum Waldrand gefahren, damit wir es nicht fünfzehn Kilometer weit schleppen müssen. Vater und Yoel bringen die restlichen Säcke. Kannst du mir den abnehmen?«

»Klar«, sagte ich, hängte den Speer an einen Holzhaken in der Wand und kletterte nach oben. Ein eisiger Wind wehte mir entgegen, als ich den Kopf aus dem Loch streckte. Draußen war alles weiß.

Die ganzen Felder und die Bäume im Wald waren unter einer fünfzehn Zentimeter dicken Zuckerglasur begraben. David war bereits in Richtung Wald davongehuscht, um den nächsten Kornsack zu holen. Ich sah Vater und Yoel mit zwei weiteren Säcken auf der Schulter auf mich zukommen. Was war ich froh, sie zu sehen! Ich schulterte den Sack Getreide, den mir David dagelassen hatte, und kletterte damit in die Höhle hinab. Vater und Yoel taten es mir gleich. Unten angekommen, prallte ich beinahe mit Onkel Yosl und einer Männertruppe zusammen. Sie wollten ein paar Bäume fällen.

»Mein Vater und meine Brüder bringen gerade Korn herein«, sagte ich. »Wenn alles unten ist, könnt ihr hochsteigen.«

»Kein Problem«, sagte Onkel Yosl.

Als Vater und Yoel die Säcke neben meinen hinstellten, umarmten wir uns schweigend.

»Ich habe gedacht, ihr kommt nicht mehr zurück«, meinte ich und drückte Vater ganz fest.

»Jetzt sind wir ja da«, sagte er, und Yoel erklärte nüchtern: »Wir haben einen Abstecher zu Ilja gemacht, um uns über die Lage zu informieren.«

»Und?«, fragte ich neugierig.

»Die Dorfbewohner glauben offenbar, wir hätten jede Menge Höhlenausgänge, weil wir ständig wieder auftauchen.«

»Schön wär's«, meinte ich.

»Außerdem fürchten sie sich vor uns.«

Ich sah Yoel verdutzt an. »Sie ... *fürchten* sich vor uns?«

Yoel verzog die Mundwinkel zu einem Lächeln, was nicht gerade oft vorkam. »Ob du's glaubst oder nicht, der Trick mit den Waffen zeigt seine Wirkung. Die denken tatsächlich, wir seien schwer bewaffnet. Es wird sogar gemunkelt, wir seien dabei, eine geheime jüdische Untergrundarmee aufzubauen, um das Dorf anzugreifen.«

Jetzt musste ich ebenfalls grinsen. »Eine Untergrundarmee? Wir? Ist nicht wahr!«

»Der Herr streitet für uns«, meinte Vater. »Gideon hatte Hörner und Fackeln. Wir haben kohlegeschwärzte Gewehre aus Holz. Die Wirkung auf den Feind scheint dieselbe zu sein.«

»Wir müssen trotzdem gehörig aufpassen«, sagte Yoel. »Unseren letzten Tunnel haben sie immerhin mit einer Granate gesprengt. Die werden sich zwar hüten, zu uns hinabzusteigen. Aber sie werden weiter nach Ausgängen suchen und vielleicht sogar die ukrainische Polizei hinzuziehen.«

»Wenn sie es nicht schon längst getan haben«, sagte Vater leise.

»Und was ist mit der Gestapo?«, fragte ich.

»Ilja sagt, er habe schon ein paar Wochen keine Nazis mehr in der Gegend gesehen«, sagte Yoel. »Aber das will nichts heißen. So oder so: Wir sollten auf der Hut sein.«

Ich hörte ein Schnaufen im Schacht. Das musste David mit dem nächsten Kornsack sein.

»Einer steht noch beim Waldrand«, rief er, als er keuchend den Boden erreichte und den Sack von der Schulter nahm. »Aber der war mir zu schwer.«

»Das ist der Hundert-Kilo-Sack«, sagte Yoel. »Ich hole ihn.« Und schon stieg er in den Schacht hinauf.

Ich klopfte David schmunzelnd auf die Schulter. »Ich habe gehört, deine Holzgewehre sorgen für ordentliche Verwirrung im Dorf.«

David schüttelte sich den Schnee von den Haaren und sah mich verschmitzt an. »Wie leicht Menschen sich doch täuschen lassen, was? Wenn die wüssten ...«

Ja, wenn die wüssten, dachte ich.

Wir teilten Onkel Yosl und den anderen die Neuigkeit mit, und auch sie konnten sich ein Lachen nicht verkneifen. Eine geheime jüdische Miliz, die sich auf eine Schlacht vorbereitet. Die Vorstellung war zu komisch, vor allem, wenn man bedachte, wie weit sie von der Realität entfernt war. Wir spielten mit unseren falschen Gewehren herum und vergaßen für einen Moment alle Gefahr, die oben an der Erdoberfläche auf uns lauerte.

Plötzlich erklang Yoels Stimme über uns im Schacht. »Mist!«

Ich stellte mich unter den Tunneleinstieg. »Was ist los?«

»Der Kornsack ist hängen geblieben!«, rief er herunter. »Keine Ahnung, wie! Aber er hat sich total verhakt!«

»Warte! Wir kommen hoch!«

David und ich kletterten flink nach oben. David nahm eine Kerosinlampe mit. Wir erreichten Yoel, der auf zwei Leitersprossen stand und hektisch an dem Hundert-Kilo-Sack über sich herumzerrte. Der prall gefüllte Jutesack steckte wie ein ausladendes Hinterteil in dem Schacht fest und bewegte sich keinen Millimeter von der Stelle.

»Das gibt's doch nicht«, sagte Yoel verärgert. »Der müsste gut durchpassen. Warum klemmt der jetzt auf einmal?«

»Schsch ...« David runzelte die Stirn. »Hört ihr das?«

Wir hielten inne und lauschten. Da waren Schritte! Direkt über uns!

»Ist noch jemand von uns draußen?«, fragte David im Flüsterton.

»Nein, niemand«, antwortete Yoel.

»Wer um alles in der Welt ist dann da oben?«

Eine furchtbare Ahnung stieg in uns hoch. Wir sahen einander an, blickten nach oben zu dem Kornsack, der den Tunnel über uns verstopfte, und im selben Moment ertönte der erste Schuss. Ich glaubte, mir stünde das Herz still. Ich drückte mich an die Tunnelwand, kalkweiß im Gesicht. Meine Brüder taten dasselbe. Ein zweiter Schuss fiel, ein dritter, ein vierter. Die Schüsse waren laut und deutlich zu hören, doch die Kugeln drangen nicht bis zu uns durch. Der Getreidesack fing sie alle ab, einen nach dem anderen. Über zehn Schüsse feuerten die Unbekannten in den Tunnel ab. Nicht ein einziger Schuss traf uns, nicht ein einziger! Der Sack über unseren Köpfen war wie eine schusssichere Weste, an der sämtliche Kugeln abprallten. Nicht mal ein Loch konnten sie in den Jutesack reißen. Sie wurden einfach von dem Korn verschluckt, und wir blieben unversehrt. Nicht *ein* Haar vermochten sie uns zu krümmen, nicht eines.

Ein letzter Schuss fiel, dann hörten wir knirschende Schritte im Schnee, als sich die Fremden entfernten. Bleich vor Schrecken starrten wir uns gegenseitig an. Wir konnten noch immer nicht ganz begreifen, was hier soeben passiert war. Es war ein Wunder. Das war es wirklich. Wäre der Kornsack nicht im Tunnel stecken geblieben, wären wir jetzt mit Sicherheit tot. Und wären mein Vater und meine Brüder nur zwei Minuten später zurückgekommen oder Onkel Yosl mit seinen Leuten einen Augenblick früher zum Holzfällen aufgebrochen, wäre die eine oder andere Gruppe den Bewaffneten direkt vor die Flinte gelaufen. Nur ein paar Minuten und ein verklemmter Getreidesack hatten uns das Leben gerettet. Das war eindeutig kein Zufall. Das war göttliche Präzisionsarbeit. Ich wusste es mit einer solchen Gewissheit, dass ich mich schuldig gemacht hätte, wenn ich es geleugnet hätte. Gott hatte seinen Schild über uns gehalten, genau wie er es in Psalm 91 versprochen hatte. Eine Ehrfurcht erfüllte mich, die mir durch Mark und Bein ging. Voller Staunen blickte ich zu dem Jutesack über meinem Kopf. Gott hatte einen Schild aus hundert Kilogramm Korn über uns gehalten, um die tödlichen Kugeln von uns abzuschirmen. War das zu fassen? Meine Augen wurden ganz feucht vor Ergriffenheit. Ich sah in den Augen meines Zwillingsbruders, dass er genauso empfand wie ich.

Wir warteten noch einen Moment, dann kletterten wir in die Höhle hinunter. Den Kornsack ließen wir fürs Erste im Tunnel stecken. Wer konnte schon wissen, ob die Schützen zurückkommen und uns ein zweites Mal unter Beschuss nehmen würden? Auch die Männer unten beim Einstieg waren wie gelähmt von dem Überraschungsangriff.

»Und was jetzt?«, fragte Vater.

»Die werden wiederkommen«, meinte Onkel Yosl düster. »Mit Granaten und Schaufeln. Die werden den Tunnel wieder dichtmachen.«

»Nicht, wenn wir ihnen zuvorkommen und den Tunnel selbst dichtmachen«, sagte Yoel.

»Und wie?«

»Wir blockieren den Einstieg mit Steinen und arbeiten uns von oben nach unten durch. Als Erstes verstreben wir den Schacht abschnittsweise mit Sparren und füllen dann die Zwischenräume mit großen Steinen. So können sie den Tunnel weder sprengen noch mit Erde auffüllen. Das ist viel Arbeit, aber die einzige Möglichkeit, die mir einfällt, um den Tunnel nicht zu verlieren.«

Wir ließen uns seinen Vorschlag ein paar Minuten durch den Kopf gehen, dann nickten wir einstimmig.

»Tun wir's.«

Wir wussten nicht, wie viel Zeit uns blieb. Eilends kehrten wir ins Lager zurück, und Yoel informierte alle Höhlenbewohner über den

Ernst der Lage. »Jeder, der irgendeinen Stein tragen kann, packt mit an«, sagte er. »Wir brauchen alle Hände. Los geht's!«

Tante Elisabeth war die Einzige, die mit ihrer dreijährigen Tochter zurückblieb. Alle anderen, Jung und Alt, Männer, Frauen, Jugendliche und Kinder, die gesamte Höhlengemeinschaft sammelte Steine für unser Vorhaben. Selbst die kleine Mila half tapfer mit und trug mit entschlossener Miene ein paar Steine zur Einstiegskammer.

Yoel und David kletterten zurück in den Schacht, um den eingeklemmten Kornsack zu befreien. Erstaunlich flott waren sie wieder in der Grotte. Yoel trug den schweren Sack auf der Schulter.

»Das ging aber schnell«, meinte ich.

»Ein kleiner Ruck, und der Sack war frei«, erklärte mir David achselzuckend.

Ich schüttelte fasziniert den Kopf. Eben noch hatte der Sack dicht wie ein Korken in der Flasche gesteckt, und jetzt ließ er sich ohne Widerstand bewegen, als wäre nie etwas gewesen. Manche Dinge konnte man nicht erklären. Und jeder, der versuchte, eine plausible Erklärung dafür zu finden, schmälerte das gewaltige Wunder, das sich dahinter verbarg. Ich hatte nicht vor, das zu tun. Denn ich wusste, wem ich mein Leben verdankte. Ich wusste es tief in meinem Herzen. Und es beflügelte und beschämte mich zugleich.

24 Das Licht

Nach diesem einschneidenden Ereignis blieben wir sechs Wochen lang im Untergrund, ohne auch nur einmal nach oben zu steigen. Ab und zu vergewisserten wir uns, dass der Tunnel noch intakt war. Er war es. Es schien, als hätten unsere Verfolger sich zurückgezogen und würden uns in Ruhe lassen. Wahrscheinlich suchten sie immer noch nach anderen Höhleneingängen, die nicht existierten.

Unterdessen nahm David ein neues Projekt in Angriff: einen Schlitten. »Damit können wir beim nächsten Kornkauf die Säcke bequem durch den Schnee ziehen.«

»Eine sehr gute Idee«, sagte ich. »Und wie kriegst du die gebogenen Kufen hin?«

»Ich koche sie.«

»Du kochst sie?«

»Ganz genau.« Er lächelte. »Ich habe da so eine Idee.«

Mein Bruder und seine Ideen. Er erstaunte mich immer wieder damit. Und meistens funktionierten sie auch noch. Diesmal war es nicht anders. Er suchte sich zwei dünne, ein Meter achtzig lange Baumstämme und setzte in einem riesigen Kessel Wasser zum Kochen auf. Dann stellte er die Baumstämme in das kochende Wasser, bis sie biegsam wurden, und bog ihren vorderen Teil in die gewünschte halbrunde Form. Anschließend bastelte er Klemmen, damit die Stämme sich beim Trocknen nicht wieder streckten. Die Kufen waren somit fertig. Alles andere konstruierte David wie üblich mit einem Stecksystem, erstens, weil er keine Nägel hatte, und zweitens, damit wir den Schlitten überhaupt durch den Schacht nach oben befördern konnten. Und schon waren wir stolze Besitzer eines Transportschlittens.

Als sich unser Getreidevorrat eine Woche vor Weihnachten wieder mal dem Ende zuneigte, holten wir die Steine aus dem Schacht. Wir brauchten mehrere Tage dafür. Oben angekommen, war das Einstiegsloch mit einer zähen Schneeschicht blockiert. Ich kletterte mit einer

Schaufel hinauf, um uns den Weg freizustechen. Die Schneeschicht war viel dicker als gedacht. Nachdem ich einen Meter freigeschaufelt hatte, war ich noch immer nicht draußen, dafür aber nass und durchgefroren. Von dem Schnee, der ständig auf mich herunterfiel, sah ich aus wie ein Schneemann. Es lagen tatsächlich fast zwei Meter Schnee über dem Eingang. Vermutlich hatte der Wind den ganzen Schnee in das Becken geweht. Die Dorfbewohner hatten den Krater zwar damals mit Erde aufgefüllt, aber der Boden war über die Monate hinweg ein gutes Stück abgesunken, und somit endete unser Tunnel etwa eineinhalb Meter unterhalb der Wiese. Der Schnee über dem Einstieg war daher um einiges tiefer als oberhalb der Senke.

Ich stocherte fast zwei Stunden im Schnee herum, bis das Loch endlich frei war. Vorsichtig streckte ich den Kopf aus dem Iglu. Es war eine sternenklare Nacht. Kein Lüftchen wehte. Es war absolut still. Die schneebedeckte Landschaft hatte etwas Märchenhaftes an sich. Da wir sechs Wochen lang in der Höhle geblieben waren, war der Schnee absolut unberührt. Es gab keinerlei Spuren von uns. Falls jemand den Tunnel im Auge behalten hatte, musste er zwangsläufig davon ausgehen, dass wir einen anderen Höhlenausstieg benutzten, denn hier waren wir definitiv nicht rausgekommen. Gut, dass unsere Feinde nicht wussten, dass dies tatsächlich unser einziger Ausstieg war.

Es war der 22. Dezember, der erste Tag von Chanukka, dem jüdischen Lichterfest, das acht Tage dauerte und große Ähnlichkeiten mit dem christlichen Weihnachtsfest hatte. An Chanukka gab es viele leckere Speisen, lustige Spiele und Geschenke. Man sang Lieder und erzählte sich Geschichten aus dem Tanach. Es war ein sehr fröhliches Familienfest zum Gedenken an den Sieg über die griechischen Unterdrücker und die Rückeroberung des Tempels im Jahre 164 vor Christus. Zu jener Zeit lebten die Juden unter griechischer Herrschaft. Die Ausübung der jüdischen Religion war unter Todesstrafe verboten, und die Griechen entweihten den jüdischen Tempel, indem sie darin einen Altar für Zeus aufstellten. Eine kleine Gruppe von Juden floh in die Berge, wo sie eine Untergrundarmee gründete. Unter der Führung von Judas Makkabäus gelang es ihnen in einem mehrjährigen Kampf, die Griechen zu vertreiben. Sie weihten den Tempel neu ein. Das hebräische Wort für Einweihung war Chanukka. Bei der Tempelweihe sollte die Menora, der siebenarmige Leuchter, im Tempel neu entzündet werden. Einmal entzündet, durfte der Leuchter niemals erlöschen. Doch es wurde nur noch ein Krug mit geweihtem Öl gefunden, der gerade mal für die Brenndauer von einem Tag reichte. Die Herstellung von neuem, koscherem Öl dauerte aber acht Tage. Trotzdem entzündeten die Juden den Leuchter, und da geschah gemäß der Legende ein Wunder: Die Flammen brannten nicht einen, sondern acht Tage lang und erloschen erst, als das neue Öl hergestellt war. Seither wurde an Chanukka ein spezieller Leuchter verwendet, die neunarmige Chanukkia. Jeden Abend wurde eine Kerze entzündet, bis alle acht brannten. Die neunte Kerze in der Mitte war die »Dienerkerze«, an der alle anderen entzündet wurden.

Chanukka war von allen jüdischen Festen mein Lieblingsfest. Da war immer unsere ganze Familie und Verwandtschaft anwesend, und es wurde gelacht, getanzt und gegessen bis in die späte Nacht hinein. Dieses Jahr würde Chanukka etwas anders aussehen. Einen Chanukkaleuchter hatten wir nicht in der Höhle, leckere Speisen und Geschenke schon gar nicht, und das Kerosin für unsere Lampen war auch fast alle. Wir gingen seit Tagen äußerst sparsam damit um, entzündeten die wertvollen Lichter immer nur ein paar Minuten und nur, wenn es absolut nötig war. Für ein traditionelles Lichterfest war einfach nicht genug Kerosin vorhanden, zumindest nicht für acht Tage und acht Lampen.

Mein Vater sagte, wir würden jeden Abend wenigstens eine Lampe anzünden. So viel Licht musste sein. »Vielleicht tut der Herr ja ein Wunder und vermehrt unser Kerosin wie damals das Öl bei den Makkabäern. Wer weiß.«

In derselben Nacht, in der ich den Eingang freischaufelte, machte sich Yoel auf den Weg in ein entlegenes Dorf, um dort einen Bekannten zu kontaktieren. Er wollte ihn fragen, ob er uns dreihundert Kilogramm Weizen besorgen könne. Früh am nächsten Morgen kam mein Bruder zurück und sagte, es habe geklappt. »Wir brauchen es nur noch zu holen. Es steht morgen Abend für uns bereit. David, ich hoffe, dein Schlitten ist stark genug für dreihundert Kilogramm Getreide.«

»Worauf du dich verlassen kannst«, sagte David überzeugt.

Am 24. Dezember kurz nach einundzwanzig Uhr, etwas früher als sonst, brachen Yoel, David und ich gemeinsam auf. Den zusammengesteckten Schlitten hinter uns herziehend, stapften wir durch den tiefen Schnee. Es war ein weiter Weg, und es schneite ganz ordentlich. Wir hatten gute Stiefel, aber keine Handschuhe. Meine Finger waren bald klamm und steif vor Kälte.

Spät in der Nacht erreichten wir endlich das Dorf. Kein Mensch war auf der Straße. Alle saßen mit ihren Familien in der warmen Stube und feierten Weihnachten. Ich hörte im Vorbeigehen den Klang einer Flöte und Gesang aus einem Haus und blieb stehen. Durch ein vereistes Fenster sah ich eine ukrainische, festlich herausgeputzte Familie vor dem geschmückten Christbaum sitzen. Überall brannten Kerzen. Kerzen, die wir nicht hatten, um unser Lichterfest zu feiern. Ein kleines Mädchen mit einem langen Zopf im Nacken spielte auf der Flöte »Stille Nacht«, und die ganze Familie sang dazu. Ich beneidete sie um ihre Unbeschwertheit und die vielen Lichter, die in ihrer gemütlichen Stube brannten. Hätten wir doch nur eines davon für unser Chanukkafest gehabt! Wenigstens ein kleines Licht, um in unserer dunklen Höhle Chanukka zu feiern. Aber das hatten wir nicht. Wahrscheinlich hatten wir nicht mal mehr genug Kerosin, das bis zum letzten Tag von Chanukka reichte. Dann würden wir endgültig im Dunkeln sitzen.

Yoel blieb vor einem Haus stehen und polterte gegen die Tür. Ein Mann öffnete und zog uns in den Flur. Die Kornsäcke standen an der Wand, drei Säcke zu je hundert Kilo. Ohne viele Worte zu wechseln, schleppten wir die Säcke nach draußen und legten sie hintereinander quer auf den Schlitten. Der Mann verabschiedete sich mit einem flüchtigen »Frohe Weihnachten«, verschloss die Tür hinter sich, und wir standen wieder im Schneegestöber.

»Frohe Weihnachten«, murmelte Yoel bitter. »Frohes Transportieren von dreihundert Kilogramm Weizen durch den eisigen Schneesturm wäre wohl passender.« Er schnappte sich das Seil, das vorne an den Kufen befestigt war, und nickte uns zu. »Gehen wir.«

Yoel und David zogen vorne am Seil, und ich schob von hinten. Sehr schwerfällig setzte sich der Schlitten in Bewegung. Wir schafften es mit Ach und Krach aus dem Dorf heraus. Da die Straße leicht abwärtsging, hatte der Schlitten genug Schub, um voranzukommen. Aber trotz der Schräge kam er immer wieder ins Stocken, und sobald er stehen blieb, brauchten wir Unmengen an Kräften, um ihn wieder anzuschieben. Über eine halbe Stunde benötigten wir allein, um das Dorf einen Kilometer hinter uns zu lassen und in einen Feldweg abzubiegen. Dort war dann endgültig Schluss. Wir kamen nicht mehr weiter. Der Schlitten blieb wie ein bockiger Esel mitten auf der flachen Landstraße stehen. Wir zerrten und schoben, doch der Schlitten streikte, als wäre er am Boden festgefroren.

»Er ist zu schwer«, keuchte ich. »Wir müssen einen Sack runternehmen.«

Yoel schnappte sich einen Sack und warf ihn sich über die Schulter, während David und ich uns erneut mit dem Schlitten abmühten, er vorne, ich hinten. Erfolglos. Selbst mit hundert Kilogramm weniger Gewicht ging es nicht voran. Ein eisiger Wind pfiff uns um die Ohren. Er fühlte sich an wie Messerstiche. Der Sturm wurde stärker.

»Vielleicht müssen wir die Kufen vom verklebten Schnee reinigen, damit er wieder läuft!«, rief David gegen den tosenden Wind.

Also nahmen wir auch noch die anderen beiden Säcke vom Schlitten, klopften mit den Stiefeln den Schnee von den Kufen und wuchteten einen Sack zurück. Fehlanzeige. Die Last war zu groß, selbst mit nur einem Sack. Der Schlitten war so unbeweglich wie ein Zementblock. Wir sahen uns ratlos an. Was nun? Yoel war der Einzige von uns, der überhaupt in der Lage war, einen Hundert-Kilo-Sack zu tragen. Aber selbst er würde es damit unmöglich bis zur Höhle schaffen. Und es waren ja drei Säcke, die wir transportieren mussten, nicht nur einer.

»Was machen wir jetzt?«, fragte ich laut.

»Wir brauchen ein Pferd, um den Schlitten zu ziehen!«, antwortete Yoel und rieb sich die kalten Hände. »Ich könnte eins klauen!«

»Es ist Weihnachten!«, meinte ich. »Du kannst doch an Weihnachten kein Pferd klauen!«

»Wieso nicht? Ist ja nicht unser Fest!«

»Nein, aber ... trotzdem.«

»Und was schlägst du vor? Warten, bis wir hier eingeschneit sind?«

»Ich könnte zu Ilja gehen und Oscar ausleihen!«, rief ich.

»Das ist viel zu weit!«, meinte David. Seine Nase war ganz rot und sein Haar hatte eine Schneekappe. »Du würdest bei diesem Wetter drei Stunden dafür brauchen.«

»Dann brauche ich eben drei Stunden! Wir haben mindestens sechs Stunden, bis es hell wird. Das schaffen wir!«

Meine Brüder sahen mich zweifelnd an.

Yoel trat zu mir und musterte mich mit ernster Miene. Sein Atem stieß in kleinen weißen Wolken in die Luft. »Also gut. Aber wenn du zu lange wegbleibst, treib ich uns anderswie ein Pferd auf. Weihnachten hin oder her. Ist mir egal! Das Getreide muss noch heute Nacht zur Höhle! Wenn wir es hier liegen lassen, um es morgen zu holen, wird es jemand finden und mitnehmen. Das Risiko gehe ich nicht ein!«

Ich nickte. »Ich mache so schnell ich kann, versprochen!«

Wir klopften uns gegenseitig auf die Schulter und ich trabte davon.

Der Schnee peitschte mir ins Gesicht. Ich spürte meine Zehen und Finger nicht mehr. Aber ich kümmerte mich nicht darum. Ich hatte schon Schlimmeres überstanden. Das Gute war, dass an einem Feiertag wie Weihnachten nicht mit Nazis oder anderen Menschenjägern zu rechnen war, und bei diesem Wetter schon gar nicht. Angestrengt kämpfte ich mich durch den Schnee und verlor jegliches Zeitgefühl. Völlig durchgefroren und mit Schnee- und Eisklumpen an Hosen, Mantel und Haaren erreichte ich Iljas Waldhütte und klopfte an. Es war alles dunkel. Kein Wunder, es war ja auch mitten in der Nacht.

»Ilja!«, rief ich und klopfte erneut gegen die Tür. »Ich bin's, Joscha!«

Es dauerte einen Moment, dann erschien ein bärtiger, verschlafener Kopf an der Tür. »Joscha? Was machst du denn hier?«

Der Jäger öffnete die Tür, damit ich eintreten konnte. Aber ich blieb draußen stehen. Ich hatte Ilja seit Monaten nicht gesehen. Yoel hatte den meisten Kontakt mit ihm. Gerne hätte ich mich in seiner Hütte etwas aufgewärmt, aber dafür war keine Zeit.

»Ich muss mir Oscar borgen«, antwortete ich. »Unser Schlitten mit dreihundert Kilogramm Weizen ist im Schnee stecken geblieben.«

Der Pole stellte keine Fragen. »Leih ihn dir so lange wie nötig. Sattel und Zaumzeug hängen an der Wand.«

»Danke«, sagte ich. »Ich bring ihn in ein paar Stunden wieder.« Ich eilte hinüber zum Schuppen. Ilja hatte einen Teil davon in eine Pferdebox umfunktioniert. Er kümmerte sich gut um Oscar. Als ich eintrat, erkannte mich der Hengst sofort und begrüßte mich mit einem leisen Wiehern. Ich lächelte, legte meine Arme um seinen warmen Hals und küsste ihn. »Ich freue mich auch, dich zu sehen, alter Freund. Lust auf einen Ausritt?«

Oscar schüttelte seine prächtige schwarze Mähne und scharrte abenteuerlustig mit seinem Huf. Ich sattelte ihn, führte ihn am Zügel aus dem Stall und schwang mich in den Sattel. Dann schnalzte ich mit der Zunge, presste ihm die Schenkel in die Flanken, und der Hengst sprengte davon. Es war ein herrliches Gefühl, seine ungezähmte Kraft unter mir zu spüren und das vertraute Schnauben seiner Nüstern zu hören, auch wenn ich wegen meiner steifen Finger die Zügel kaum halten konnte und fror, als würde Eiswasser durch meine Adern fließen. Ich war eine Ewigkeit nicht mehr auf Oscar geritten. Das letzte Mal war vor eineinhalb Jahren gewesen, einen Tag nach dem Pogrom am 2. Juli 1941, als ich nach Bobrka geritten war, um nach Silas und Michal zu sehen. Es war der Tag gewesen, als ich Schöffer und Gronnik zum ersten Mal begegnet war. Mich schauderte noch heute, wenn ich daran zurückdachte.

Dann huschten meine Gedanken wie von selbst zu Michal, doch ich zwang mich, das Bild von ihr gleich wieder aus meinem Kopf zu verdrängen. Sie war tot. Sie war nicht mehr da, und an sie zu denken und im Tal der Sehnsucht und Trauer zu versinken, brachte sie auch nicht mehr zurück. Ich musste endlich die Tatsache akzeptieren, dass sie nicht mehr lebte, so schwer es mir selbst nach acht Monaten immer noch fiel.

Der Sturm flaute langsam ab. Als ich aus dem Wald galoppierte, hatte sich der Wind bereits in ein zartes Lüftchen verwandelt. Der Nachthimmel klarte auf, und nur noch vereinzelte Schneeflocken tanzten durch die Luft. Alles, was man hörte, war Oscar, der mit flatternder Mähne durch den weißen Schnee preschte wie ein schwarzer Taifun. Schon von Weitem erkannte ich meine Brüder. Sie sahen aus wie Schneemänner. Dicht aneinandergedrängt saßen sie auf dem Schlitten, zugeschneit von Kopf bis Fuß. Ich zügelte mein Pferd und sprang in den tiefen Pulverschnee neben ihnen. Erleichterung lag in ihren roten Gesichtern. Ihre Augenbrauen waren eingefroren und an ihrem zottigen Haar hingen tatsächlich kleine Eiszapfen. Sie konnten sich kaum noch bewegen.

»Ich habe gesagt, ich schaffe das!«, sagte ich mit Stolz in der Stimme. »Dann lasst uns mal einspannen.«

»Und womit?«, fragte David zitternd vor Kälte.

Entgeistert sah ich ihn an, und mit einem Schlag wurde mir klar, dass mir ein peinlicher Fehler unterlaufen war. »Das Geschirr«, hauchte ich. »O nein ... ich habe das Geschirr vergessen!« Keinen einzigen Moment hatte ich an das Fahrgeschirr gedacht, um das Pferd mit dem Schlitten zu verbinden. Das durfte doch nicht wahr sein! Wie konnte mir das nur durch die Lappen gehen? Ich schämte mich in Grund und Boden, doch meine Brüder waren viel zu durchgefroren, um mir deswegen einen Vorwurf zu machen.

»Dann nehmen wir eben unsere Kleider«, sagte Yoel und zog seinen Mantel aus. »Na los! Zieht euch aus!«

Wir entkleideten uns bis auf die Unterhosen und die Stiefel und knoteten unsere Hosen, Hemden und Mäntel zu einem Fahrgeschirr zusammen. Es war mir so was von peinlich, obwohl ich nicht mal wusste, ob Ilja überhaupt ein Geschirr besessen hätte. Aber es war nun mal, wie es war, und eine Alternative zu unseren Kleidern fiel mir auch nicht ein.

Wir schirrten Oscar an den Schlitten. Es war bitterkalt ohne Kleider. Wir schlotterten am ganzen Körper, aber keiner von uns beklagte sich. Nackt bis auf die Unterhosen setzte ich mich in den Sattel und meine Brüder auf die Kornsäcke. Wenn jetzt bloß nichts mehr schiefging! Ich schnalzte, Oscar trabte an, ein kleiner Ruck, und der schwer beladene Schlitten setzte sich fast lautlos in Bewegung. Wir atmeten alle auf. Es funktionierte tatsächlich! Mühelos zog Oscar den Schlitten durch den Schnee, und keine Stunde später waren wir zurück bei der Höhle. Wir entknoteten die Kleider mit den Zähnen, da wir kein

Gefühl und keine Kraft mehr in den Fingern hatten, und zogen uns im Zeitlupentempo an.

Viel wärmer war mir deswegen auch nicht. Meine Zähne klapperten ununterbrochen, ich zitterte wie ein Reiskorn auf einem Schüttelsieb, und mein Kiefer war so kalt, dass ich nur noch sehr langsam sprechen konnte. »Ich bring dann mal Oscar zurück«, sagte ich mit schwerer Zunge.

Meine Brüder nickten, während sie die Getreidesäcke neben den Höhleneinstieg stellten und den Schlitten in seine Einzelteile zerlegten, um ihn durch den engen Schacht nach unten zu transportieren.

Ich schwang mich unterdessen auf Oscar und ritt über die Wiese zum Wald. Zu Fuß war es eine halbe Stunde zu Ilja, mit dem Pferd war ich doppelt so schnell. Nachdem ich Oscar in seine Box zurückgebracht, abgesattelt, das Zaumzeug abgemacht und ihm einen Eimer voll Wasser hingestellt hatte, ging ich rüber zur Hütte. Ich sah durchs Fenster, dass bereits ein Feuer im Kamin knisterte. Ilja war also wach. Ich klopfte an. »Ilja? Ich bin wieder da!«

»Die Tür ist offen!«

Ich trat ein. Die Wärme, die mir entgegenwallte, erschlug mich beinahe.

Ilja saß auf der Eckbank und klappte ein zerfleddertes altes Buch zu, in dem er gerade gelesen hatte. Es sah aus wie eine Bibel. »Habt ihr das Getreide?«

»Ja. Ohne Oscar hätten wir das nie geschafft. Danke.«

»Nichts zu danken. Ist schließlich euer Pferd.«

Mit steifen Schritten ging ich zum Ofen und streckte meine Hände aus. Der Schnee auf meinem Kopf und meinen Kleidern schmolz dahin. Langsam kroch die Wärme in mich zurück. Meine Finger und Zehen begannen zu schmerzen, als würden tausend Nadeln darin stecken.

»Kaffee?«, fragte Ilja.

»Ja, bitte.« Ich nahm ihm gegenüber Platz. Viel Zeit bis zum Morgengrauen hatte ich zwar nicht mehr, aber für einen Kaffee und ein kurzes Gespräch würde es reichen.

Der Pole schenkte mir aus einer Kanne einen Becher Kaffee ein und schob ihn mir über den Tisch zu. Er schnitt mir auch eine große Scheibe Brot ab. Der Kaffee war wunderbar heiß und brachte mein eisiges Blut wieder zum Fließen. Das Brot schmeckte vorzüglich. Ich aß es hastig und spürte förmlich, wie es mir neue Kraft gab. »Hast du eigentlich mitgekriegt, wer vor sechs Wochen auf uns geschossen hat?«, fragte ich zwischen zwei Bissen.

»Sie haben auf euch geschossen?«

»Ja. Wir waren im Tunnel drin und sie haben den Einstieg erneut entdeckt und fünfzehn Schüsse abgefeuert. Hätte sich nicht über uns ein Kornsack im Schacht verkeilt und die Kugeln abgefangen, wären wir nicht mehr hier.«

»Unglaublich ...«

»Du hast es also nicht gewusst?«

»Nicht das mit den Schüssen«, sagte Ilja. »Ich hatte gehört, dass ihr wieder aufgeflogen wart. Und ich weiß, dass die ukrainische Polizei seither jeden Tag Patrouille gelaufen ist, um euch zu erschießen, sobald ihr aus dem Tunnel kommt. Ich hätte euch gewarnt, hätte ich es gekonnt. Ich betete, dass die Polizisten abziehen, bevor ihr euch wieder blicken lasst. Wann seid ihr rausgekommen?«

»Vor zwei Tagen«, sagte ich. »Wir haben aber niemanden gesehen.«

»Das konntet ihr auch nicht.« Ein Lächeln huschte über Iljas Gesicht. »Die Observierung ist vor drei Tagen abgebrochen worden.«

»Vor drei Tagen?« Eine Hitze stieg in mir hoch, die nicht vom Kaffee kam. »Das bedeutet ...«

»Ganz genau«, sagte der Pole. »Wärt ihr einen Tag früher aufgetaucht, hätten sie euch erwischt. Wir haben einen Gott, der Wunder tut, Joscha.«

»In der Tat«, murmelte ich, fassungslos darüber, wie knapp wir schon wieder dem Tod entgangen waren. Ich trank den Kaffee aus und stand auf. Langsam musste ich los, bevor es draußen hell wurde.

Ilja öffnete einen Schrank und holte eine Schachtel heraus. Sie war mit rotem, glänzendem Papier eingewickelt. »Hier, für euch alle.« Er reichte mir das Päckchen. »Ich war mir nicht sicher, ob ich euch überhaupt noch vor Weihnachten antreffen würde. Aber da du schon mal hier bist.«

Ich sah ihn verblüfft an.

»Jetzt mach's schon auf.«

Ich riss das Papier weg und öffnete die Schachtel. Was ich darin sah, trieb mir unweigerlich die Tränen in die Augen.

Es war ein Chanukkaleuchter mit neun Kerzen.

Ich war sprachlos. »Woher ...«, piepste ich.

»Ich dachte, den könntet ihr vielleicht gebrauchen. Gesegnetes Chanukka.«

»Gesegnetes Chanukka«, hauchte ich. Ich umarmte den Polen, während mir die Tränen übers Gesicht liefen. »Danke. Danke ... danke ... danke.« Mehr brachte ich nicht mehr heraus.

Am Abend des 25. Dezember 1943 feierte unsere Höhlengemeinschaft den vierten Tag von Chanukka. Wir versammelten uns um den Chanukkaleuchter, und Vater zündete die Dienerkerze in der Mitte und danach die ersten vier Kerzen an. Raunend sprach er die Segenssprüche: »Gepriesen seist du, Ewiger, unser Gott, König der Welt, der du uns geheiligt durch deine Gebote und uns geboten, das Chanukkalicht anzuzünden. Gepriesen seist du, Ewiger, unser Gott, König der Welt, der du Wunder erwiesen unseren Vorfahren in jenen Tagen und zu dieser Zeit.«

Anschließend sangen wir alle das traditionelle Chanukkalied »Maos Zur« und gedachten dabei dem Sieg einer kleinen Gruppe Juden über eine der damals mächtigsten Armeen der Welt. Entgegen der Logik, dass der Stärkere den Schwachen besiegt, triumphierten die Makkabäer über eine Weltmacht. Es war ein Wunder, das sich durch die gesamte Geschichte unseres Volkes hindurchzog. Unsere gesamte Existenz war ein Wunder. Immer wieder waren wir unterdrückt worden, und immer wieder hatte der ewige Gott, der König der Welt, unser Volk auf wundersame Weise aus der Hand unserer Feinde gerettet. Das Lichterfest erinnerte uns an eben dieses Wunder, das Wunder, dass der Schwache nicht verloren ist, dass die Hoffnung nie erlischt, genau wie die Lichter der Chanukkia.

Ich starrte in die kleinen Flammen und musste daran denken, dass auch wir in genau diesem Moment nur eine kleine Gruppe Juden waren, eine schwache Minderheit gegen einen übermächtigen und unbesiegbaren Feind. Ob der Gott unser Vorväter, der unser Volk aus der ägyptischen Sklaverei, aus der babylonischen Gefangenschaft und aus der griechischen Tyrannei befreit hatte, uns auch aus der Schreckensherrschaft der Nazis befreien würde? Und ob wir noch lange genug durchhalten würden, um den Untergang von Hitlers Reich mitzuerleben?

Versunken und mit einer bitteren Mischung aus Andacht und Besorgnis standen wir da und sogen das warme Licht der Chanukkakerzen in unsere kalten Seelen auf. Wir hofften sehnlichst, dass dies das letzte Lichterfest in einer Höhle war. Und das letzte während des Krieges.

25 Der Psalm

1944. Wieder hatte ein neues Jahr begonnen. Im Mai würde ich bereits achtzehn Jahre alt werden - wenn ich denn bis dahin überlebte. Die Chancen standen nicht gut. Für keinen von uns. Die Tage und Wochen in der Höhle krochen dahin, und wir wurden immer schwächer. Wir hatten Nahrung, die uns am Leben erhielt, aber satt wurden wir nicht davon. Die meisten von uns hatten bereits ein Drittel ihres Körpergewichts verloren. Ich konnte schon alle meine Rippen zählen.

Eines Tages brachte Yoel zur Abwechslung eine gute Neuigkeit in die Höhle: Die Deutschen hatten erhebliche Schwierigkeiten mit ihrem Kampf an der Ostfront. Es war damit zu rechnen, dass sie bald von der Roten Armee in die Knie gezwungen würden. Wir klammerten uns mit all unserer Kraft an diese Vorstellung.

Doch während wir auf ein Ende des Krieges warteten, forderte der Hunger seine Opfer. Innerhalb weniger Wochen starben drei unserer Leute an Erschöpfung: Tante Pessia, Tante Hannah und der elfjährige Uri. Und als wäre ihr Tod noch nicht schlimm genug, brachen Mitte Februar fünf unserer Männer zum Holzfällen auf - und kamen nicht mehr zurück: mein Cousin Aaron, Onkel Eli, Onkel Yosl und seine beiden Söhne Gershon und Daniel. Wir sahen sie nie wieder.

Wir waren alle fix und fertig. Wie lange noch, bis diese grausame Tortur endlich ein Ende hatte? Wie viele von uns mussten denn noch sterben, bevor sich Gott über uns erbarmte? Wer war der Nächste? Vielleicht ich? Vielleicht meine Brüder, meine Schwester oder meine Eltern? Wann war es genug?

In diesen düsteren Tagen verkroch ich mich oft allein in irgendeinen Winkel der Höhle und weinte stundenlang. Ich konnte nicht mehr, und ich wollte nicht mehr. Kein Mensch ist dafür geschaffen, so viel Leid zu ertragen. Am 1. März hatte ich meinen absoluten Tiefpunkt. Es war Michals Geburtstag. Sie wäre an diesem Tag siebzehn Jahre alt geworden. Ich kauerte in einer Spalte und weinte und klagte - um Michal, um Simon, um all die anderen, die nicht mehr da waren und brutal aus dem Leben gerissen worden waren. Ich fühlte mich so hilflos, so erbärmlich. Es war, als wäre meine Seele in tausend Fetzen zerrissen. Die Dunkelheit um mich herum war so unerträglich finster. Alles in mir drin war finster. Da war einfach nichts mehr vorhanden, woran ich glauben oder mich festhalten konnte. Kein Lichtblick. Kein Sinn. Da waren nur noch Leere und Schmerz.

Als ich eine Ewigkeit nichts anderes getan hatte, als in die Dunkelheit zu starren, kehrte ich irgendwann ins Lager zurück. Ich kam an Jaels Bett vorbei. Ein Kerosinlämpchen brannte, sonst hätte ich sie gar nicht gesehen. Ich hatte mich immer prima mit meiner Cousine verstanden, und das nicht nur, weil wir gleich alt waren. Sie war ein bildhübsches Mädchen, sehr intelligent und lebensfroh. Wenn sie und ihr Bruder Simon früher mit ihren Eltern bei uns zu Besuch gewesen waren, hatten wir drei immer viel gelacht und uns stundenlang über Gott und die Welt unterhalten. Es gab fast nichts, worüber wir nicht reden konnten. Doch von der Jael von damals war nicht mehr viel übrig, zumindest äußerlich. Sie war nur noch Haut und Knochen. Ihre Wangen waren eingefallen, ihre Hände spindeldürr. Schon seit Tagen war sie nicht mehr aufgestanden, weil sie zu schwach dafür war. Als ich in ihre Nähe kam, fühlte ich, dass ihr Tod nahte. Sie schien es ebenfalls zu wissen. Ich sah es in ihren Augen. Und da war noch etwas anderes, was ich darin sah ... Frieden.

»Joscha«, flüsterte sie und winkte mich zu sich.

Ich setzte mich zu ihr ans Bett.

»Du darfst den Mut nicht verlieren.«

Ich sah sie an, und ohne es zu wollen, wurden meine Augen feucht. »Nicht den Mut verlieren? Wie kannst du so etwas sagen, Jael? Dein Bruder wurde ermordet. Dein Vater wurde ermordet. Und du ...«

»Ich werde sterben, ich weiß. Aber ich habe keine Angst davor.« Sie sprach ganz langsam und leise, als wäre jedes einzelne Wort eine ungeheure Anstrengung für sie. »Der Tod ist nicht das Ende, Joscha. Es ist erst der Anfang.«

Ich schluckte. »Wie kannst du dir da so sicher sein?«

»Weil ich weiß, dass mein Erlöser lebt. Hast du ihn denn noch nie gespürt?« Ihr Blick suchte den meinen. Ihre Augen glänzten. »Er ist bei uns, Joscha. In dieser und in der nächsten Welt. Er ist immer bei uns. Glaubst du das nicht?«

Die Tränen liefen mir das Gesicht hinunter. »Ich ... ich weiß es nicht.«

»Ich spüre ihn, Joscha. In diesem Moment.« Sie nahm meine Hand und führte sie zu meiner Brust. »Er ist genau hier. Spürst du ihn nicht?«

Und da spürte ich tatsächlich etwas. Ich spürte die goldene Halskette unter meinem Hemd. Mit der linken Hand fischte ich sie heraus. Das Herz schimmerte im warmen Licht des Lämpchens wie goldenes Feuer. Ich betrachtete die hebräische Inschrift, und die Psalmworte tropften wie brennendes Wachs in mein Herz.

Wer im Schutz des Höchsten lebt, der findet Ruhe im Schatten des Allmächtigen. Der spricht zu dem Herrn: Du bist meine Zuflucht und meine Burg, mein Gott, dem ich vertraue.

»Meine Zuflucht und meine Burg«, raunte ich. Gleichzeitig musste ich daran denken, wie wir in dem Bunker gesessen und den Psalm 91 zitiert hatten. Damals hatte ich Gottes Gegenwart gespürt, mit meinem ganzen Körper, meiner ganzen Seele und meinem ganzen Geist. Ja, ich hatte ihn erlebt. Wie könnte ich es verneinen? Er war bei mir gewesen! Er war immer bei mir gewesen! Ich hatte es nur nicht immer erkannt.

Denn er wird dich vor allen Gefahren bewahren und dich in Todesnot beschützen.

O ja, er hatte mich in Todesnot beschützt, mehr als einmal. Damals, als ich Schöffer und Gronnik begegnet war und sie mich nicht erschossen hatten. Als der Tunnel über mir eingestürzt und ich trotzdem nicht zerquetscht worden war. Oder als unsere Feinde auf uns geschossen hatten und der Kornsack die Kugeln verschluckt hatte. Ich hätte längst tot sein müssen. Aber ich lebte. Und das allein seinetwegen.

All die Wunder der vergangenen Jahre, all die unglaublichen Zufälle, bei denen ich um Haaresbreite dem Tod entronnen war, flammten vor meinem inneren Auge auf. Sie ließen mich Gottes Güte und Treue so klar erkennen, dass ich schluchzen musste wie ein kleines Kind.

Die Psalmworte, Gottes Verheißungen, von denen er jede Einzelne erfüllt hatte, brannten in meinem Herzen.

Er wird dich mit seinen Flügeln bedecken, und du findest bei ihm Zuflucht. Seine Treue schützt dich wie ein großer Schild. Fürchte dich nicht vor den Angriffen in der Nacht und habe keine Angst vor den Gefahren des Tages, vor der Pest, die im Dunkeln lauert, vor der Seuche, die dich am hellen Tag trifft.

Ich schloss meine Faust um die goldene Halskette und weinte laut und herzzerreißend. Aber nicht vor Kummer, sondern vor Beschämung, dass der Gott des Universums, der König der Welt, sich nicht zu schade dafür war, einen Jungen wie mich zu beschützen. Immer und immer wieder.

Wenn neben dir auch Tausende sterben, wenn um dich herum Zehntausende fallen, kann dir doch nichts geschehen. Du wirst es mit eigenen Augen sehen, du wirst sehen, wie Gott die Gottlosen bestraft.

Bei diesen Worten schrie ich laut auf. Es waren nicht nur Worte. Es war, als hörte ich sie, als fühlte ich sie, als fühlte ich ... *ihn*. Und er versprach mir, dass ich mit eigenen Augen sehen würde, wie er diejenigen bestrafte, die unserem Volk das alles angetan hatten. Ich würde Hitlers Untergang erleben! Ich würde diese dunkle Zeit überstehen! Weil *er* bei mir war! Ich ballte meine linke Faust so fest um die Halskette, dass meine Knöchel weiß wurden.

»Wenn der Herr deine Zuflucht ist«, flüsterte ich stockend, »wenn du beim Höchsten Schutz suchst, dann wird das Böse dir nichts anhaben können, und kein Unglück wird dein Haus erreichen.«

Jael legte ihre dünne Hand über meine Faust. Sie hatte Tränen in den Augen, während sie wisperte: »Denn er befiehlt seinen Engeln, dich zu beschützen, wo immer du gehst. Auf Händen tragen sie dich, damit du deinen Fuß nicht an einen Stein stößt.«

»Löwen und giftige Schlangen wirst du zertreten«, fuhr ich fort, »wilde Löwen und Schlangen wirst du mit deinen Füßen niedertreten! Der Herr spricht: ›Ich will den erretten, der mich liebt. Ich will den beschützen, der auf meinen Namen vertraut.‹«

»Wenn er zu mir ruft, will ich antworten.« Ihre Stimme war nicht mehr als ein Flüstern.

»Ich will ihm in der Not beistehen und ihn retten und zu Ehren bringen«, sagte ich, während das goldene Herz in meiner Hand immer heißer wurde. »Ich will ihm ein langes Leben schenken und ihn meine Hilfe erfahren lassen.« Ich wischte mir die Tränen aus dem Gesicht und schluckte den Kloß in meinem Hals hinunter. Und da spürte ich es wieder, genau wie damals in dem Bunker. Ja, ich spürte seine Anwesenheit. Der Herr war da, direkt bei uns. Und noch etwas anderes spürte ich: seine Liebe. Sie war so stark, dass sie alles in mir zum Glühen brachte. Sie war so stark, dass alles andere in mir zerschmolz, all meine Angst, all meine Verzweiflung, all meine Bitterkeit, all meine tausend unbeantworteten Fragen. Sie füllte alles in mir aus, einfach alles.

Jael lächelte schwach. Das Sprechen fiel ihr immer schwerer. »Du solltest mit ihm reden«, sagte sie leise.

Meine Mundwinkel zuckten. »Wie?«

»Sprich mit deinem Herzen.«

Ich hatte so etwas noch nie getan. Jedenfalls nicht laut und nicht mit meinen eigenen Worten. Gott war für mich viel zu heilig, um einfach so mit ihm zu reden. Mein Vater hatte diese innige Beziehung zu ihm wie ein Kind zu seinem Vater. Ich hatte nie verstanden, wie sich Gottesfurcht und Intimität miteinander verbinden ließen. Und gleichzeitig spürte ich dieses tiefe Verlangen, genau das tun zu dürfen, Adonaj, dem Herrn, einfach mein Herz auszuschütten und ihm alles zu sagen, was mich bedrückte. Ich bedeckte mit der rechten Hand meine Augen, so wie Vater es immer tat, wenn er mit Gott redete. Dann atmete ich tief durch. Etwas in mir blockierte meine Stimme. Etwas in mir sträubte sich dagegen, den allmächtigen Gott persönlich anzusprechen. Aber mein Herz konnte nicht mehr anders. Ich musste es rauslassen oder es würde mich innerlich zerreißen.

»Adonaj, mein Herr und mein Gott«, sprach ich mit tränenerstickter Stimme. »Ich vertraue dir mein Leben an. Ich möchte, dass du mein Gott wirst, so wie du der Gott meines Vaters bist. Ich möchte dich kennenlernen, so wie mein Vater dich kennt. Und ich flehe dich an, rette mich! Rette uns alle!« Es war ein einziger Hilfeschrei aus der Tiefe meiner Seele. Aber ich meinte jedes einzelne Wort ernst, und mit jedem Wort spürte ich, wie sich etwas in mir veränderte, wie ein unerklärlicher Friede in mich hineinströmte und wie sich die Ehrfurcht mit einer Vertrautheit vereinte, wie ich sie nie zuvor empfunden hatte. Der Gott Abrahams, Isaaks und Jakobs, der Gott meiner Vorväter und meines Vaters war soeben mein Gott geworden.

Als ich die Augen wieder aufschlug, war ich nicht mehr derselbe. Aber auch Jael war verändert. Ich wusste nicht genau, was es war. Ich sah es in ihren Augen, in der Art und Weise, wie sie in die Dunkelheit hineinblickte oder besser gesagt durch sie hindurchblickte, als wäre sie gar nicht mehr richtig anwesend. Langsam lehnte ich mich vor und küsste sie sanft auf die Stirn. Ein Glanz lag auf ihrem Gesicht, den ich vorher nicht bemerkt hatte. Es ging zu Ende mit ihr, und dennoch strahlte sie, als freute sie sich auf etwas. Nicht auf den Tod, nein, auf das, was danach kam. Ich hatte beinahe den Eindruck, als sähe sie es bereits. Und ich sah es in ihr. »Siehst du das Licht?«, fragte ich sie leise.

»Ja«, hauchte sie. Ihre Lippen bewegten sich kaum. Ihr Blick war verklärt, nach oben gerichtet. »Ich sehe es, Joscha. Ich sehe es.«

***

Oktober 2015

»Zwei Stunden später ist Jael in den Armen ihrer Mutter gestorben«, erzählte Mr Burker. »Wir begruben sie neben Pessia, Hannah und Uri tief in der Höhle und beteten, dass der Hunger nicht noch mehr von uns dahinraffen würde.«

Natalie hörte ihm schweigend zu. Sie war sehr bewegt von dem, was ihr der alte Mann erzählt hatte.

Der Neunundachtzigjährige machte eine andächtige Pause. Nach einer Weile sagte er: »Was in jener Nacht, in der Todesnacht meiner Cousine, geschehen ist, hat mein Leben bis zum heutigen Tag verändert. Ich habe die Entscheidung, die ich dort getroffen habe, nie bereut, nicht einen Tag.« Er blickte gedankenversunken vor sich hin. Dann wechselte er abrupt das Thema. »Irgendwann im Verlauf der nächsten Wochen muss ich dann die Kette verloren haben. Vielleicht hat sich der Verschluss geöffnet, ich weiß es nicht. Ich habe nach ihr gesucht, konnte sie aber nicht mehr finden, was bei dem Höhlenmatsch nicht überraschend war.« Er sah die junge Studentin an. »Dass Sie sie gefunden haben, Miss Richardson, ist ... es ist ein Wunder. Diese Halskette« - er wog sie in seiner runzligen Hand - »ist in vielerlei Hinsicht ein Wunder. Ohne diese Kette wäre ich nicht der, der ich heute bin. In gewissem Sinne verdanke ich ihr mein Leben, genauso wie ich der Höhle mein Leben verdanke, und natürlich Gott.« Er lächelte. »Sie haben viel mehr als ein Stück Geschichte ausgegraben, Miss Richardson. Viel mehr.«

Natalie lächelte zurück. »Ich glaube, ich verstehe, was Sie meinen, Mr Burker.« Sie dachte kurz nach. »Sie sagten, dies sei am 1. März 1944 geschehen. Ist die Ukraine nicht zwischen Dezember 1943 und April 1944 durch eine gewaltige Offensive der Roten Armee befreit worden?«

»Das ist richtig«, sagte Mr Burker. »Wir standen kurz vor unserer Rettung. Lassen Sie mich erzählen, wie es sich zugetragen hat.« Er lehnte sich in seinem Sessel vor und fuhr mit der Geschichte fort.

26 Die Befreiung

1944

Als David und ich eines Nachts die Höhle verließen, hörten wir in der Ferne Kanonenfeuer. Dann sahen wir es am Horizont mehrmals aufleuchten wie von Explosionen. Was mochte das bedeuten?

Am nächsten Abend ging Yoel zu Ilja, um Näheres zu erfahren. Er kam mit einer unglaublichen Nachricht zurück: »Die Deutschen ziehen sich zurück! Der russische Winter scheint ihnen nicht bekommen zu sein. Ihre Truppen sind stark dezimiert und von der Roten Armee überrollt worden. Es kann sich nur noch um Wochen handeln, bis die Russen einmarschieren. Wir haben es bald überstanden! Ilja wird uns benachrichtigen, sobald es vorbei ist.«

Optimismus machte sich breit, auch wenn wir ihn mit Vorsicht genossen. Wir würden es erst glauben, wenn wir es mit eigenen Augen sahen. Zur Feier unserer herannahenden Befreiung bereitete meine Mutter ein Festmahl zu. Wir aßen uns zum ersten Mal seit dem gebratenen Entenfleisch so richtig satt. Bald war der Albtraum vorbei. Bald konnten wir nach Hause. Bald waren wir frei!

In den nächsten Wochen tobte direkt über uns ein letzter erbitterter Kampf. Panzer rollten über die Wiese, Maschinengewehre knatterten, Salven der Artillerie wurden abgefeuert. Doch außer denjenigen von uns, die im Tunnel Wache schoben, hörten wir zwanzig Meter unter der Erde rein gar nichts davon. Mit Bangen und Hoffen warteten wir auf den Tag unserer Rettung. Wir konnten kaum noch schlafen oder essen vor fiebernder Spannung. Nach und nach stapelten wir unsere wenigen Habseligkeiten neben den Betten, um jederzeit für den Aufbruch bereit zu sein.

Und dann war endlich der Tag gekommen, auf den wir so sehnsüchtig gewartet hatten. Es war der 13. April 1944, exakt 366 Tage, nachdem wir in die zweite Höhle gekrochen waren. Ich hatte Wachdienst und hörte es über mir dreimal klopfen. Es war irgendwann am frühen Vormittag, schätzte ich. »Licht«, nannte jemand das vereinbarte Passwort. Ich erkannte die Stimme sofort: Sie gehörte Ilja. Dass er hier war, konnte nur eines bedeuten. Mein Herz schlug automatisch schneller. War die Gefahr tatsächlich vorüber? Hatten die Russen die Schlacht tatsächlich gewonnen und die Deutschen endgültig vertrieben? Eifrig hängte ich den Speer an die Wand, kletterte zum Deckel und hob ihn vorsichtig an.

Zwei Hände griffen ihn von oben und kippten ihn zur Seite. Grelles Licht blendete mich. Ich hielt schützend die Hände vors Gesicht, denn seit über eineinhalb Jahren hatte ich kein Tageslicht mehr gesehen. Meine Augen waren durch die ständige Dunkelheit extrem lichtempfindlich geworden und gar nicht mehr in der Lage, so viel Licht aufzunehmen.

»Sie sind fort«, sagte Ilja munter. »Die Deutschen sind fort, Joscha! Ihr könnt rauskommen!« Er streckte mir die Hand entgegen und zog mich aus dem Tunnel.

Ich blinzelte. Das Licht der Sonne war so stark, dass es in den Augen schmerzte. Ich torkelte wie ein Betrunkener über die Wiese, die Hände vor den Augen haltend. Alles war viel zu hell. Nur mit zusammengekniffenen Augen konnte ich dieses Licht überhaupt ertragen. Es fühlte sich an, als wäre ich gezwungen, fortwährend in die Flamme eines Schneidbrenners zu blicken, so sehr war ich von dem normalen Tageslicht geblendet. Es machte mich regelrecht blind. Ich brauchte eine ganze Weile, bis sich meine Augen daran gewöhnt hatten. »Sie sind fort?«, wiederholte ich zweifelnd. »Ganz sicher?«

»Ja! Sie sind fort, Joscha!« Der bärtige Jäger mit seiner Pelzmütze und seiner Lederkluft war bei bester Laune, fast so, als hätte er die Deutschen höchstpersönlich fortgejagt. »Siehst du da drüben? Siehst du den ausgebrannten Panzer? Das ist einer von den Deutschen. Die Russen haben sie in die Flucht geschlagen. Ihr habt nichts mehr zu befürchten.«

Ich blickte durch die Finger meiner Hand über die Wiese und sah einen Panzer, gerade mal hundert Meter vom Höhlenausstieg entfernt. Rauch stieg daraus auf. In einiger Entfernung standen noch mehr deutsche Panzer, alle ausgebrannt und zerstört. Es war etwas vom Schönsten, was ich je gesehen hatte. Die Deutschen waren besiegt. Ihre Schreckensherrschaft war vorbei. Ich konnte es immer noch nicht richtig glauben. Es war wie ein Traum, an den ich nicht mehr zu hoffen gewagt hatte. Ich ging auf Ilja zu und umarmte ihn kurzerhand, denn ich konnte nicht in Worte fassen, was ich empfand. Ich war einfach nur überwältigt, erleichtert und unsagbar glücklich.

»Ich habe noch jemanden mitgebracht«, sagte Ilja. »Ich hab's schließlich versprochen.« Er steckte sich Daumen und Zeigefinger in den Mund und pfiff. Ein Pferd trottete zu mir herüber.

»Oscar!«, rief ich. Ich löste mich von Iljas Umarmung und rannte auf den Rappen zu. Er war gesattelt und gezäumt. Oscar begrüßte mich mit einem Schnauben und bewegte seinen starken Kopf wiehernd auf und nieder. Ich legte ihm die Arme um den Hals, tätschelte ihn und ließ meine Hände durch seine Mähne gleiten. »Ich habe dich vermisst, mein guter Freund.«

»Du solltest den anderen Bescheid geben«, sagte Ilja.

»Du hast recht. Wartest du hier auf uns?«

»Denkst du ernsthaft, ich würde mir diesen Moment entgehen lassen?« Ilja schob mich beschwingt in Richtung Höhleneingang. »Und jetzt geh und überbringe die Nachricht eurer Freiheit!«

Ich ließ Oscar und Ilja auf der Wiese stehen und kletterte eilends in die Höhle zurück. Die Dunkelheit war eine wahre Wohltat für meine Augen. Ich konnte es kaum erwarten, die freudige Botschaft in unserem unterirdischen Dorf zu verkünden. Mein Herz raste förmlich vor Begeisterung. Schon von Weitem rief ich es wie ein Herold durch die Höhle: »Sie sind fort! Die Deutschen sind fort! Wir können raus! Wir können raus!«

Meine Stimme hallte von den Wänden wider, während ich durch die Gänge hindurch hörte, wie Leben in die Höhlenbewohner kam. Das Schweigen wurde abgelöst von eifrigen Gesprächen. Euphorie machte sich breit. Alle redeten durcheinander. Die erwartungsvolle Vorfreude hing nahezu greifbar in der Luft. Und der Duft der Freiheit strömte binnen Sekunden in jede Spalte, jede Kluft, jede Nische in dem Labyrinth. Sie war da! Unsere Befreiung war gekommen!

Wenig später hatten sich alle in der Einstiegsgrotte eingefunden, und einer nach dem anderen kletterte durch den Schacht an die Erdoberfläche. Viele waren so geschwächt, dass sie nach jedem Tritt eine Verschnaufpause einlegen mussten. Aber alle schafften es hinauf, von der vierjährigen Lea bis zu unserer siebenundsiebzigjährigen Großmutter. Wie vom Tode Auferstandene krochen wir aus dem Schoß der Erde heraus: zwanzig ausgemergelte Menschen mit zerschlissenen Kleidern, wilden Haaren und von Kopf bis Fuß voller Lehm. Wir sahen in der Tat aus wie Höhlenmenschen. Aber wen kümmerte es schon, wie wir aussahen. Wir lebten! So lange hatten wir das Licht gefürchtet und uns einzig in der Dunkelheit sicher gefühlt. Es war ein komisches Gefühl, dass wir uns plötzlich bei Tageslicht draußen aufhalten konnten, ohne Gefahr zu laufen, erschossen zu werden. Manche fielen sich in die Arme, manche lachten, viele weinten. Ein paar mussten sich übergeben und hatten Gleichgewichtsstörungen. Großmutter fiel sogar in Ohnmacht.

Die kleine Mila presste die Augen zu und bat Cecilia: »Mama, Mama! Bitte mach die Kerze aus!« Sie hatte vergessen, dass es eine Sonne gab.

Alle Frauen und Kinder hatten die Höhle ein ganzes Jahr nicht verlassen. Ein Jahr lang hatten sie den Himmel nicht mehr gesehen. Susanne ließ sich rückwärts in die Wiese fallen und blinzelte in den wolkenlosen blauen Himmel, während ihr die Tränen in die Ohren liefen.

Ich sah meine Mutter. Ein entspanntes Lächeln auf dem Gesicht stand sie da und atmete die frische Luft tief in ihre Lungen ein. Mein Vater stand neben ihr, schweigend, die Augen geschlossen. Ich wusste, was er tat. Er betete. Meine Brüder Yoel und Silas blickten sich staunend um, als wären sie auf einem anderen Planeten. David hatte sich niedergekniet und weinte. Ich ging zu ihm, hockte mich neben ihn und schlang meine Arme um ihn. Wir weinten gemeinsam.

Was für ein wundervoller Tag. Was für ein Triumph. Wer hätte gedacht, dass wir das überleben würden. Wer hätte gedacht, dass der Mut, die Kühnheit und der Zusammenhalt einer einzigen Familie stärker sein würden als die Todesmaschinerie der Nazis. Sie hatten uns nicht in die Knie gezwungen. Sie hatten unsere Identität nicht zerstören können. Sie hatten uns in all unserer Schwachheit und Unterlegenheit nicht auslöschen können. Hier waren wir, neben ihren brennenden Panzern, zwanzig Juden, die aller Vernunft zum Trotz einen Völkermord überlebt hatten. Hundertdreiunddreißig Tage hatten wir uns in der ersten Höhle versteckt und dreihundertsechsundsechzig Tage in der zweiten Höhle. Das waren vierhundertneunundneunzig Tage unter der Erde. Vierhundertneunundneunzig Tage in absoluter Dunkelheit, ein Leben wie das der Fledermäuse. Vierhundertneunundneunzig Tage Hunger, Kälte und vor allem Todesangst. Aber das war jetzt vorbei. Endgültig. Wir konnten hingehen, wohin wir wollten. Wir waren frei.

***

Oktober 2015

Mr Burker hielt inne. Er blickte andächtig vor sich in die Luft. »Einundsiebzig Jahre, sechs Monate und sieben Tage ist es her, seitdem wir aus der Höhle gekrochen sind«, sagte er. »Und es vergeht kein Tag, an dem ich nicht daran zurückdenke. Ich sehe uns noch immer auf dieser Wiese stehen. Ich rieche die Luft, das Gras, ich spüre noch immer die warme Sonne auf meinem Gesicht. Ich sehe den blauen Himmel über mir. Er war so blau ... so intensiv blau. Sie machen sich keine Vorstellungen, wie blau er war.« Er lächelte und schwieg einen langen Moment. »Das war ein unbeschreiblicher Tag ... ein unbeschreiblicher Tag.«

Natalie betrachtete ihn bewegt. Sie wollte ihn nicht drängen. Doch sie brannte darauf zu erfahren, wie die Geschichte ausging. »Was geschah, nachdem Sie und Ihre Familie aus der Höhle kamen?«

***

13. April 1944

Mein Vater, meine Brüder und ich gingen zu Ilja, um uns für alles zu bedanken und uns von ihm zu verabschieden. Jeder von uns drückte den Polen. Wir machten nicht viele Worte, denn unsere Dankbarkeit ging weit über Worte hinaus. Dieser Mann hatte uns nicht nur die Höhle gezeigt, er hatte sein Leben für uns riskiert. Er war ein Engel. Das musste er einfach sein.

»Schalom«, sagte Vater zum Abschied.

»Schalom«, sagte Ilja. »Der Herr mit euch.«

»Mit dir auch«, antwortete Vater und sah ihn anerkennend an. »Mit dir auch.«

Ich war der Letzte, der ihn umarmte. »Werden wir uns wiedersehen?«

»Wenn nicht hier, dann in der nächsten Welt. Pass auf dich auf, Joscha.«

»Du auch. Schalom.«

»Schalom, mein Freund.«

Wir machten uns auf den Heimweg. Yoel half Tante Elisabeth, auf unser Pferd zu steigen, da sie mit Abstand die Schwächste von allen war. Alle anderen gingen zu Fuß.

Ich warf einen letzten Blick zurück zum Höhleneingang. Mir wurde ganz komisch dabei. Dort unten hatten wir gelebt. Dort unten war dreihundertsechsundsechzig Tage lang unser Zuhause gewesen. Wahrscheinlich würde uns das niemand jemals glauben. Es war einfach zu erstaunlich. »Danke«, sagte ich voller Respekt und Demut. Dann drehte ich mich um und folgte den anderen.

Es war ein langer und weiter Weg zurück nach Bobrka. Doch wir marschierten ihn erhobenen Hauptes. Unterwegs sahen wir weitere Panzer und zurückgelassenes Kriegsgerät. Es qualmte aus den Trümmern. Von überall aus den Wäldern tauchten vereinzelt dürre Gestalten auf, Juden, die sich genau wie wir vor den Nazis versteckt hatten. Es waren nicht viele und sie schlurften wie lebende Tote die Feldwege entlang. Da wurde mir zum ersten Mal so richtig bewusst, dass wir nicht die Einzigen waren, die gelitten hatten. Jeder dieser Menschen hatte seine eigene tragische Geschichte durchgemacht, jeder hatte geliebte Menschen verloren, jeder trug die Narben des Krieges.

Wir begegneten einer Familie – einem Mann, einer Frau, einem Mädchen im Teenageralter und zwei vielleicht acht- oder neunjährigen Jungen. Erst beim genauen Hinsehen erkannte ich die Leute. Sie hatten ein Restaurant in Bobrka besessen. Ich hatte die Knaben manchmal beim Fangenspielen auf der Straße gesehen. Die Familie war kaum wiederzuerkennen. Sie sahen furchtbar aus, stanken bestialisch nach Exkrementen, hatten einen seltsam verkrümmten, vornübergebeugten Gang, und die Knaben wurden gestützt, da sie offenbar überhaupt nicht mehr richtig gehen konnten. Wir fragten sie, wo sie sich versteckt hätten.

»Bei einem ukrainischen Freund unter einem Schweinestall«, sagten sie. »Siebenhundert Tage lang. Wir haben dreiundzwanzig Monate im Sitzen verbracht, mit Schweineurin, der von der niedrigen Decke tropfte.«

Ich glaubte kaum, was ich da hörte. Dagegen war unser Leben in der Höhle geradezu fürstlich gewesen. Später stellte sich heraus, dass diese Familie nebst uns die einzige noch intakte jüdische Familie aus Bobrka war, die den Krieg überlebt hatte. Wir hörten noch viele andere Geschichten, die einem das Herz brachen.

Als unsere lehmverschmierte zwanzigköpfige Sippe in Bobrka eintraf, wurden wir von der ukrainischen Bevölkerung mit düsterer Miene und verachtenden Blicken begrüßt. Fensterläden wurden zugezogen. Einige spuckten vor uns aus. Der Hass war noch immer sehr real und sehr bedrohlich. In den Augen unserer ukrainischen Nachbarn waren wir keine Helden, die überlebt hatten. Wir waren der Abschaum, der besser im Krieg krepiert wäre, anstatt lebend zurückzukehren.

»Wir sollten Bobrka besser so schnell wie möglich verlassen«, meinte Yoel. »Bevor uns die Ukrainer auf offener Straße erschlagen.«

Wir gaben ihm recht. Wir mussten dringend eine andere Bleibe finden. In Bobrka, unserer Heimatstadt, waren wir nicht mehr willkommen. An einer Wegkreuzung trennten wir uns von unseren Verwandten. Von hier an war jede Familie auf sich selbst gestellt. Es war ein feierlicher, aber auch trauriger Abschied, da keiner von uns wusste, was die Zukunft bringen würde. Doch wo auch immer wir sein würden, unser Bündnis von Solidarität und Aufopferung würde bestehen bleiben. Wir waren gemeinsam durch das Tal des Todes gegangen und gemeinsam von dort zurückgekehrt. Nie könnten wir je vergessen, was wir füreinander getan hatten.

Nachdem wir uns voneinander verabschiedet hatten und jeder seines Weges gezogen war, schlugen meine Eltern, Yoel, David und Susanne die Straße zu unserem Hof ein. Ich begleitete Silas und seine Familie nach Hause, weil Israel und Mila unbedingt noch auf Oscar reiten wollten. Also setzte ich die Kinder in den Sattel und führte den Rappen am Zügel. Es war schon später Nachmittag. Je näher wir dem Judenviertel kamen, desto bestürzter wurden wir. Das Ausmaß der Verwüstung war gigantisch. Praktisch das ganze Viertel lag in Schutt und Asche. Ein Teil der Gettozäune war noch intakt, aber die meisten waren niedergerissen. Zerbombte Häuser säumten die Straßen. Bei einigen war nichts mehr da bis auf die Eingangsstufen und den Schornstein. Es war ein deprimierender Anblick. Von Hunger und Verfolgung gezeichnete Menschen hockten wie Geister auf den kaputten Treppen oder suchten zwischen den Ruinen nach den Scherben ihres Lebens.

Wir gingen weiter bis zum Haus meines Bruders. Da es nicht direkt im Judenviertel lag, war es bis auf ein paar eingeschlagene Fensterscheiben unversehrt. Ich half Israel und Mila vom Pferd, umarmte die beiden Kinder, Silas und meine Schwägerin und wartete, bis sie den Eingangsschlüssel ausgebuddelt hatten, der neben der Tür in der Erde versteckt war.

Silas bat mich, noch kurz reinzukommen, aber ich wollte lieber nach Hause – wenn es denn überhaupt noch existierte. »Wir kommen später bei euch vorbei«, sagte mein Bruder, bevor er im Haus verschwand.

Ich schwang mich in den Sattel und ritt zurück. Wieder musste ich das ehemalige Getto durchqueren, und wieder brach es mir das Herz, das Zerstörungswerk der Nazis vor mir zu sehen. Erinnerungen stiegen in mir hoch, als ich durch die menschenleeren Gassen ritt, furchtbare Erinnerungen an das, was hier geschehen war. Ich versuchte, nicht daran zu denken und die Schreckensbilder zu verdrängen. Aber es ging nicht.

Oscars Hufe klapperten auf den Pflastersteinen, sonst gab es keine Geräusche. Nur Grabesstille und ab und zu ein leises Wimmern von hier und dort. So viele waren in diesen Gassen ermordet worden, dachte ich. So viele Tausende waren nicht mehr am Leben. Nur noch eine Handvoll Juden war übrig und musste irgendwie versuchen, ganz von vorn anzufangen. An einer Stelle hielt ich an. Es war die Stelle, an der ich Kobi, den Sohn von Schneider Beigel, erschossen vorgefunden hatte. Ich hatte ihn nicht allzu gut gekannt, auch wenn wir in den Schulpausen zusammen Fußball gespielt hatten. Dennoch ging mir sein Gesicht nicht mehr aus dem Kopf. Er hatte es nicht verdient, so zu sterben. Genauso wenig wie alle anderen - genauso wenig wie Michal.

Michal ... Ich drehte den Kopf und blickte melancholisch die Gasse hinunter, in der sie gewohnt hatte. Etwas zog mich auf einmal wie magisch dorthin. Ich wusste, dass ich da nicht hingehen sollte. Zu viele schmerzhafte Erinnerungen, zu viele Gefühle, denen ich besser nicht erlauben sollte, wieder hochzukommen. Dennoch zog ich die Zügel herum und lenkte Oscar in Michals Straße. Der Himmel über den Häusern färbte sich langsam orange. Ich erreichte den Lebensmittelladen und sprang vom Pferd. Das Haus war zur Hälfte eingestürzt. Ich betrachtete es wehmütig, bevor ich mich dazu überwinden konnte, den einstigen Laden zu betreten. Er war von Bauschutt, Glasscherben und zerbrochenen Regalen und Möbeln übersät. Die Decke war nur noch teilweise vorhanden. Zu einem großen Teil konnte man direkt in die Räume darüber und an manchen Stellen sogar in den Himmel hinaufblicken. Ich ging hinüber zur Treppe, die in den oberen Stock führte. Die geheime Stufe, unter der sich der Einstieg in den Bunker befand, war kaputt und aufgeklappt. Mein Herz wurde schwer beim Gedanken, was sich hier bei der letzten Aktzia abgespielt haben könnte. Ich wollte es mir gar nicht ausmalen. Mit einem mulmigen Gefühl in der Magengegend kletterte ich über die kaputte Stufe und ging die Treppe in den ersten Stock hinauf. Ich wusste nicht, wieso ich das tat, aber ich tat es einfach. Als ich oben ankam, hörte ich ein klapperndes Geräusch aus der Küche. Augenblicklich erstarrte ich. Mein ganzer Körper verkrampfte sich. Schöffers und Gronniks Gesichter blitzten vor meinem inneren Auge auf.

Bloß nicht, dachte ich. *Die beiden sind unmöglich hier!*

Aber wenn nicht sie in der Küche waren, wer dann? Ich wagte es kaum, zu atmen. Zögerlich und gleichzeitig von Neugier gepackt, näherte ich mich dem Kücheneingang. Ich war auf so ziemlich alles gefasst, nur nicht darauf.

In der Küche stand ... Michal!

27 Die Begegnung

»Michal?« Ich stand im Türrahmen und starrte sie an wie einen Geist.

»Joscha?« Sie blickte mich erstaunt an und war genauso perplex. »Joscha!« Dann stürmte sie auf mich zu und warf sich mir um den Hals.

Ich schlang meine Arme um sie, drückte sie, schmiegte meine Wange an die ihre. Dann küsste ich sie auf den Hals und auf den Mund. Wir küssten uns lange und inniglich, während unsere Emotionen sich in Sturzbäche von Tränen verwandelten. Ich konnte das alles gar nicht richtig begreifen. »Du lebst?! Wie ist das möglich?«

»Ich habe es zurück in den Bunker geschafft. Und danach im Wald überlebt.«

»Ich dachte, du wärst tot!«

»Dasselbe dachte ich von dir!«

»O Michal! Ich liebe dich so sehr!«

»Ich liebe dich auch, Joscha! Ich bin so froh, dass du lebst!«

Ich hielt ihre Wangen in meinen Händen, blickte in ihre smaragdgrünen Augen mit den goldenen Sprenkeln und glaubte zu verglühen vor lauter Liebe. Dies war zweifelsohne einer der glücklichsten Momente in meinem ganzen Leben. Meine Michal war am Leben! Und sie war hier, in meinen Armen! Ich roch ihre gekräuselten Haare, ich spürte ihren warmen Atem. Ich drückte sie so fest, wie ich konnte. Nie mehr würde ich sie loslassen.

Wir weinten so laut, dass man es bestimmt in der ganzen Straße hören musste. Aber es war kein Weinen der Trauer. Wir weinten vor Freude, dass wir beide diesen Wahnsinn überlebt und uns wiedergefunden hatten.

Ich hätte nicht sagen können, wie lange wir eng umschlungen in der halb zerfallenen und dachlosen Küche standen und einfach nur die Nähe des anderen genossen. Was für ein gewaltiges Wunder. Ich konnte mein Glück noch immer nicht fassen. Niemals hätte ich gedacht, sie wiederzusehen.

Nach einer gefühlten Ewigkeit löste ich mich von ihr und sah sie ernst an. »Was ist mit deiner Familie?«

Michal atmete schwer. »Sie haben es nicht geschafft.«

Ich wollte etwas sagen, um sie zu trösten, aber mir fiel nichts ein. Mitfühlend schüttelte ich den Kopf. »Was ist passiert?«

Sie runzelte die Stirn. Ich sah, wie sie versuchte, tapfer zu sein. Aber es fiel ihr nicht leicht. »Als die Aktzia vorbei war und wir aus dem Getto flohen, haben sie auf uns geschossen. Wir haben sie nicht gesehen, nur die Schüsse gehört und sind um unser Leben gerannt.« Sie brach ab und schluckte. Traurig knetete sie ihre Finger und sah zu Boden. »Ich sah meinen Vater fallen ... meine Mutter mit der kleinen Mara-Noomi im Arm ... Ich rannte mit meinem Bruder an der Hand, als er plötzlich neben mir zusammensank. Ich ...« Ihre Mundwinkel zogen sich nach unten. »Ich bin einfach weitergerannt. Ich bin gerannt und gerannt, bis ich irgendwo im Wald einen Baumstrunk fand, hinter dem ich mich versteckte und hoffte, sie würden mir nicht folgen. Sie haben meine Familie einfach von hinten niedergeschossen wie Tiere ... Ich hatte so schreckliche Angst.«

»O Michal«, murmelte ich bekümmert und nahm sie erneut in den Arm. »Es tut mir so leid.«

»Mir auch«, piepste Michal. Dann klammerte sie sich an mich und weinte an meiner Schulter.

Ich ließ ihr so viel Zeit, wie sie brauchte. »Wie hast du allein im Wald überlebt?«, fragte ich sie nach einer langen Pause.

Sie wischte sich die Tränen aus dem Gesicht und zuckte die Achseln. »Keine Ahnung. Irgendwie. Ich habe mich auf Gehöfte geschlichen und Mais und Kartoffeln geklaut. Ich hatte solchen Hunger. Nach etwa einem Monat bin ich auf eine Gruppe von Juden gestoßen, die sich ebenfalls im Wald versteckten. Dort blieb ich. Einer der Männer hat mir sogar seinen Mantel gegeben. Wir haben wie die Sardinen unter einem kleinen Dach geschlafen. Im Winter bin ich einmal aufgewacht und habe eine Krone auf meinem Kopf gespürt. Es war eine Krone aus Eiszapfen. So bitterkalt war es, dass mir über Nacht eine Eiskrone gewachsen ist.« Sie sah mich an. Tiefer Schmerz und unendliche Trauer lagen in ihren Augen.

Ich wünschte mir, all dieses Leid wäre ihr erspart geblieben und ich hätte irgendetwas tun können, um rückgängig zu machen, was ihrer Familie widerfahren war. Aber das konnte ich nicht.

»Wie ist es *dir* ergangen?«, fragte sie mich. »Lebt deine Familie noch?«

»Ja, sie lebt noch.« Ich erzählte ihr von der Höhle und wie unsere Verwandtschaft das letzte Jahr darin verbracht hatte. Und ich berichtete ihr, wie die goldene Halskette mich durch die dunkelsten Stunden begleitet hatte und dass sie leider in der Höhle verloren gegangen war.

»Was habt ihr jetzt vor?«, fragte Michal. »Werdet ihr in Bobrka bleiben?«

»Wohl kaum«, antwortete ich. »Wir haben Freunde in Lemberg. Ich denke, da werden wir fürs Erste unterkommen. Möchtest du uns begleiten?«

Sie nickte. »Das würde ich sehr gerne, Joscha.«

Ich lächelte und nahm ihre Hände in die meinen. Unsere Blicke kreuzten sich. Ich hätte mich in diesen Augen verlieren können. Auch nach all den furchtbaren Dingen, die sie durchlebt hatte, war sie für mich das bezauberndste Wesen, das es überhaupt auf Erden gab. »Weißt du noch vor elf Jahren auf unserem Hof, als unsere Mütter mit Milchabfüllen beschäftigt waren? Weißt du noch, was ich zu dir gesagt habe?«

Michal schmunzelte verlegen. »Das weiß ich noch sehr genau.«

»Jetzt sind wir groß«, sagte ich und blickte Michal verliebt an. »Ich will es immer noch. Die Frage ist: Willst du es auch?«

Sie strahlte mich an. »Ja, ich will.«

Wir küssten uns. Dann nahm ich sie bei der Hand, und wir verließen gemeinsam ihre Wohnung oder das, was noch davon übrig war. Nachdem wir die Treppe hinuntergestiegen waren, sah sich Michal schweren Herzens ein letztes Mal in dem zerstören Lebensmittelladen um. Sie hielt meine Hand ganz fest. Sie wusste, sie würde nie mehr zurückkehren. »Gehen wir«, sagte sie schließlich.

Hand in Hand traten wir ins Freie. Oscar wartete auf uns. Ich schwang mich in den Sattel und zog Michal zu mir hoch. Ich musste zurück an den Tag vor viereinhalb Jahren denken, als ich mit Michal zu dem kleinen See im Wald geritten war und sie gefragt hatte, ob sie meine Freundin sein wolle. Das war am 30. August 1939, zwei Tage vor Ausbruch des Zweiten Weltkrieges, gewesen. Keiner von uns hatte auch nur im Ansatz erahnen können, was für grauenvolle viereinhalb Jahre uns bevorstanden. Hätte mir jemand gesagt, was auf uns zukommen würde, ich hätte es ihm nicht geglaubt. Ich ließ meinen Blick über die Straße schweifen. Nichts von dem, was hier geschehen war, konnte je wieder in Ordnung gebracht werden. Keine Geldsumme war hoch genug, um die Hinterbliebenen zu entschädigen für die Ermordung ihrer Väter, Mütter, Schwestern und Brüder. Keine Worte der Welt konnten wiedergutmachen, was den Juden von Bobrka und anderswo angetan worden war. Alles, was uns blieb, war die Hoffnung auf eine bessere Zukunft und der Glaube, dass es nie wieder, nicht in tausend Jahren, zu einem derart abscheulichen Verbrechen an einem Volk kommen würde.

Das Abendrot leuchtete immer stärker hinter der schwarzen Silhouette der Häuserruinen. Michal schlang von hinten ihre Arme um mich. Es tat so gut, sie bei mir zu haben. Ich ergriff die Zügel, drückte Oscar die Fersen in die Flanken und trabte los. Wir ließen das Judenviertel hinter uns und schauten nicht mehr zurück.

Und die Sonne weinte Blut, während sie feuerrot über Bobrka unterging.

***

Oktober 2015

Mr Burker machte eine Pause und blickte verträumt vor sich hin. Dann sagte er: »Ein gutes Jahr später, am 8. Mai 1945, endete der Zweite Weltkrieg mit der bedingungslosen Kapitulation der deutschen Wehrmacht. Hitler war besiegt. Wir haben uns in den Armen gelegen und gejubelt und gefeiert. Zwei Jahre später sind wir alle in die USA ausgereist und haben uns hier ein neues Leben aufgebaut. Vater, Silas und Yoel sind in die Textilindustrie eingestiegen und haben ihre eigene Firma gegründet. David hat seine Liebe zum Holz zu seinem Beruf gemacht. Er stellte Möbelstücke und Kunstgegenstände für Liebhaber her. Seine Einzelanfertigungen sind bis heute sehr gefragt und für Normalsterbliche kaum erschwinglich. Susanne hat sich ihren Traum erfüllt und Biologie studiert. Sie hat im Bereich Biotechnologie ein paar wichtige Preise abgeräumt. Geheiratet hat sie nie. Ich selbst bin Journalist geworden und habe als Auslandsreporter für eine der größten Zeitungen in Chicago gearbeitet.«

»Und Michal?«, fragte Natalie neugierig.

Der alte Mann schmunzelte. »Sie wollen wissen, ob wir geheiratet haben? Das haben wir. Und ich kann Ihnen versichern, Miss Richardson, wir waren ein sehr, sehr glückliches Paar. Wir haben die Welt bereist, waren zusammen in Paris, auf der Chinesischen Mauer, in Rio de Janeiro. Wir haben das Leben in vollen Zügen genossen.«

»Wie viele Kinder haben Sie?«

»Drei Jungs und ein Mädchen. Simon, Gabriel, Levin und Judith. Sie sind natürlich alle schon erwachsen und haben selbst Kinder. Ich habe elf Enkelkinder, und mein zweiter Urenkel ist unterwegs.« Stolz klang in seiner Stimme mit. Der Neunundachtzigjährige stand auf und schritt zu seiner Kommode, auf der eingerahmte Familienfotos standen. Er nahm eines davon, reichte es Natalie und setzte sich zurück in den Sessel. Es war ein Schwarz-Weiß-Foto von einem jungen Brautpaar, das fröhlich in die Kamera blickte.

»Das sind Sie und Michal?«

»Ja. Ich war neunzehn und sie achtzehn, als wir geheiratet haben. Ist sie nicht eine wunderschöne Braut?«

»Das ist sie.« Natalie betrachtete das Foto. Es war seltsam, endlich ein Bild von Michal in Händen zu halten. Dadurch wurde sie auf einmal so real. Bisher war sie nur Bestandteil einer Erzählung gewesen, die Erinnerung eines alten Mannes. Doch jetzt bekam sie plötzlich ein Gesicht, ein sehr hübsches und sehr junges Gesicht.

»Heute vor genau siebzig Jahren, am 20. Oktober 1945, haben wir uns das Jawort gegeben«, sagte Mr Burker.

»Dann wäre heute also Ihr siebzigster Hochzeitstag?«

»So ist es.« Er warf einen liebevollen Blick auf das Foto. »Siebzig Jahre, und meine Liebe zu Michal ist noch genauso stark wie am ersten Tag.« Er atmete tief ein, während sich der verliebte Ausdruck auf seinem Gesicht in Wehmut verwandelte. »Ich vermisse, wie sie mich ansah. Manchmal vermisse ich sie so sehr, dass es wehtut in der Brust.«

Natalie legte das eingerahmte Foto auf den Kaffeetisch. »Wie lange ist es her, seit sie verstorben ist?«

Mr Burker sah sie erstaunt an. »Aber nein, sie ist nicht verstorben. Meine Michal ist nicht tot.«

Die Studentin sah ihn verwirrt an. »Aber ... sagten Sie nicht, sie wäre *nicht mehr da?*«

»Das ist sie geistig auch nicht.« Ein tiefer Seufzer wölbte Mr Burkers Brust. »Sie hat Alzheimer. Schon seit vielen Jahren. Sie erkennt mich nicht mehr. Sie denkt, ich sei ein Fremder.«

»Das ... das tut mir sehr leid, Mr Burker«, murmelte Natalie verlegen.

»Mir auch, das können Sie mir glauben. Mir auch.«

Einen Moment lang sagte keiner von beiden ein Wort - Natalie, weil es ihr äußerst unangenehm war, dass sie Michal fälschlicherweise für tot gehalten hatte, und Joscha Burker, weil er in Erinnerungen schwelgte.

Er spielte mit der goldenen Halskette in seiner Hand. Dann schaute er auf und sagte unverhofft: »Möchten Sie sie kennenlernen?«

»Sie meinen Michal?«

»Ja. Wir könnten ihr einen kleinen Besuch abstatten.«

Natalie nickte eifrig. »Sehr gerne. Mein Auto steht unten.«

»Oh, das Auto brauchen wir nicht«, sagte Mr Burker und winkte ab. »Kommen Sie.« Er wälzte sich aus dem Sessel und ging zur Tür.

Natalie hängte sich ihre Tasche um und folgte dem Mann aus Zimmer 315.

Der alte Mann ging drei Schritte nach rechts, blieb vor der Zimmertür 314 stehen und klopfte an.

Der Studentin fiel die Kinnlade herunter. »*Das* ist Michals Zimmer?« Natalie stürzte von einer Überraschung in die nächste. Die Frau im Rollstuhl ... war *Michal*? Dann war der Ehemann, auf den sie mit gepacktem Koffer wartete und darauf bestand, er werde sie abholen ... *Mr Burker*? Sie wartete auf *ihn*? Und er lebte seit all diesen

Jahren direkt neben ihr, um bei ihr zu sein, auch wenn sie ihn nicht mehr erkannte. Natalie war tief beeindruckt und bewegt von einer derartigen Hingabe. Jetzt erst verstand sie, wie schwer es tatsächlich für ihn war, im Zimmer nebenan zu wohnen. Es war nicht schwer, ihre Anfälle zu ertragen, es war schwer zu ertragen, dass sie all die Jahre auf ihn wartete, obwohl er längst *da* war!

Aus dem Zimmer war nichts zu hören. Mr Burker drückte die Türklinke hinunter und öffnete langsam die Tür. Sie traten ein. Die alte weißhaarige Frau saß im Rollstuhl am Fenster und blickte trübsinnig hinaus.

Natalie wurde es ganz warm ums Herz. Das hier war sie also, die Besitzerin der goldenen Halskette, die Frau, die Joscha Burker schon sein ganzes Leben lang liebte, die Frau, deren Liebesgeschichte Natalie zu Tränen gerührt hatte.

»Michal, ich bin's, Joscha«, sagte Mr Burker, während er sich ihr näherte.

Michal reagierte nicht. Sie blickte einfach weiter zum Fenster hinaus, die Augen vom Weinen gerötet, und murmelte fortwährend vor sich hin: »Er wird zurückkommen. Er wird ganz bestimmt zurückkommen. Ich weiß, dass er kommen wird.«

Natalie blieb etwas unbeholfen im Zimmer stehen. Sie hielt es nicht für angebracht, näher zu treten.

Der alte Mann stellte sich so ans Fenster, dass Michal ihn sehen musste. Trotzdem schien sie ihn nicht wahrzunehmen. »Wie geht es dir heute?«, fragte er sie.

»Er wird kommen«, sagte sie abwesend. »Er hat es mir versprochen. Ich warte hier, bis er zurückkommt ... bis er zurückkommt ...«

Mr Burker warf Natalie einen vielsagenden Blick zu. Es war ihm anzusehen, wie sehr es ihm zu schaffen machte, dass seine geliebte Michal ihn nicht mehr wiedererkannte. »Ich möchte dir jemanden vorstellen«, sagte er zu Michal und versuchte, ihre Aufmerksamkeit zu gewinnen. »Das hier ist Miss Richardson.« Er zeigte auf die Studentin und bedeutete Natalie, näher zu kommen. »Sie ist Höhlenforscherin.«

»Höhlenforscherin«, sagte Michal und sah Natalie an, die nun vor ihr stand.

Natalie sah ihr in die Augen. Sie waren smaragdgrün mit goldenen Sprenkeln. »Guten Tag«, sagte Natalie lächelnd und streckte der Frau die Hand entgegen. »Es ist mir eine große Ehre, Sie endlich persönlich kennenzulernen. Mr Burker hat mir schon so viel von Ihnen erzählt.«

Michal schüttelte ihre Hand und wirkte etwas durcheinander. »Sind Sie die neue Schwester?«

»Nein, ich bin nur zu Besuch«, erklärte Natalie.

»Miss Richardson hat die Höhle gefunden, von der ich dir erzählt habe«, sagte Mr Burker. »Du weißt schon, die Höhle, in der meine Familie und ich während des Krieges gelebt haben. Erinnerst du dich?«

»Ja, gewiss, die Höhle«, nuschelte Michal zerstreut und blickte zu ihrem Mann auf. »Und wer sind *Sie*?«

Der alte Mann lächelte traurig. »Ich bin's, Joscha.«

»Sind Sie öfter hier?«

»Ich wohne gleich nebenan.«

»Sie wohnen nebenan?«

Mr Burker kämpfte gegen seine Gefühle an. »Ja, Michal, gleich nebenan.« Er war den Tränen nahe, und etwas leiser fügte er hinzu: »Schon seit fünfzehn Jahren.«

Michal runzelte die Stirn und grübelte über irgendetwas nach. Sie wirkte erneut geistesabwesend. »Ich werde hier auf ihn warten«, raunte sie entschlossen und richtete ihren Blick wieder zum Fenster hinaus. »Er wird zurückkommen. Er hat es mir versprochen ... ganz bestimmt wird er zurückkommen.«

Ihr Mann wandte sich ab und fuhr sich über seine feuchten Augen.

Natalie fühlte mit ihm. Er verzehrte sich beinahe vor Sehnsucht nach Michal. Es musste furchtbar sein, der Liebe seines Lebens so nahe und doch so unendlich weit von ihr entfernt zu sein. Es war beinahe, als stünde der Stacheldraht von damals erneut zwischen ihnen. Und wieder war es Joscha nicht möglich, Michal auf die andere Seite des Zaunes zu ziehen. Wieder musste er mit ansehen, wie das Schicksal sie ihm entriss. Sie war nicht mehr da. Und es brach ihm das Herz.

Er öffnete seine linke Hand und blickte auf die Goldkette mit dem Herzamulett, die Kette, die Michal ihm damals durch den Stacheldraht gereicht hatte und die ihnen beiden in den dunkelsten Stunden ihres Lebens Trost gespendet hatte.

Auch Natalie schaute auf die Halskette in seiner Hand. In Gedanken reiste sie zurück in die Höhle, zurück zu der Stelle, an der sie das goldene Glitzern im Matsch entdeckt und die schlammverschmierte Kette vom Boden aufgehoben hatte. Niemals hätte sie erahnt, was für eine unglaubliche Geschichte sich dahinter verbergen würde. Niemals hätte sie gedacht, dass sie nur drei Monate später die Person kennenlernen würde, der die Kette einst gehört hatte. Der Kreis schloss sich. Die Halskette hatte nach über siebzig Jahren den Weg nach Hause zurückgefunden. Natalie wurde auf einmal ganz feierlich zumute. Sie beobachtete, wie Mr Burker sich wieder seiner Frau zuwandte.

»Ich möchte dir etwas geben«, sagte er und streckte ihr die Halskette entgegen. »Michal?«

Ihr Blick wanderte langsam vom Fenster weg und hinüber zur Goldkette in Mr Burkers Handfläche. »Für mich?«, fragte sie überrascht.

»Ja, für dich.«

Michal griff mit ihren zierlichen Fingern nach der Kette und hob sie vor ihr Gesicht. Das goldene Herz baumelte in der Luft. »Was für eine wunderschöne Kette«, sagte Michal verträumt. »Sie ... sie kommt mir so vertraut vor ...«

»Weil es *deine* ist«, sagte ihr Mann, kaum noch in der Lage, seine Emotionen zurückzuhalten. »Schon seit sechsundsiebzig Jahren.«

»Es ist meine?«

»Dein Vater hat sie dir zu deiner Bat-Mizwa geschenkt, als du zwölf Jahre alt warst. Erkennst du sie wieder?«

Michal starrte auf das goldene Herzamulett und die hebräische Inschrift und schien angestrengt nachzudenken. »Sie ist so vertraut«, murmelte sie. »So vertraut ... und diese Zahlen ... Sie haben eine Bedeutung, nicht wahr?«

Mr Burker lächelte unter Tränen. »Sie symbolisieren den Psalm 91. Sie stehen dafür, dass Gott immer seine Hand über uns halten wird, egal, was passiert.«

»Egal, was passiert«, sagte Michal gedankenverloren. Sie legte die Kette in ihre linke Hand und strich über das Amulett. Plötzlich hielt sie inne. Ihr Gesichtsausdruck veränderte sich. Natalie sah es, Mr Burker auch. Es war, als wäre ihr etwas eingefallen, etwas, an das sie sich seit Ewigkeiten nicht mehr erinnert hatte. Ihre Brust wölbte sich. Ihr Atem ging schneller. Sie schloss ihre linke Hand um das goldene Herz, so fest, dass ihre Hand zitterte. Plötzlich machte sie große Augen. »Wenn neben dir auch Tausende sterben«, wisperte sie, »wenn um dich herum Zehntausende fallen ...«

»Kann dir doch nichts geschehen«, beendete ihr Mann den Vers mit stockender Stimme.

Wie aus einem Jahrhundertschlaf erwacht, hob Michal den Kopf und blickte ihrem Mann direkt in die Augen. »Joscha!«

»Michal!« Mehr brachte er nicht hervor. Er presste sich die Faust vor den Mund, um nicht schreien zu müssen vor Freude. Sein Körper wurde von einem heftigen Heulkrampf geschüttelt.

Auch Natalie musste weinen. Es war unfassbar, was sich hier vor ihren Augen abspielte. Einfach unfassbar. Sie war wieder da! Die Kette hatte sie zurückgebracht!

Michal sah ihren Mann aus einem Vorhang aus Tränen an. Dann stützte sie sich auf die Armlehne ihres Rollstuhls, und unter Aufbringung all ihrer Kraft erhob sie sich, den Blick fest auf ihn gerichtet. »Du bist zurück«, sagte sie. Die Tränen liefen ihr über die blassen Wangen. »Du bist zurück! Du bist zurück! Du bist zurück!«

Mr Burker nahm ihre Hände, hob sie an seinen Mund und küsste sie zärtlich, während seine Tränen auf ihre faltige Haut tropften. »Ich bin nie weg gewesen, meine Liebste.« Er nahm die goldene Halskette aus ihrer Hand und legte sie ihr um den Hals.

Dann fielen sie sich in die Arme und weinten Schulter an Schulter.

Natalie stand etwas abseits und ließ sich von dem Zauber ihrer Liebe in ihren Bann ziehen. Es war mit Abstand der romantischste Augenblick, den die Studentin je miterlebt hatte. Und das alles nur, weil die Höhle ihr die Halskette anvertraut und sie sich auf die Suche nach ihrer Geschichte gemacht hatte. Natalie war schon in vielen Höhlen herumgeklettert und hatte in der Tiefe schon einige Schätze gefunden: Decken aus Kristall, imposante Sintergebilde, unterirdische Seen und reißende Flüsse. Aber keines dieser Naturwunder kam auch nur annähernd an das Wunder heran, von dem sie an diesem Nachmittag Zeuge wurde. Keine Liebesgeschichte hatte ihr Herz je so berührt wie diejenige von Michal und Joscha. Und ausgerechnet heute war ihr siebzigster Hochzeitstag. Irgendwo hatte Natalie einmal gelesen, dass dieses Jubiläum auch als Gnadenhochzeit bezeichnet wurde. *Wie passend,* dachte sie.

Sie wandte sich zum Gehen. Ein letztes Mal betrachtete sie das alte Liebespaar am Fenster und wischte sich erneut über die vor Rührung feuchten Augen. Was für ein unbeschreiblicher Anblick.

Draußen leuchtete die Sonne zwischen den herbstlich bunten Bäumen hindurch. Ihre Strahlen schienen zum Fenster hinein. Der ganze Raum wurde durchflutet von Gold und Licht. Die Sonne lachte und überzog Michal und Joscha mit einem feurigen Schein. Es sah aus, als hätten die beiden Feuer gefangen. Und dieses Feuer würde nichts und niemand je wieder auslöschen können.

Sie waren für immer vereint.

Im Juli 2016 ist der echte Überlebende, der sich hinter dem Charakter Joscha Burker verbirgt, verstorben. Seine Freunde schrieben auf facebook: Was für ein wundervoller Mann und was für eine Inspiration. Er überlebte das Unaussprechliche und hat trotzdem nie seine Freude und seine Güte verloren. Er blieb ein Kämpfer bis zum Schluss. Sein Vermächtnis wird für immer weiterleben.

Informationen zur Autorin

Damaris Kofmehls Homepage:
www.dd-publishing.eu

Damaris Kofmehls E-Mail-Adresse:
kofmehl@hotmail.com

Chronik der Stadt Bobrka
während des Zweiten Weltkrieges
(1. September 1939 bis 8. Mai 1945)

Bobrka ist eine kleine Stadt in der heutigen Westukraine, dreißig Kilometer von Lemberg (auch Lwów oder Lviv genannt) entfernt. Mit der Unabhängigkeit der Ukraine im Jahr 1991 wurde der Name in Bibrka geändert. Der Einfachheit halber benutze ich im Buch nur den Namen Bobrka.

1939

1. September 1939

Deutschland greift in einem »Blitzkrieg« Polen an und löst damit den Zweiten Weltkrieg aus. Das Städtchen Bobrka (in der heutigen Westukraine) gehört bis dahin zu Ostpolen. Deutschland und die Sowjetunion teilen Polen unter sich auf.

17. September 1939

Die Rote Armee marschiert in Bobrka ein. Bobrka wird russisch.

1941

22. Juni 1941

Die deutsche Wehrmacht überfällt die Sowjetunion, marschiert in Ostpolen und der Westukraine ein und erobert bis Oktober die gesamte ukrainische Sowjetrepublik. Unterstützt wird die deutsche Wehrmacht dabei von ukrainischen Nationalisten. Gleichzeitig rücken Sondereinheiten der Sicherheitspolizei vor und ermorden Hunderttausende von Juden.

30. Juni 1941

Die Deutschen besetzen Bobrka.

2. Juli 1941

Es gibt ein Pogrom in Bobrka. Sechzig Juden werden dabei verletzt oder getötet. Ein Judenrat wird gebildet und die Zwangsarbeit eingeführt.

6. September 1941
In Bobrka wird ein Getto eröffnet.

1942
12. August 1942
Anfang August werden dreitausendzweihundert Juden aus den umliegenden Dörfern eingesammelt und ins Getto in Bobrka gepfercht. Am 12. August findet die erste »Aktzia« zur Ausrottung der Juden statt. Dabei werden tausendzweihundertundsechzig Juden aus dem Getto ins Konzentrationslager nach Belzec deportiert. Zweihundert Juden, die versuchen zu fliehen oder krank sind, werden auf der Stelle erschossen.

8. Dezember 1942
Die zweite »Aktzia« findet statt, dabei werden mehrere Hundert Juden nach Belzec abtransportiert.

1943
13. April 1943
Die dritte und letzte »Aktzia« findet statt. Über tausend Juden werden auf dem Friedhof des benachbarten Dorfes umgebracht. Die übrigen hundertneunundfünfzig Juden kommen ins Arbeitslager Janowska in Lemberg. Nur vier von ihnen überleben. Bobrka wird für »judenfrei« erklärt.

1944
April 1944
Russische Truppen rücken nach Bobrka vor und verdrängen die Deutschen.

1945
8. Mai 1945
Bedingungslose Kapitulation der deutschen Wehrmacht. Damit endet der Zweite Weltkrieg.

Stammbäume der Familien Burker und Heizel

(Die Altersangaben beziehen sich auf den 22. November 1942, als die Familien sich mit insgesamt dreißig Personen in der ersten Höhle versteckten.)

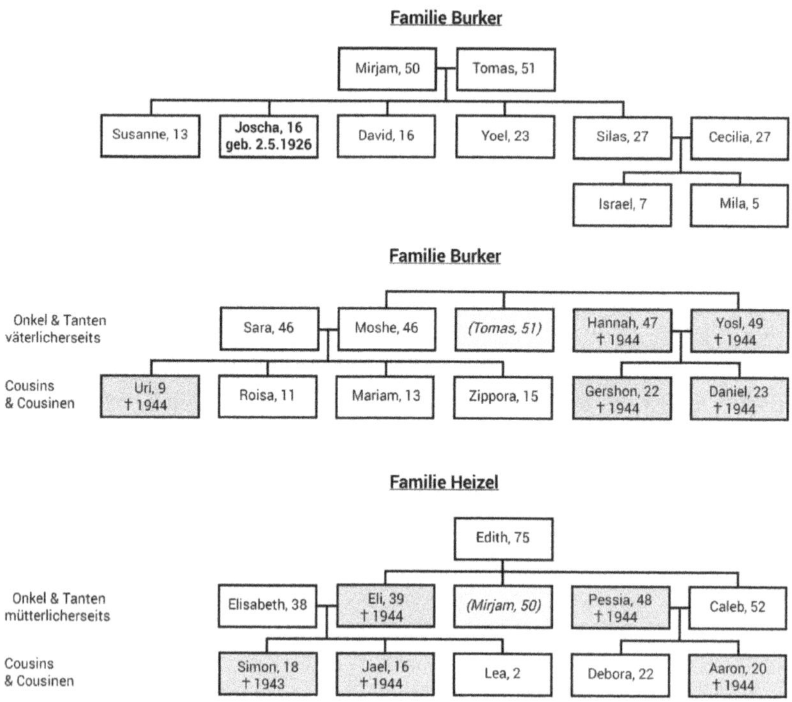